SIEMPRE EXISTE UNA RAZÓN

ELISA MASSELLI

Traducción al Español:
J.Thomas Saldias, MSc.
Trujillo, Perú, Junio, 2020

Título Original en Portugués:
"SEMPRE EXISTE UMA RAZÃO"
© Elisa Masselli

Revisión:
Any Kiara Paredes Huaman

World Spiritist Institute
Houston, Texas, USA
E-mail: contact@worldspiritistinstitute.org

De la Médium

Nacida el 11/9/1943, Elisa Masselli fue una niña pobre, pero nunca infeliz. Su madre tenía la teoría que "un niño necesitaba jugar, porque cuando creciera tendría muchos problemas, y a la madre le correspondían las tareas del hogar." Durante su infancia siempre jugó mucho. A los 17 años, su hermana, Nair, quien la crio, entró en una profunda depresión hasta que intentó suicidarse dos veces. Después de varias hospitalizaciones, se suicidó colgándose en la ducha. Eso, para ella, fue la destrucción de todo lo que había aprendido acerca de Dios. Sin embargo, pronto conoció a un señor que le regaló el libro "Nuestro Hogar" (Nosso Lar) de André Luiz. Como le encantaba leer, se enamoró de la lectura y del contenido de la obra en cuestión, y dijo: "Empecé a leer, y me enamoré. Quizás porque era lo que quería escuchar, que mi hermana, tal vez no estuviera en un buen lugar, pero que no estaba sola y que en cualquier momento podría ser rescatada y que tendría una nueva oportunidad de reencarnar. Leí ese libro rápidamente y el sr. José me trajo toda la colección de libros de André Luiz. Cuando terminé de leerlos todos, estaba enamorada de todo lo que había leído, comencé a asistir a la Federación Espírita del estado de São Paulo."

En 1964 se casó con Henrique, quien falleció en 1984. "Sufrí mucho cuando vi el sufrimiento de mi esposo, porque para todos y especialmente para mí, él no merecía sufrir así, pero yo había aprendido que todo siempre estaba bien y que quienquiera que yo había aprendido que todo estaba bien y que quien sabía de las cosas era Dios, así que no me desesperé."

En 1991, sin saber por qué y cómo, comenzó a escuchar voces y una de ellas le había dicho que tendría que escribir novelas con enseñanzas. Para la psiquiatría, esto no era más que una crisis psicótica. Luego de una fase turbulenta de depresión y dudas, se le ocurrió la idea de escribir un libro, que comenzó a apoderarse de sus pensamientos y decidió escribir solo para pasar el tiempo. Poco a poco fue surgiendo la historia. "No creía que estaba escribiendo una historia como aquella. Lloraba y reía mientras escribía. Cuando estuvo listo, se lo envié al editor de doña Zibia Gasparetto. Título: 'Cuando el pasado no pasa.' En ese instante recordó lo que la voz le había dicho. "No importa el nombre, lo que importa es que escribas". Así nació la escritora Elisa Masselli.

Del Traductor

Jesus Thomas Saldias, MSc., nació en Trujillo, Perú.

Desde los años 80's conoció la doctrina espírita gracias a su estadía en Brasil donde tuvo oportunidad de interactuar a través de médiums con el Dr. Napoleón Rodriguez Laureano, quien se convirtió en su mentor y guía espiritual.

Posteriormente se mudó al Estado de Texas, en los Estados Unidos y se graduó en la carrera de Zootecnia en la Universidad de Texas A&M. Obtuvo también su Maestría en Ciencias de Fauna Silvestre siguiendo sus estudios de Doctorado en la misma universidad.

Terminada su carrera académica, estableció la empresa *Global Specialized Consultants LLC* a través de la cual promovió el Uso Sostenible de Recursos Naturales a través de Latino América y luego fue partícipe de la formación del **World Spiritist Institute**, registrado en el Estado de Texas como una ONG sin fines de lucro con la finalidad de promover la divulgación de la doctrina espírita.

Actualmente se encuentra trabajando desde Peru en la traducción de libros de varios médiums y espíritus del portugués al español, así como conduciendo el programa "La Hora de los Espíritus."

ÍNDICE

1.- ENCARNACIÓN ACTUAL 8
2.- ENCARNACIÓN ANTERIOR 25
3.- LA DESCONFIANZA DE SOFÍA 30
4.- DESAHOGO 40
5.- AYUDA DEL CIELO 44
6.- MOMENTO DE DECISIÓN 62
7.- A CAMINO DEL MAL 86
8.- LA PROPUESTA DE MATRIMONIO 110
9.- LA VIDA COMIENZA A CAMBIAR 128
10.- LA BODA 139
11.- MUCHO MÁS QUE UN SUEÑO 146
12.- DISCRIMINACIÓN 155
13.- EL MENSAJE 168
14.- NOTICIA INESPERADA 178
15.- REVELACIONES 190
16.- CRIMEN PLANIFICADO 194
17.- EL ERROR MÁS GRANDE 207
18.- OTRA OPORTUNIDAD PARA REPENSAR 224
19.- EL TRABAJO 237
20.- ELIGIENDO COMPAÑÍAS 252
21.- LA PRESENCIA DEL AMOR 285
22.- LA AYUDA DE LA LUZ 292
23.- TOMA DE DECISIONES 299
24.- LA CONVERSACIÓN EN SUEÑOS 306
25.- LA CONFRONTACIÓN 314
26.- EL REENCUENTRO 331

27.- RECONCILIACIÓN 342
28.- LA REACCIÓN DE MAURÍCIO 355
29.- CONOCIENDO LA HISTORIA..363
30.- AMIGOS ETERNOS 372
EPÍLOGO 379

1.- ENCARNACIÓN ACTUAL

Solange nerviosa tocó el timbre y golpeó con fuerza la puerta del departamento de María Clara. Había estado allí por unos minutos. Con cada golpe, su corazón latía más rápido. Tenía miedo que algo grave le hubiera sucedido a su amiga, dentro del departamento. Llamó gritando:

- ¡María Clara, abre esa puerta! María Clara, ¿estás ahí?

La puerta del departamento de al lado se abrió y apareció una señora, que también parecía preocupada y preguntó:

- ¿Qué está pasando, Solange?

- No sé, señora Hilda, hace tres días que María Clara no va a la oficina. Llamé varias veces, pero nadie responde. ¡Estamos preocupados, temo que le haya pasado algo!

La señora se alejó de la puerta y se acercó a Solange. Nerviosa, ella dijo:

- Yo tampoco la he visto. Todas las tardes, cuando llega del trabajo, suele venir a mi departamento. Yo, sabiendo eso, preparo un café, conversamos un rato, luego ella se va a su departamento. Me di cuenta que hace unos días, ella dejó de venir. Sin embargo, esto me preocupó porque ella me había dicho que se iba de vacaciones y que probablemente viajaría, pero me sorprendió que no se despidiera, pero la conoces mejor que yo y sabes que está llenas de peculiaridades. Además, cuando está saliendo con alguien, también la veo mucho. Ella se dedica totalmente a su novio.

– Si se tomará unas vacaciones, Sra. Hilda, pero eso no ocurrirá hasta la próxima semana. Por eso no entiendo y me preocupé. Es precisamente porque se va de vacaciones que debe poner todo su trabajo en orden.

– Ahora, también estoy empezando a preocuparme, Solange.

¿Será que pasó algo? ¿Será que ella está ahí dentro?

– No lo sé, doña Hilda, pero si ella no contesta, llamaré a la policía para romper la puerta.

– Creo que deberíamos hacer eso, Solange. No veo otra solución.

Solange, desesperada, golpeó de nuevo, tocó el timbre y llamó:

– ¡María Clara! ¡María Clara!

Al no obtener una respuesta, preguntó:

– Doña Hilda, ¿podemos ir a tu departamento para llamar a la policía? Estoy muy preocupada.

¡Algo debe haber sucedido!

Hilda, también preocupada, respondió con ansiosa:

– ¡Claro que sí! ¡Vamos ahora mismo!

Estaban entrando en el departamento de Hilda cuando se abrió la puerta y apareció una chica muy hermosa.

Rubia, sus ojos verdes estaban rojos de tanto llorar. Al verla, Solange dijo con alivio:

– ¡María Clara! ¡Me alegro que estés allí! ¿Por qué no contestaste el teléfono o abriste la puerta cuando toqué al timbre y te llamé? ¡Por el tono de mi voz, se notaba que estaba desesperada!

– ¡Porque no quiero hablar con nadie!

- ¿Qué sucedió? Parece que has estado llorando por mucho tiempo, ¡tus ojos están hinchados y rojos!

- No pasó nada, Solange, ¡estoy cansada de vivir! Mi vida no tiene sentido... Por eso quiero morir...

- ¡No lo digas ni en broma! ¡Está muy nerviosa y no sabe de qué está hablando!

- Dices eso porque eres mi amiga, pero sabes que estoy diciendo la verdad... No sirvo para nada, y no sé para qué nací... Quiero morir, Solange... - Dijo esas palabras, llorando, desesperada.

- ¡No digas eso, ni siquiera en broma! ¡Eres hermosa y muy inteligente! ¡Tienes un gran trabajo y un salario aun mejor! Tienes todo para ser feliz, María Clara...

- Quién no me conoce y me ve, con un buen sueldo, viviendo bien, puede pensarlo, pero tú no, Solange. Me conoces desde que era pequeña y sabes cómo era mi vida. Estoy cansada... ¿De qué sirve todo esto si no tengo lo demás...

- ¿Qué falta, María Clara?

- ¡Una familia, padre, madre, hermanos, esposo e hijos! Nunca he tenido a nadie... estoy cansada. No veo un futuro, Solange...

- ¿Cómo no? Todavía eres muy joven, tienes tiempo para formar una familia y te garantizo que, cuando eso suceda, te arrepentirás de lo que estás hablando, porque la familia da mucho trabajo. En cada una de ellas hay problemas, a veces hay peleas y todos están divididos. Uno no habla con el otro, y cuando eso sucede, soy yo quien tiene que resolver...

- Eso es exactamente lo que extraño, Sra. Hilda. Me gustaría tener todos tus problemas, pero no tengo ninguno... Mi vida no tiene ningún sentido...

Solange, aun nerviosa, aunque un poco más tranquila y aliviada al ver que María Clara estaba bien, dijo:

- Hasta ahora no has dicho qué sucedió para que estés así, María Clara.

- Claudinei me abandonó...

- ¿Qué dices, María Clara?

- Así como con todos los demás, me abandonó...

Solange respiró hondo, porque ya había escuchado a María Clara decir eso muchas veces. Dijo:

- Tienes un aspecto horrible, María Clara. Creo que deberíamos entrar. Dúchate, arréglate ese cabello y luego nos cuentas lo que pasó. ¿Está bien así?

- No, preferiría que se vayan y me dejen sola...

- Nada de eso! ¡No sé sobre Solange, pero yo no me iré de tu lado, hasta que te recuperes! Aunque no tengas familia, ¡llevas mucho tiempo viviendo aquí, a mi lado, y te considero como si fueras mi hija! ¡No te dejaré en ese estado!

- ¡Yo tampoco me iré de aquí, doña Hilda! María Clara, vas a tener que aguantarnos - dijo riéndose y con un toque de ironía en su voz.

María Clara, al darse cuenta que no había forma de deshacerse de ellas, dijo:

- Bien, entremos. Voy a ducharme, arreglarme y luego hablaremos. No creo que sea necesario, porque la historia se repitió, deberían estar acostumbradas...

- La historia puede haberse repetido, pero no es motivo para que siga siendo así. Entremos y nos contarás todo.

María Clara se hizo a un lado y les permitió pasar. Entraron y pudieron ver que la habitación estaba desordenada. Se sorprendieron porque María Clara era organizada y le gustaba tener siempre su departamento en orden. Fueron a la cocina y vieron que había muchos vasos sucios en el fregadero y varias botellas de vino sobre la mesa. Cualquiera podía notar que María Clara había bebido mucho. Solange miró a Hilda quien, después de observar todo, preguntó nerviosamente:

– María Clara, ¿has estado bebiendo?

– Sí, pero ¿cuál es el problema?

– Todo, nunca bebiste y siempre criticaste a quienes bebían. No te estoy reconociendo, María Clara...

– Después de lo que me dijo Claudinei, solo tenía ganas de beber para poder dormir...

– La bebida nunca ha sido ni es una buena medicina.

– Lo sé, pero no sabía qué hacer...

– Está bien, nos contarás todo. Ahora, mientras te duchas, Solange y yo arreglaremos este departamento. Voy a abrir las ventanas para que entre el aire y, después que todo esté ordenado, prepararé un café para que podamos hablar con calma. ¿Está bien así?

María Clara las conocía lo suficiente como para saber que no se irían. Impotente, respondió:

– Está bien, hagan lo que quieran...

Mientras ella entraba al baño, Solange y Hilda comenzaron a ordenar todo y conversar. Solange dijo:

– No entiendo por qué María Clara es tan negativa.

– Además, no es para menos, Solange, parece que, realmente, nada le sale bien.

– ¿Cómo no, señora Hilda? Ella tiene un buen trabajo. Mira este departamento, aunque pequeño, ¡es hermoso!

Sé que su salario no es muy alto, pero puede vivir cómodamente.

– Para algunas personas, no habría ningún problema, porque les gusta estar solas, pero para María Clara, la soledad se convierte en un tormento. Ella realmente quiere tener una familia, solo habla de eso.

– Bueno, yo cambiaría mi vida en un abrir y cerrar de ojos. ¿Alguna vez te has imaginado llegar a un departamento como este, dormir en una cama como esta y en el más completo silencio, sin escuchar a un niño hablando, llorando o peleando o el esposo que se queja porque la comida no tiene sal? ¡Sería la gloria!

Hilda sonrió y dijo:

- Yo también pienso así. ¿Cómo me gustaría tener un momento solo para mí, en la soledad más perfecta, pero, como dijo María Clara, pensamos así porque tenemos un esposo e hijos, pero si no los tuviéramos, pensaríamos de esa manera?

- ¿Acaso no es así, señora Hilda?

- Puedes estar segura que no, Solange. El ser humano nunca está satisfecho con lo que tiene, siempre quiere más o algo diferente.

- No creo que sea así. Hay muchas personas que están felices con la vida que tienen.

- Lo sé, pero son tan poco que los puedes contar con los dedos. La mayoría como dije, daría cualquier cosa por tener la vida de otra persona.

- ¿Qué dijo, señora Hilda?

- Las dos se voltearon y vieron a María Clara saliendo del baño. Estaba envuelta en una toalla azul y con una más pequeña en el cabello. Hilda respondió:

- No decía nada, solo charlábamos un poco. Te ves mejor, ¿verdad, Solange?

- Sí lo hace. Siéntate aquí, María Clara, tomemos un café y te sentirás aun mejor. María Clara sonrió y se sentó en la silla que señalaba Solange. Después de sentarse, dijo:

- Sé que estaban preocupadas por mí, así que me disculpo. Estaba tan triste y desesperada que olvidé decir que no iría a trabajar durante unos días. Ahora, como pueden ver, estoy bien.

- ¿Vas a volver a la oficina mañana, María Clara?

- No sé... no me siento bien...

– ¡Tienes que ir! Sabes que antes de irte de vacaciones, necesitas tener todo en orden.

– Lo sé, pero estoy cansada de mi vida, de todo. Estoy reevaluando todo y viendo si vale la pena continuar...

Al escuchar eso, Solange se preocupó y, casi gritando, preguntó:

– ¿Si vale la pena qué cosa?

– Vivir, Solange... Vivir...

– ¿Qué tontería estás diciendo? ¡Vivir siempre valió la pena!

– ¿Puedes decirme por qué?

– Porque la vida es buena, hay algunos momentos de tristeza, sí, pero muchos de felicidad también...

– Esto te puede pasar a ti y a algunas personas, pero la mayoría de personas tienen más momentos de tristeza que de felicidad y otras, como yo, solo de tristeza...

– Estás exagerando, María Clara...

– No lo estoy haciendo, Solange. Tú sabes mi historia. Sabes que cuando era una recién nacida y ni siquiera había perdido mi ombligo, la hermana María Paula me encontró. Me abandonaron. Mi madre no me quería y me dejó...

– Conozco tu historia, no es diferente de la de todos los niños que estaban en el orfanato y de los que están hoy. Siempre ha habido niños abandonados y, desafortunadamente, continuarán existiendo.

– Lo sé también, pero no es justo. Todo niño debería tener derecho a tener una familia y ser feliz.

– Pienso de la misma manera, pero no lo cuestiono. Solo puedo pensar que la madre que abandona a su hijo debe tener un problema muy grande y piensa que, si deja a su hijo en un centro de acogida, sufrirá menos que si se quedara a su lado.

- Bueno, no pienso así. Creo que una madre debería hacer todo lo posible para tener a su hijo a su lado. No me parece que un niño acogido pueda sufrir menos que al estar al lado de su madre.

- Bueno, no lo creo. Creo que una madre debería hacer todo lo posible para tener a su hijo a su lado. No acepto que un niño sea abandonado, Solange.

- Puede que no lo aceptes, pero muchas mujeres, si no lo hicieran, solo podrían hacerse un aborto y si tu madre te hubiese abortado, no estarías aquí para culparla. Al menos, María Clara, ella te permitió nacer y tener la oportunidad de ser feliz. Ella debe haber pensado que serías adoptada y criada junto a personas que te amarían.

- ¡Pero nunca fui adoptada, Solange! ¡Nadie nunca me quiso y nunca fui amada!

- Tienes razón al decir que nunca fuiste adoptada ni siquiera entiendo por qué sucedió, pero decir que nunca fuiste amada, eso no es cierto. Tuviste y aun tienes a la Hermana María Paula, quien nunca ocultó cuánto te quiere. Todos los que estábamos en el orfanato lo sabíamos y, a menudo, estábamos enojados.

María Clara sonrió y dijo:

- Tienes razón sobre eso. Ella siempre me trató con mucho cariño.

- ¿Ves como no eres tan infeliz y cómo nunca has estado sola; como dices? Te quejas de haber sido criada en un orfanato, pero tuviste la suerte que su madre la dejara allí donde la Hermana María Paula era novicia. ¿Recuerdas cómo brillaban sus ojos cuando nos contó cómo te encontró?

- Lo recuerdo y, en esos momentos, me sentí privilegiada...

- ¿Lo ves? Creo que si no hubiera una razón para vivir; no habrías nacido. La vida es un bien precioso, por lo que debemos valorarla mucho.

- No sé si hay una razón por la que nací y vivo, porque hasta ahora no he encontrado ninguna. Mi vida es tan aburrida...

- Puedes pensar eso, pero yo no lo creo. Debe haber alguna razón, María Clara, solo tienes que esperar y en cualquier momento lo descubrirás.

- No lo sé, Solange, realmente no lo sé...

- Puede que no lo sepas, pero creo que todos tenemos una razón para nacer y convertirnos en adultos. En cualquier momento, lo descubrirás.

- ¿Será?

- Por supuesto, si no fuera así, ¿por qué sigues viva hasta ahora? ¿Por qué tuviste a la hermana María Paula a tu lado? Recuerdas lo feliz que estaba cuando nos reunía y comenzaba a hablar:

- Era una fría mañana de junio, María Clara. Escuché el timbre de la gran puerta del orfanato. Fui a abrir y no había nadie. Me pareció extraño, pero pensé que debía haber sido un niño que, solo para jugar, tocó el timbre y salió corriendo. Estaba volviendo, cuando escuché un grito, no un grito, un gemido. Volví a mirar hacia un lado y hacia abajo y vi un bulto de ropa. Lo recogí y te encontré, María Clara. Tan pronto como te vi, no sé por qué, me emocioné. Tú, aunque eras muy pequeña y todavía estabas un poco hinchada, lo que mostraba que acababas de nacer, eras hermosa, calvita, y cuando, con un esfuerzo enorme, lograste abrir los ojos, me di cuenta que eran verdes. Entré corriendo y te llevé a la Madre Superiora que, como yo, pensaba que eras hermosa.

Ella, contigo en sus brazos, dijo:

– María Paula, esta niña es hermosa y fácil de adoptar. Nos encargaremos de ello e informaremos al tribunal de menores.

– Será muy fácil, madre. Ella es tan hermosa, necesitamos darle un nombre.

– Piensa en algún nombre, luego hazme saber.

– Ya sé cuál será tu nombre. Ya que es tan blanca, ¿qué tal María Clara?

– Me parece bien.

– Te cogí de nuevo en brazos y te llevé a la enfermería, donde te di un baño rápido y te cambié de ropa. Después de vestirte, volví a mirarte y dije en mi mente: eres realmente hermosa, estoy muy feliz que estés aquí. Bienvenida a este mundo y espero que seas feliz...

María Clara, escuchando a Solange y recordando el día en que fue encontrada, dijo:

– Es verdad, la Hermana María Paula siempre contaba esta historia, pero nada de eso se hizo realidad. Aunque todos pensaban que, debido a que era bonita, pronto sería adoptada, no fue así. Tú también vivías allí, Solange.

– Yo vivía allí y era tres años mayor que tú. Crecimos y nos hicimos mejores amigas.

– Es verdad. Cuando era pequeña, no entendía que vivía en un hogar diseñado para niños sin padres. Ni siquiera sabía el significado de esa palabra, pero, con el tiempo, aprendí y me di cuenta que los otros niños eran llevados por parejas que, sonrientes y felices, salían con ellos en brazos, pero yo no, siempre me quedaba allí. Cuando las parejas caminaban por el orfanato eligiendo al niño que llevarían, me miraban, sonreían y me sentía feliz y ansiosa por ser elegida, pero siempre pasaban de largo. Por cada niño que se iba, sufría y lloraba mucho.

– También sentí eso y pensaba que la razón era mi color negro, porque los niños que elegían siempre eran blancos y hermosos. Recuerdo que te dije una vez:

– María Clara, sé que te irás rápido, pero yo me quedaré aquí...

– ¿Por qué dices eso, Solange?

– Eres blanca, bonita y yo soy negra, nadie me querrá.

– ¿El color tiene algo que ver con eso?

– Por supuesto que sí, María Clara. ¿Cuántos niños negros viste que han sido elegidos?

– Después de pensar un poco, dijiste:

– Ninguno, Solange...

– Ya ves, ahora sabes por qué me voy a quedar aquí, ¡aun más porque ya tengo diez años!

– Ese día, me quedé pensando en lo que me dijiste y, al mismo tiempo, pensé: si lo que dice es cierto, pronto seré adoptada...

Pero eso no sucedió, Solange. Cuando tenías once años y yo ocho, todavía éramos mejores amigas y siempre estábamos juntas. Un día, la hermana María Paula nos llamó y dijo:

– Las invité a las dos a venir aquí porque tengo muy buena noticia para ti, Solange, y sé que será muy triste para ti, María Clara.

– ¿Qué noticia? – preguntamos casi al unísono.

– Solange, ¿te acuerdas de esa pareja que estuvo aquí la semana pasada y habló contigo mucho tiempo?

– Sí...

– Se decidieron, hablaron con el juez y obtuvieron permiso para llevarte con ellos. Quieren ser tus padres. Me parecieron buenas personas, estoy segura que te cuidarán bien.

– Ella tenía razón, fueron los mejores padres que nadie haya tenido, porque además de darme un hogar y afecto, me dieron una educación y hoy tengo un buen trabajo gracias a eso. Tuve mucha suerte, María Clara.

- La tuviste. Fueron realmente maravillosos

- Ellos y toda la familia. Nunca sentí ninguna diferencia entre mis primos y yo. El día de mi boda, me estaba poniendo mi vestido de novia, cuando mi madre entró en la habitación, me abrazó y lloró, dijo:

- Espero que seas muy feliz, hija mía.

- Yo, también abrazándola y llorando, dije:

- Les debo esta felicidad a ti y a papá por haberme adoptado. Si no fuera por eso, nunca habría salido de ahí.

- No digas eso, Solange. No hay nada por lo que debas estar agradecida. Tú eras el motivo de nuestra existencia y solo nos trajiste felicidad.

Sé que, si hubieras nacido de mí, no podrías haberme hecho más feliz de lo que soy ahora. Gracias por ser quien eres.

- La abracé y le agradecí a Dios por poner a esa familia en mi vida. Nunca pensé mucho en mi verdadera madre o en la otra familia que podría haber tenido. Estaba contenta con la que tenía.

- Tú, siendo mayor, sabías lo que eso representaba en tu vida. Yo, en cambio, porque era más joven y porque siempre viví junto a otros niños sin una familia, no sabía la dimensión de lo que significaba ser adoptado. En ese momento, solo sabía que tú, mi mejor amigo, te ibas. Estaba muy triste, pero con el tiempo, poco a poco y gracias al cariño de la Hermana María Paula, casi logré olvidarte. Crecí, teniendo otras amigas que también se fueron. Con cada partida, sentía mucho dolor y pasaba tres o cuatro días llorando. Aunque muchas parejas me veían, hablaban conmigo, para asombro de la hermana María Paula, nunca fui adoptada. Cuando tuve la noción correcta de lo que significaba una madre, me pregunté: ¿por qué mi madre me abandonó? ¿Cómo tuvo el coraje? No entendía y quería una razón quería saber dónde estaba, no solo ella, sino también mi padre y mis posibles hermanos.

- Cuando hablaba de esto con la Hermana María Paula, ella decía:

- No pienses demasiado en esas cosas, María Clara. No hay forma de saber quién es tu madre. Te dejó en la puerta del orfanato, sin dejar ningún rastro. Debes ocuparte de tu propia vida. Necesitas estudiar para que cuando salgas de aquí, puedas conseguir un trabajo para mantenerte.

- Al escuchar eso le dije:

- Hermana, cuando crezca y me case, ¡tendré un esposo y muchos hijos! ¡Quiero tener una familia muy grande!

- Cuando cumplí quince años, acepté mi situación y, siguiendo los consejos de la Hermana María Paula; decidí que, hasta que encontrara a un hombre con quien casarme para tener a mi familia, debería estudiar para tener un buen futuro. La escuela tenía una formación académica muy estricta. Aun así, estudiando mucho, logré terminar la escuela secundaria.

Cuando cumplí dieciocho años, necesitaba dejar el orfanato. Con la ayuda de la Madre Superiora y la Hermana María Paula, conseguí un trabajo en la compañía de un amigo suyo y ahí fue donde nos encontramos, Solange.

- Recuerdo ese día, María Clara. Cuando llegaste, nos dimos cuenta que eras tímida. El gerente nos reunió y te presentó, pidiéndonos que te ayudáramos y te enseñáramos el trabajo.

Mientras él hablaba, te observaba, sabía que te conocía, simplemente no podía recordar de dónde.

Solo cuando dijo tu nombre y que venías del orfanato, lo recordé y estaba muy feliz. Cuando terminó de hablar y se fue, me acerqué a ti y te dije:

- ¡María Clara! ¿No me recuerdas?

- Te quedaste mirándome, incapaz de recordar. Comprendí que sería muy difícil que eso sucediera.

Cuando nos separamos, solo tenías siete años y yo diez. Éramos niñas y durante ese tiempo cambiamos mucho. Poco a poco, conversando, te hice recordar. Tu felicidad era la misma que la mía. Nos abrazamos y, desde ese día, nunca nos separamos. Me estaba preparando para casarme. Tú y mi madre adoptiva, que era la mejor madre que alguien podría desear, me ayudaron con el ajuar, el vestido de novia y la fiesta, en resumen, en todo. El día de mi boda, estabas radiante.

- De verdad lo estaba. Tu marido parecía quererte mucho. Estaba seguro que sería muy feliz.

- En realidad estaba y estoy muy feliz. Cuando nació mi primera hija, fuiste la madrina.

- Es cierto, pero a ella, como siempre, nunca le gusté y cada vez que iba a tu casa, se escondía sin querer verme.

- ¡No hables así, María Clara! Ella era solo una niña...

- Sabes que estoy diciendo la verdad, porque incluso ahora, ella solo habla solo lo que sea necesario y solo responde a algunas preguntas que le hago. Ella no me soporta, Solange.

- Como siempre, estás exagerando, María Clara...

María Clara se echó a reír y continuó:

- Bueno, puedo estar exagerando, pero de que no le gusto, realmente no le gusto.

Te necesito confesar, Solange, que a menudo estaba celosa de tu felicidad, de tu familia.

- No te preocupes por eso, María Clara. Conozco tus razones y sé que nos quieres a mí, mi esposo y mis hijos. Sé cuánto quieres una familia. Tienes solo treinta años, eres hermosa, pronto encontrarás al hombre de tu vida. Tendrás muchos hijos y serás feliz como yo.

- ¿Solo treinta años? ¡Ya soy una solterona! Desde que tenía dieciocho años, porque era hermosa, sentí que muchos hombres se me acercaban. Cada vez que comenzaba a salir con alguien, me entregaba por completo, era amorosa e hice todo lo que pude para que el que estuviera a mi lado fuera feliz, pero fue inútil. Al principio, parecían estar enamorados, pero cuando hablaba sobre el matrimonio y los hijos, desaparecían sin explicación. El último fue Claudinei. Hace tres días, le conté sobre mi deseo de tener una familia, sonrió de la misma manera que los demás y dijo que también quería una familia. Se fue y nunca regresó. Cuando llamé a su trabajo, me dijeron que había solicitado un traslado a Río de Janeiro. ¿Entiendes lo que pasó? Él, como los demás, me abandonó sin dar explicación. ¡Soy desafortunada! ¡Nunca tendré una familia! ¡Estoy condenada a vivir en soledad! ¡Nunca nadie me ha amado, ni se ha preocupado por mí!

Solange miró a Hilda e, incapaz de ocultar su tristeza, dijo:

- Él, como los demás, se fue porque no era un hombre de carácter y solo estaba tratando de aprovecharse de su amor y afecto. El hombre correcto aun no ha aparecido, pero lo hará María Clara. Tampoco puedes decir que nadie te ha amado o cuidado. La hermana María Paula siempre te trató con mucho cariño y amor. Ella fue mucho más que una madre para ti que tantas madres que conozco. Sé que si la buscas en este momento, encontrarás el mismo afecto y amor que ella siempre te ha dedicado.

María Clara pensó por un momento y dijo:

- Tienes razón sobre eso, si hay alguien que me quiere de verdad, es la Hermana Paula...

- Entonces, ya que sabes eso, ¿por qué no vas a hablar con ella?

- Aunque valla allá, pero ya sé lo que me vas a decir:

- ¡María Clara, eres hermosa! ¡Encontrarás a alguien que realmente te merezca y podrás tener esa familia con la que sueñas tanto!

- ¡Ella tiene razón, María Clara! ¡No hay ninguna razón por la que no puedas conseguir lo que quieres tanto!

- ¡Yo tampoco puedo encontrar una razón! Sé que soy hermosa, inteligente y bien educada. Soy una buena persona, si no hago el bien, ciertamente no lastimo a nadie. Sabiendo lo que piensan los niños en un orfanato voy dos o tres veces al mes, les cuento historias, los peino, los cargo, los abrazo, los beso y juego con ellos. No entiendo. No quiero mucho de esta vida, no me importa el dinero, porque lo que tengo, aunque es poco, me permite vivir muy bien. Como no tuve padres ni hermanos, ¡solo quiero tener una familia!

Levantó las manos en el aire y gritó:

- ¿Es pedir demasiado, Dios mío?

Hilda, que se había mantenido todo este tiempo escuchando en silencio, dijo:

- Parece que no hay razón para que no puedas cumplir tu sueño, María Clara. Mientras hablaban, estaba pensando. Aunque no sé nada al respecto, he oído hablar de la reencarnación.

¿Tal vez fuiste muy mala en una vida pasada?

- ¡También he oído hablar de ello, pero si fui mala, fue en el pasado y no es justo pagar en esta vida por eso!

- Pero dicen que hay una razón y una causa para todo lo que nos pasa.

María Clara comenzó a reírse y dijo:

- Teniendo en cuenta que creo en la reencarnación, por todo lo que he sufrido en esta vida, debo haber sido ese soldado que clavó a Jesús en la cruz o un supervisor de esclavos muy malo.

Las tres se rieron. E Hilda dijo:

¿Quién sabe si eso no fue lo que pasó?

No lo sabían, pero prestando atención a todo lo que hablaban e intuyendo a Hilda había dos entidades, una de hombre y una de mujer. El hombre dijo:

– No tiene ni idea, Matilde... Ni se imagina...

– Tienes razón, Guzmán.

2.- ENCARNACIÓN ANTERIOR

Anita llegó a casa. Entró y, como siempre, miró a su alrededor. Todo estaba en orden y perfecto. Fue a su habitación, se tumbó en la cama y, con los ojos puestos en el techo, comenzó a pensar: Mi cena será maravillosa. Todo debe funcionar para que doña Sofía esté feliz y no me reproche nada. Sé que esto va a ser difícil, porque ella no me soporta, no sé por qué y no pierde la oportunidad de ofenderme. Amo a Ricardo y sé que él me ama a mí. Tengo todo, una hermosa casa, dinero para comprar lo que quiera, pero ¿qué sentido tiene tener lujo y riqueza, poder viajar por el mundo, si no tengo lo que más quiero... un hijo... probé todo lo que la medicina puede ofrecer y no se encontró ningún problema. ¡Esta vida no es justa! Hay tantos niños pobres a quienes los padres no pueden dar nada y yo, que podría dar todo a uno o más niños, no tengo hijos. ¡Esto no está bien!

Cada vez que pensaba en ello, se ponía nerviosa y melancólica. Sabía que pronto caería en depresión, pero después de mucha terapia, aprendió a luchar y, con el tiempo, logró mantener alejada la tristeza.

Sin embargo, temía que volviera a aparecer y que todo volviera a comenzar. Se levantó y fue al baño. Tenía que prepararse, porque esa noche, habría una cena especial. Estaba celebrando cuatro años de matrimonio y el regreso de ella y su esposo de Portugal. Ricardo decidió ofrecer una cena para sus parientes y amigos más cercanos. Había planeado todo y, si no fuera por Sofía, estaba segura que todo saldría bien.

Salió del baño, sabía que en unos minutos llegarían la peluquera y la manicurista. Mandó a hacer el vestido que usaría esa noche.

A las diez en punto, se sirvió la cena. Todos los invitados asistieron y mientras cenaban, conversaban. Sofía, su suegra, aunque nació pobre y de una familia humilde, conoció a su esposo, un granjero rico y se casaron. Después de su matrimonio, estudió, tomó clases de etiqueta y se convirtió en una mujer educada, que sabía cómo comportarse en cualquier lugar. Tuvo dos hijos Ricardo y Maurício. Su esposo, un político de carrera, siguiendo una idea suya, hizo una fundación con su nombre y, a través de ella, ayudó a las personas necesitadas de la ciudad. Con eso, siempre recibió muchos votos. Sofía, para mantener la fundación y poder asegurarse que el nombre de su esposo y, en consecuencia, su nombre, no fuera olvidado, organizaba tés, cenas y fiestas. De esta manera recaudaba fondos. La pareja era amada en la ciudad y por todos los que los conocían. Pedro Henrique, su esposo, había fallecido hacía cuatro años. Su muerte le causó un inmenso dolor, pero el deseo de no perder el poder la hizo continuar con la carrera política de su esposo.

Sin embargo, su mayor sueño era ver a uno de sus hijos, especialmente a Ricardo, convertirse en senador e incluso presidente de la república.

Ella era una mujer hermosa. Cortés y elegante. Tenía más de cincuenta años. Hablaba sobre todos los temas, lo que la convertía en una gran compañía. Solo había un problema, estaba muy unida a sus hijos, especialmente a Ricardo, que a menudo le causaba vergüenza a Anita.

Esa noche, Anita estaba feliz. La cena había salido según lo planeado. Los invitados comieron con satisfacción, podía verlo en la expresión de sus rostros. Cuando terminaron de comer, comenzaron a levantarse, elogiando la cena. En el turno de Sofía, ella dijo:

– La cena fue perfecta, Anita. Lástima que la comida estaba poco condimentada y la decoración de la mesa no combina.

Anita sintió que toda la sangre en su cuerpo se le subía a la cara. Incluso sin un espejo, sabía que estaba roja.

Miró a Ricardo, que estaba a su lado y que, como los demás invitados, estaba avergonzado, pero permaneció en silencio.

Anita estaba muy enojada. Quería tomar un plato y tirárselo a Sofía en la cabeza, pero sabía que no podía hacerlo, ya que estaba frente a otras personas, incluida su cuñada Stela, la esposa de Maurício y por quien Sofía siempre mostró predilección. Hizo un gran esfuerzo. Tragó saliva y, mostrando una sonrisa, dijo:

– Debe tener razón, doña Sofía. Solo puedo disculparme contigo y con todos los demás. Ahora, pasemos a otra sala donde se servirán licores y café.

Stela y Maurício también estaban incómodos, especialmente él, quien tenía afecto a Anita y mucho más a su hermano y sabía que cuando a la madre de Ricardo no le gustaba alguien, ella era terrible.

Acompañando a los demás, fueron a la otra sala. Anita y los invitados trataron de mantener una conversación, pero por mucho que quisieran, se volvió casi imposible. Poco a poco, todos se despidieron y se fueron. Entre ellos, Sofía. Ricardo y Anita se despidieron de todos en la puerta.

Después que el último invitado se fue, Anita y Ricardo entraron. Tan pronto como se encontró sola en el salón, Anita gritó tan fuerte que hasta los empleados de la casa vinieron a ver qué estaba pasando. Ricardo, con su mano, les indicó que se fueran. Después del grito, Anita comenzó a llorar y a decir, gritando, muy enojada:

– ¡No lo soporto más, Ricardo! ¡Tu madre me odia y no pierde la oportunidad de ofenderme y humillarme! ¡Estoy cansada!

– No seas así, Anita. Sabes muy bien cómo es mi mamá. Siempre fue así, nunca permitió que nadie brillara más que ella. Sabes que, desde que murió mi padre, ella se ha dedicado por completo a Maurício y a mí. No quería volver a casarse porque no quería que tuviéramos un padrastro. Ella, como todas las personas, puede tener defectos, pero además de ser mi madre, es una gran mujer y la amo y la respeto mucho.

Mientras Ricardo hablaba, Anita se quedó mirándolo sin dar fe a lo que estaba escuchando. Cuando terminó, ella dijo:

– No lo soporto más, Ricardo. ¡No lo soporto y no lo soportaré más! Como siempre estás del lado de tu madre, ¡quédate con ella!

– ¡Qué estás diciendo, Anita!

– ¡Estoy diciendo que mañana, muy temprano, me iré a la capital, me quedaré en casa de mis padres y, así, tendrás mucho tiempo para pensar en lo que realmente quieres en la vida!

Silenciosa, salió de la habitación y llorando, se fue a su habitación.

Ricardo se sirvió un trago, se sentó en un sofá y bebió.

Anita, en su habitación, estaba llorando. Su corazón se encogió porque, una vez más, se dio cuenta que su esposo, además de no amarla, no la respetaba.

Tratando de dejar de llorar, pensó:

– "¡Necesito tomar una decisión en mi vida y lo haré! Pasé mucho tiempo sin saber qué hacer, ¡pero ahora ya es suficiente! Siempre supe lo que tenía que hacer, pero nunca tuve el coraje. Sé que para hacer lo que tengo que hacer, tendré que decirles a todos que mi matrimonio es una farsa. Desde que conocí a Ricardo y él me presentó a su madre, me di cuenta que no le caía bien. Luego, con el tiempo, fui dándome cuenta de la diferencia que ella siempre hacía entre Stela y yo."

Se levantó, fue al baño y se lavó la cara. Se miró en el espejo y recordó el día que conoció a Ricardo:

¿Por qué tuve que ir a esa fiesta? No quise ir. Solo fui porque mi amiga Magda, que conocía a Ricardo, insistió mucho. Estudiaron en la misma universidad. Tan pronto como lo vi, mi corazón latió más rápido. Él era, no, sigue siendo muy guapo, además de tener un bello porte. Un hombre que hace estremecer el corazón de cualquier mujer. Estaba parada junto a la mesa de embutidos cuando él se acercó a mí y dijo, sonriendo:

- Buenas noches señorita. ¿Estás aquí sola? Le respondí con voz temblorosa:

- Buenas noches, no, no estoy sola. Mi amiga está bailando.

- Y tú, ¿por qué no bailas?

- No sé bailar muy bien, además nadie me invitó - respondí sonriendo.

- Entiendo, es por eso. ¿Quieres darme el placer del próximo baile?

- Tardará un poco, esta canción que se está reproduciendo acaba de comenzar...

- No tiene importancia. Podemos tomar una copa y conversar mientras esperamos que acabe.

Bailamos y, después de ese día, ante su insistencia y mi felicidad, comenzamos a salir. Al recordar aquella vez, se conmovió, se secó la cara y sonrió. Volvió a la habitación, se acostó y continuó recordando.

3.- LA DESCONFIANZA DE SOFÍA

Mientras Anita recordaba el pasado, Sofía llegó a casa. El automóvil, después de pasar por una inmensa alameda, se detuvo frente a una puerta. El conductor salió, abrió la puerta trasera del automóvil y tomó la mano de Sofía para ayudarla a salir.

Sofía, feliz, bajó y entró en una habitación semi iluminada. Miró un retrato en una de las paredes, donde ella y su esposo estaban. Ella sonrió, pensando: ¿Viste, Pedro Henrique?

¡Me las arreglé para arruinar la fiesta de esa mujer otra vez! Sé que ella se metió con nuestro hijo, para casarse y pertenecer a nuestra familia, tal vez incluso con macumba, pero no importa, ¡terminaré ese matrimonio y Ricardo volverá a casa! ¡Puedes estar seguro de eso! Además, ¡no permitiré que nuestro nombre desaparezca, porque esa mujer es tan incompetente que ni siquiera puede tener un hijo! Ya sé lo que voy a hacer para romper ese matrimonio. ¡Usaré las mismas armas que ella usó, buscaré a alguien para hacerle brujería para que Ricardo pueda mantenerse alejado de ella para siempre! Ten la seguridad, viejo, nuestro hijo volverá a casa y volveremos a ser una familia feliz... ahora, es hora de acostarse y soñar con los ángeles...

Subió los escalones de la enorme escalera que conducía al piso superior, donde estaban las habitaciones. En su habitación, se puso un pijama y se acostó, pero no podía dormir, recordaba el día en que Ricardo trajo a Anita para presentarla: habían estado saliendo por un corto tiempo. Él llegó, feliz, sosteniendo su mano y dijo:

– Mamá, esta es Anita, estamos saliendo. La miré de arriba abajo. No estaba preocupada porque sabía que sería como las otras que ya me había presentado, solo una aventura. Ella se acercó y, sonriendo, extendió su mano para que yo la estrechara. En contra de mi voluntad, también sonreí y sostuve su mano, pero lo hice para no lastimar a Ricardo.

Ella apretó con fuerza y, mirándome directamente a los ojos, dijo:

– Encantada de conocerla, estoy encantada de estar en su casa y conocerla en persona. Es una persona importante en la ciudad. ¡Estoy muy honrada!

Ella me apretó la mano con fuerza y me miró a la cara. Cuando sentí ese apretón de manos, me di cuenta que esta chica era diferente de todas las demás que Ricardo me había presentado, pero no me preocupé demasiado. Puedo decir que incluso me cayó bien, pero, aun así, sabía que debía tener cuidado con ella, porque sabía que ella podría robarse a mi hijo. Lo conocía lo suficiente como para saber que esta vez era diferente.

Incapaz de dejar de pensar, Sofía se levantó y fue al baño. Se detuvo frente al espejo, se tocó el cabello y continuó pensando:

Hablamos durante el almuerzo. Ella habló sobre su familia, pero cambié de tema. No me interesaba saber nada de ella, y mucho menos de su familia. Mientras hablaba, pensé: ¡No! ¡Definitivamente no eres la chica que quiero para ser la esposa de mi hijo! No quiero y no lo serás.

Temblando de odio, salió del baño y, una vez en el cuarto, fue al tocador, donde, por orden, la sirvienta, dejaba una jarra de agua cada noche. Llenó un vaso y bebió. Volvió a la cama y continuó pensando: no quería, pero, desafortunadamente, ella lo fue. No sé lo que hizo, debe haber ido a un macumbeiro, porque Ricardo quedó encantado con ella y en poco tiempo organizaron la boda. Ella vivía en la capital, donde su padre tenía un negocio. Unos días antes de la boda, vinieron a nuestra casa.

Cuando los conocí, estaba segura que esa boda no se realizaría, pues era un error, pero no pude evitarlo.

Se casaron. Eso fue hace ocho años. Sin embargo, todavía no me he rendido, ¡sé que voy a poder separarlos! ¡Ella no era y no es la mujer ideal para mi hijo! ¡Es arrogante y siempre está dispuesta a enfrentarme! A diferencia de Stela, tan dulce y amorosa, ella siempre hace todo lo que quiero y siempre está a mi lado. Sin embargo, a pesar de que no me gusta, Stela siempre defiende a esa mujer. Cuando me pongo nerviosa, ella me dice:

– No es así, doña Sofía, Anita es una buena chica. Ellos se llevan bien y Ricardo se ve feliz a su lado.

En algunas cosas sí tiene razón. Ella es realmente un poco arrogante, pero en general, es una buena persona. No te involucres, deja que los dos decidan sus vidas.

Que Stela me perdone, pero ¿cómo puedo dejar que decidan sus vidas? ¡Ricardo está totalmente dominado por esa mujer! ¡No sabe cómo tomar una decisión! ¡Tengo que decidir por él! Mañana, encontraré a ese hombre y veré qué puede hacer. Si ella le hizo una macumba, él la podrá deshacer y mi hijo será libre para decidir su vida.

Miró el reloj que estaba en la mesita de noche. Faltaban diez minutos para la medianoche, y pensó: "¿Stela ya estará dormida? No lo creo, deben haber llegado a casa. Necesito hablar con ella."

Levantó el teléfono e, independientemente de la hora, marcó un número. En el otro extremo de la línea, la voz de una mujer respondió:

- ¡Aló!

- Stela, soy yo, tenemos que hablar. ¿Estás durmiendo? ¿Te estoy molestando?

- No, doña Sofía, no estoy durmiendo y nunca me molestas. ¿Qué pasó?

- No pasó nada. Solo quería saber qué piensas de la cena que preparó esa mujer.

Stela, conociendo a su suegra y sabiendo la respuesta que quería escuchar, respondió:

- La cena fue muy mala, tienes razón en eso, pero no entendí por qué tenías que hablar de esa manera. Fue vergonzoso, pero aquí entre nosotras, hasta me gustó. No tengo nada en contra de Anita, pero como no te agrada, tampoco me puede agradar. No sé por qué tuvieron que volver. Durante el tiempo que estuvieron en Portugal, no tuvimos ningún problema.

- Volvieron porque ella extrañaba a su familia. Como si esa familia fuera importante. Sin embargo, estoy feliz porque tengo a mi hijo a mi lado nuevamente.

- Tienes razón en ese punto. Ricardo se ve muy bien.

- Es hermoso, ¿no es así?

Stela se rio y respondió:

- Sí, se ve muy bien. Parece ser que mientras más tiempo pasa, más simpático se pone.

- ¡Por eso no puede seguir casado con esa mujer! ¿Maurício está contigo?

- No, se está bañando.

- Te llamo, porque necesito tu ayuda.

– ¿Mi ayuda? ¿Qué puedo hacer? Sabes que, a pesar de todo, no quiero involucrarme ni ser responsable de una posible separación.

– Sabes que siempre sospeché que esa mujer le hizo macumba a Ricardo para retenerlo, ¿no crees?

– Siempre dijiste eso, pero nunca creí y ni creo en esas cosas.

– Yo tampoco, pero nunca está de más intentarlo. ¿Y, si realmente existe la macumba? ¿Y si le hizo, una macumba para involucrar a Ricardo hasta el punto de hacer que se case con ella?

He estado pensando y, en caso de duda, creo que será mejor hacer algo al respecto.

– ¡¿Hacer algo?! – Stela preguntó, confundida.

– ¡Claro que sí! ¡Necesitas ayudarme! ¡Estoy segura que ella hizo una macumba y de las bravas!

– ¿Puedes asegurar eso?

– No lo aseguro ni lo niego, pero por si acaso, más vale prevenir.

– ¿Crees que valdrá la pena, doña Sofía?

– Creo que sí. Si hay una macumba, haré que la deshagan. Si no existe, no nos pasará nada a ella ni a mí.

– No sé... tengo miedo de meterme con esas cosas. Sobre todo, porque no creo que ella haya tenido el valor de hacer algo así. Ella, y parece que toda su familia, siempre han sido muy religiosos.

– ¿Miedo de qué? Escuché que, si se paga bien, pueden hacer cualquier trabajo y a mí no me falta dinero. Gastaré hasta el último centavo para sacar a esa inútil de la vida de mi hijo.

– ¿Por qué dices que es inútil?

– Por supuesto que es inútil, ¡ni siquiera puede tener un hijo!

- Eso no significa que sea inútil, tal vez solo necesite un tratamiento...

- Ella ya ha hecho varios y parece que no hay forma, nunca tendrá un hijo, ¡lo cual me parece muy bien!

- Bien, ¿por qué?

- Porque cuando se separen, no quedará ningún vínculo. Nunca más tendremos que hablar con esa mujer. Si hubiera un niño, ¡ella siempre estaría presente en nuestras vidas!

- En eso tienes razón...

- Siempre tengo razón, Stela. ¿Aun no te has dado cuenta?

Stela volvió a reír y respondió:

- ¡Por supuesto que ya me he dado cuenta, doña Sofía!

- Mañana, después de enviar a los niños a la escuela, quiero que vengas a buscarme e iremos juntas, hasta ese hombre.

- ¿Por qué no vamos en tu auto con el chofer, doña Sofía?

- Ese hombre vive a cuarenta minutos, a una hora de aquí. Donde vive, nadie nos conoce y eso es muy bueno. Si vamos en mi automóvil con un chofer, llamaremos mucho la atención y alguien podría reconocernos y no quiero eso Stela...

- Creo que tienes razón. Sobre todo, ahora que se acercan las elecciones. No sería bueno si se enteraran que alguien de la familia va a un lugar como ese.

- Lo entendiste muy bien. Maurício se postulará y ganará las elecciones, serás la primera dama de la ciudad. ¿No es eso lo que quieres?

- Por supuesto que sí, pero ¿realmente ganará?

- ¡Por supuesto que lo hará! ¡El nombre de la familia de Pedro Henrique siempre tuvo y aun tiene mucha fuerza!

Siempre han sido muy queridos por toda la población y no olvides que he trabajado duro para que la gente no los olvide. ¡Nuestra familia no puede perder las elecciones!

- Sí, sé que has estado trabajando duro. Hace mucha caridad. Todo el pueblo la adora...

Sofía sonrió, sabía que eso era cierto. Ayudaba a la población pobre de la ciudad. Cuando alguien venía a pedir ayuda, ella siempre estaba dispuesta a resolver el problema, no porque sintiera algo por la gente, sino porque sabía que, de esta manera, la población estaría del lado de su familia y así podría continuar con el poder en sus manos. Eso es todo lo que quería. Mientras más la necesitara la población, más poder tendrían ella y su familia. Dijo:

- La gente realmente me quiere, Stela. ¿Sabes que incluso por ello esa mujer me critica?

- Lo sé, sí, Sofía. Ella dice que el ayuntamiento, en lugar de ayudar a las personas dando dinero o cosas, debería encontrar una manera de proporcionar algún tipo de trabajo. Debería explorar las artesanías de la ciudad, dándoles la oportunidad de ganar dinero del trabajo. Ella piensa que el Ayuntamiento puede hacer esto. No solo podría ayudar al trabajo, sino también a la promoción de ventas, incluso a la exportación.

- Ella tiene esas ideas porque nunca estuvo a cargo del Ayuntamiento ni de ningún puesto de mando. Ella no permitió que Ricardo postulara a la candidatura y lo llevó a Portugal.

- Sabes que no fue así, doña Sofía. Ricardo no quería postularse, prefería ir a Portugal porque, visitando los castillos y fortalezas que existen en ese país, podrían conocer mejor nuestra historia.

- Eso es lo que dijo, pero en realidad no quería ir, era ella quien quería ir. ¡Quería conocer la tierra de sus antepasados!

¡Si fuera para estudiar, deberían haber ido a los Estados Unidos! ¡Ese es un país del primer mundo! ¿Qué hay en Portugal? ¡Están más atrasados que nosotros!

- Sabes que a Ricardo le gusta la historia. Él sabe que lo que realmente quiere es ser profesor.

- ¡Profesor, profesor! ¿Cómo puede querer ser profesor? ¡Una profesión sin valor alguno!

- Él, como Anita, también quiere que la gente sea educada.

- Educada ¿para qué? ¡La gente no necesita educación, necesita comida en la mesa!

- Ricardo y Anita no lo creen así, doña Sofía. Dicen que la gente necesita estudiar para poder trabajar y promover su propio sustento.

- ¡Todo eso no tiene sentido, Stela! ¡La gente está muy bien! ¿Acaso has visto a alguien pidiendo escuelas alguna vez? ¡Claro que no! Todos están muy felices, acostumbrados a vivir con lo poco que tienen. ¡El Ayuntamiento de esta ciudad no les falte nada!

- Sí, pero según ellos, a nadie le importa mejorar, estudiar y trabajar. Dicen que las personas, porque no tienen oportunidad, se adaptan a la situación.

- Ya no quiero continuar esta conversación. Lo importante es ir donde ese hombre mañana y ver qué se puede hacer para que se separen. Esto es lo único que me importa en este momento.

- Está bien. Maurício ya ha regresado a la habitación. Necesitamos dormir. Mañana, tan pronto como los niños vayan a la escuela, iré allí y te recogeré e iremos.

- Te estaré esperando. Buenas noches, Stela, sé que esta noche voy a dormir como un ángel y te garantizo que esa mujer no será capaz de pegar un ojo.

Stela sonrió y dijo:

– Buenas noches, doña Sofía.

Sofía colgó el teléfono y cerró los ojos, tratando de dormir. Stela también hizo lo mismo. Miró a Maurício que estaba al lado de la cama y le preguntó:

– ¿Qué quería mi madre, Stela?

– Nada, Maurício, solo comentó sobre la cena.

– ¿Le dijiste que no me gustó lo que hizo?

– No, Maurício, no le dije. Conoces a tu madre, ella nunca aceptaría críticas.

– Sé que es así, pero nunca pensé que fuera correcto. A veces se excede y comete injusticias, tal como lo hace con Anita. Mi hermano está feliz al lado de la mujer que eligió, ella debería respetar eso.

Stela no le dijo qué había hablado realmente con Sofía y qué habían acordado para la mañana siguiente, porque sabía que su esposo no lo aprobaría. Él apreciaba a Anita y mucho más que a su hermano.

Se acostaron y se durmieron.

Sofía sonrió, acomodó su almohada y volvió a acostarse. A su lado, sin saberlo, una figura de un hombre que, durante todo el tiempo estuvo a su lado, dijo:

– ¿Por qué haces esto, Sofía? ¿Por qué sigue siendo la misma de siempre?

Como si hubiera escuchado lo que él le preguntó, pensó:

– "¡Debo hacer esto, no puedo dejar que esa mujer continúe con mi hijo! ¡Ella no sirve!

– No sirve, Sofía, ¿por qué?

– ¡No puede tener un hijo! ¡Ricardo me dijo que están pensando en adoptar un niño! ¡Imagínese si lo voy a permitir! ¿Creen que voy a dejar que le pongan nuestro nombre a un bastardo? ¡Nunca! ¡Eso no va a pasar! ¡Nunca!

- ¿Por qué no, Sofía? Es solo un nombre... nada más. Frente a la espiritualidad, no representa nada.

Ella, recordando a su esposo, continuó pensando: Si Pedro Henrique estuviera aquí, él diría que nada de esto importa, que es solo un nombre y que en la espiritualidad no tiene valor. Desde que comenzó a leer esos libros, cambió su actitud."

Comenzó a decir cosas que me pusieron muy nerviosa. ¿Cómo el nombre y el dinero no tienen valor? ¡Claro que lo tienen! Dijo que lo que importaba era lo que teníamos en nuestros corazones. El amor por todos, la caridad y nuestra preparación para la vida eterna. ¿Qué me importa la vida eterna? ¡Quiero vivir ésta! No quiero saber qué me pasará después de mi muerte. Creo que no hay nada después de la muerte, así que siempre he vivido pensando en el presente e hice todo lo posible para vivir bien y tener todo lo bueno que esta vida me puede dar. Ni siquiera quiero recordar cómo era mi vida antes de conocer a Pedro Henrique...

Pedro Henrique sonrió y dijo:

- Todo lo que dije era verdad, Sofía. La vida eterna existe y todavía estás a tiempo de cambiar tu actitud.

Él decía eso, pero lo que más me importa es el hoy, el ahora. Necesito dormir, mañana será un día muy emocionante. ¡Está decidido, iré con ese hombre y él me dará una solución para esa mujercita! Quería dormir, pero no pudo. Los pensamientos hervían en su cabeza. Se sentó, mulló la almohada, volvió a acostarse, se puso de lado, cerró los ojos y, después de un tiempo, sin darse cuenta, se durmió. Pedro Henrique, triste, desapareció.

4.- DESAHOGO

Había pasado más de una hora desde que Anita se había ido enojada a su habitación. Ricardo se sentó en un sofá en la sala de estar. Sabía que ella tenía razón en ponerse nerviosa, pero conocía a su madre y también sabía que Anita no le había caído bien desde que la presentó. No entendía el por qué de eso. Se puso a pensar: "No sé por qué mamá le hace eso a Anita, ella viene de una buena familia, tiene una buena educación y sus padres tienen una sólida posición económica. Mi madre no puede decir que Anita se casó conmigo por dinero. Tampoco entiendo por qué Anita sigue nerviosa por la actitud de mi madre hasta ahora. Ya debería haberse acostumbrado..."

Se levantó y fue a la habitación. Anita estaba acostada, todavía recordando y llorando. Al ver entrar a su esposo, ella fingió estar dormida. No quería hablar. No solo se sentía ofendida por Sofía, sino también por Ricardo, porque él no la había defendido.

Tan pronto como Ricardo entró en la habitación, se dio cuenta que Anita estaba fingiendo dormir. Se acostó a su lado y la abrazó con amor. Ella no se movió. Ricardo se dio cuenta que ella no estaba durmiendo y que no quería hablar más. Anita continuó fingiendo que estaba dormida. Insistió, diciendo:

– Anita, no seas así. La cena terminó y, en mi opinión y puedo decir en la de todos, estuvo fue muy buena, te lo puedo asegurar.

Anita, enojada, se sentó nerviosa en la cama y dijo, casi gritando:

– ¿Cómo que estuvo buena? ¿No escuchaste lo que dijo tu madre?

– Lo escuché y, como yo, nadie le prestó atención. Todos los que estuvieron aquí la conocen muy bien y conocen su mala voluntad hacia ti.

A nadie le importó, Anita...

– ¡Estás mintiendo, Ricardo! ¡Y aunque fuera cierto, a mí me importó! ¡Me sentí humillada!

– Vamos, mi amor... abrázame y olvidemos lo que pasó...

– No puedo olvidar, ¡estoy muy enojada!

– No entiendo por qué sigues enojada. Conoces a mi madre, sabes que puede ser grosera cuando quiere, pero también sabes que nos ama...

– ¿Qué estás diciendo? ¿Ella nos ama? ¡No, Ricardo, ella no me soporta ni yo tampoco a ella! ¡Estoy cansada de ser humillada! ¡Suficiente para mí! ¡Voy a decirlo otra vez! ¡Mañana, tan pronto como amanezca, me iré de esta casa, de tu vida y de la suya!

– ¿Qué tontería estás diciendo, Anita? ¿Por qué te vas?

– ¡Estoy cansada de ser humillada! Estoy muy enojado con tu madre, ¡pero mucho más contigo!

– ¿Por qué estás diciendo eso?

– Ya no te gusto. ¡Creo que nunca te gusté!

– ¿De dónde sacaste esa idea?

– ¡De tu actitud! ¡Nunca me defiendes de tu madre! Cada vez que ella hace algo que me hiere, ¡te quedas callado, como si yo no fuera nadie!

- Ya Anita, déjate de tonterías, sabes que no es así. Sabes que, desde que te vi en ese baile, me enamoré y esa pasión perdura hasta el día de hoy...

- ¡No Ricardo, estás enamorado de tu madre! ¡Quédate con ella, yo me voy!

- ¡No sabes cómo llevarte con mi madre! ¿Por qué no actúas como Stela? A mi madre le gusta ella...

- ¿Ser como Stela? ¡Nunca! Ella hace todo lo que su madre quiere, ¡parece un cachorro! ¡No puedo y no quiero hacer eso! ¡Stela está haciendo con sus hijos lo que tu madre hizo con ustedes! ¡También se están debilitando y perdiendo su autoestima!

Ricardo, quien hasta ahora trataba de mantener la calma, se puso nervioso y dijo enojado:

- ¿Escuchas lo que dices? ¿Te das cuenta que me estás ofendiendo?

- ¡No te estoy ofendiendo, Ricardo! ¡Estoy diciendo la verdad! Eres débil, y no tienes una opinión propia. Ya que dices que debería ser como Stela, ¡tú deberías ser como tu hermano, que no se deja mandar por tu madre y decide su vida!

- Creo que es mejor que terminemos esta conversación aquí, porque si continuamos, ¡terminaremos peleando de una manera que nunca lo hemos hecho!

- También lo creo. Además, no importa cuánto hablemos, no servirá. He tomado una decisión, ¡me voy para siempre!

- ¡Haz lo que quieras! ¡Estoy cansado de tus quejas! ¡Solo eres una niña mimada! ¡Aun no has madurado!

Entonces, gritando, tomó su almohada y salió de la habitación. Anita lo siguió con la mirada. Se decidió, su matrimonio terminaba allí. Lloró, y pensó: "No tiene sentido insistir, Ricardo no cambiará, siempre ha sido y seguirá siendo dominado por su madre. Con eso, todo el encanto que había allí terminó. Sé que él y ella me culpan por no tener un hijo, pero ¿qué culpa tengo yo? Me he hecho todos los exámenes aquí y en Portugal y no he encontrado una razón. No sé qué más hacer. Ahora, ya no me importa. Me voy, lo difícil será contarles a mis padres. Ricardo les agrada mucho. A mí también, pero no puedo seguir así.

Se acostó y trató de dormir. Sabía que sería difícil, porque solo en unos minutos, todos sus sueños habían sido destruidos. Odiaba a Sofía por eso.

5.- AYUDA DEL CIELO

A la mañana siguiente, Anita se levantó y fue al cuarto de invitados para hablar con Ricardo, pero, para su sorpresa, él no estaba allí. La cama no estaba hecha, lo que mostraba que se había levantado temprano y se había ido. A pesar de su curiosidad, terminó enojándose aun más. Se encogió de hombros, salió de allí y volvió a su habitación.

Con calma, comenzó a hacer sus maletas. Mientras las hacía, pensó:

- "¿A dónde fue tan temprano? Sé que estaba enojado por lo que dije, pero es cierto, ¡él está totalmente dominado por su madre! ¡No puede tomar una decisión sin antes hablar con ella! Solo cuando decidió ir a Portugal, a pesar de su disconformidad, insistió y se fue. Creo que no debimos volver. Mientras vivíamos allí, todo transcurrió sin problemas, a pesar que ella llamaba dos o tres veces por semana.

Además, no tiene sentido pensar ahora, tomé mi decisión y solo volveré a casa si él cambia su comportamiento y acepta mudarse a la capital, con mis padres. Sé que mi madre va a decir que estoy equivocada, que necesito salvar mi matrimonio, pero ¿por qué solo yo? ¿Por qué él no puede querer salvar nuestro matrimonio también?

¡Suficiente para mí! ¡Se acabó! ¡Basta! - Miró la mesita de noche y vio que había una nota en ella. Lo tomó en su mano y leyó:

"Querida Anita.

He estado pensando en todo lo que me has dicho y he llegado a la conclusión que tienes razón. Aunque te amo locamente y no quiero que nuestro matrimonio termine, creo que es hora de repensar nuestra vida. Es por eso que no tienes que salir de la casa, porque yo me voy. Así, tendremos tiempo para reflexionar sobre todo el tiempo que hemos estado juntos y cuánto nos queremos.

Recuerda que te amo y que quiero estar contigo hasta el final de mi vida.

Con cariño y mucho amor.

Ricardo."

Anita terminó de leer y comenzó a llorar, pensando: ¿por qué tenía que pasar esto? ¿Por qué doña Sofía me odia tanto?

Con la nota en la mano, ella siguió llorando. Mientras tanto, en su casa, Sofía también despertó. Estaba feliz y también decidida. Todavía acostada allí, pensó: son las siete de la mañana, pronto Stela estará aquí e iremos a hablar con ese hombre.

¡Hoy terminará el reinado de esa mujer! ¡Ya no puede seguir viviendo al lado de mi hijo o pertenecer a esta familia! ¡La odio a ella y a todos en su casa!

Se levantó y comenzó a prepararse. Abrió la ventana y miró. El sol brillaba, sonrió, volvió a la habitación, fue al armario, miró y pensó: hoy va a ser un día caluroso, tengo que elegir un vestido ligero. Sé que será agotador, pero no importa, ¡siempre y cuando logre salvar a mi hijo de esa mujer!

Pedro Henrique y María Rita estaban allí, siguiendo todos los movimientos de Sofía. Desesperado, este dijo:

– Mamá, ¿realmente ella hará eso? ¿Se unirá a las fuerzas del mal?

– Creo que sí, hijo mío. Ella parece decidida...

– Ella no puede hacer eso! ¡Se destruirá a sí misma!

– Lo sé, pero me temo que no podemos hacer nada, solo pedir a Dios por ella.

– ¡No puede ser, mamá! ¡Esta no es la Sofía que conozco! ¡Ella ha cambiado mucho!

La habitación se iluminó, y luego aparecieron dos entidades. Al verlas, Pedro Henrique y María Rita sonrieron. Sorprendido, preguntó:

– ¿Guzmán? ¿Matilde? ¿Por qué están ellos aquí?

– Aunque no lo saben, hemos estado con Sofía por mucho tiempo. La ayudamos a prepararse para su reencarnación y nos quedamos a su lado, tratando de asegurarnos que todo salga bien.

– ¿La conocen?

– No solo a ella, sino a todos ustedes que han renacido para ayudarse unos a otros. María Rita dijo, sorprendida:

– Aunque los conocía, no sabía que eran parte de nuestras vidas. ¿Por qué no nos lo dijeron?

– Sabemos que nos conocían. No les contamos porque no había necesidad. Ahora, parece ser necesario. Por eso estamos aquí. Vinimos para tratar de evitar que Sofía nuevamente haga algo de lo que seguramente se arrepentirá.

Pedro Henrique, aun confundido, dijo:

– No entiendo, esta no es la Sofía que conozco. Ella siempre fue muy amable y amorosa.

Nunca pensé que podría siquiera imaginar cosas así...

– Nunca conociste a Sofía. Ella siempre estuvo disfrazada, Pedro Henrique.

– No puede ser verdad...

– Infelizmente es verdad. Ella planeó su encarnación y nos pidió que la ayudáramos.

Prometimos que siempre estaríamos a su lado y así lo hicimos. No solo Matilde y yo, sino muchos otros.

– ¿Quién es realmente Sofía, Guzmán? ¿Puedes decirnos?

– Sí, mientras ella se prepara para salir, podemos conversar.

– Por favor, Matilde. Necesito entender lo que está pasando. Esta Sofía que se está preparando para destruir la vida de mi hijo no es la que conocí y amé toda mi vida...

Te lo diré, Pedro Henrique y al final, entenderás todo lo que sucedió y está sucediendo ahora. Sofía vivía en un lugar lejos de la ciudad. Sus padres vivieron una vida con muchas dificultades, pero la amaron mucho. Se despertaba muy temprano y caminaba con otros niños en el vecindario, hacia la ciudad. Entre ellos estaba Osmar, que vivía en un lugar cercano al suyo. Era un año mayor. Iban a la escuela. Lo hacían todos los días. Ella era hija única. Su madre, Nadir, estaba muy enferma cuando Sofía nació y nunca pudo tener otro hijo. Sofía era muy tímida y se sentía sola al no tener hermanos. Quería al menos uno más.

Ella hacía ese recorrido sin quejarse. A la edad de diez años, todavía estaba en su primer año y estaba aprendiendo a leer y escribir sus primeras palabras. Era tarde, pero había tomado mucho tiempo construir una escuela. Esto solo sucedió cuando el abuelo de Pedro Henrique fue elegido alcalde de la ciudad. Sofía nunca había pensado en estudiar y solo fue a la escuela después de mucha insistencia de su madre.

Su padre, Romeo, pensaba que estudiar no era importante para las mujeres, ya que sabía que pronto se casaría y solo tendría que cuidar a su esposo e hijos. Ella lo aceptó naturalmente, pero su madre no. Decía:

– Sofía, necesitas estudiar para ser alguien en la vida. Si continúas como yo, sin siquiera saber leer, tendrás una vida como la mía...

– Sofía la escuchó decir eso, pero no entendía completamente lo que eso significaba. Solo cuando comenzó a juntar las letras, formar palabras y así poder ver y leer revistas con artistas, se interesó realmente. En las revistas, veía chicas con hermosos vestidos y lindo cabello, casas hermosas, grandes y bien pintadas. Cuando veía todo eso, comenzaba a soñar y a querer tener todas esas cosas. Solo entonces se dio cuenta del significado de lo que le dijo su madre y, mientras iba a la escuela con los otros niños, dijo:

– Necesitamos estudiar y aprender muy rápido.

– Osmar la miró y, confundido, preguntó:

– ¿Estudiar para qué, Sofía? Ya sabes cómo será nuestra vida.

– Tal vez sepas la tuya, Osmar, ¡pero no la mía! ¡Será diferente! Sé que, si estudio, podré comprar esos hermosos vestidos que vi en la revista... cortarme el cabello y vivir en una hermosa casa, como las que vi. Afortunadamente, logré que mi padre me dejara ir a la escuela en vez de trabajar en el campo. Mi madre le habló al respecto, él se enojó y dijo:

– ¿Estudiar para qué, Nadir? Sabes que solo va a perder el tiempo. Lo que realmente necesita es aprender a cuidar la casa y preparar buena comida para ser una buena mujer y madre. Además, hasta que te cases podrás cuidar de la casa mientras tú trabajas conmigo, en el campo.

– Si estudia, Romeo, podrá tener una vida diferente...

– Nadir insistió tanto que no pudo negarse –. Continuó Guzmán.

– Sofía, que estaba frente al espejo peinándose, sin saber el por qué, también comenzó a recordar el pasado y, al verse a sí misma como una niña otra vez, se conmovió y una lágrima cayó por su rostro. Matilde señaló con su mano, todos vieron y sonrieron. Ella dijo:

– Parece que nuestra presencia aquí a su lado, intuyéndola a recordar, está dando sus frutos, Pedro Henrique.

Si continúa así, puede que renuncie a encontrarse con ese hombre.

– ¿Crees que esto pueda suceder, Guzmán? ¿Crees que ella pueda darse por vencida?

– ¿Por qué no? Siempre debemos tener la esperanza que el sentimiento mayor, el amor, será más fuerte.

– Eso espero, Guzmán. Espero que ella recordando cómo sucedió todo y cómo llegó a donde está hoy, cambie de opinión y acepte a Anita como su hija. Ella necesita cambiar de opinión. Si no lo hace, le causará mucho sufrimiento a ella y a toda la familia...

– Es cierto, Matilde, pero no podemos dudar de la bondad y la justicia de nuestro Padre y creador.

Sofía sacudió la cabeza como si tratara de sacudir esos recuerdos. Volvió a mirarse al espejo, se arregló el cabello y sonrió, pensando: todo lo que pasé es parte del pasado. Hoy, que ya tengo todo lo que siempre quise, necesito asegurarme que mi familia continúe con el nombre y con el respeto que este siempre tuvo y eso solo puede suceder si no se mezcla con una familia como la de esa mujer. ¡Necesito separarlos y lo haré!

Pedro Henrique, cuando escuchó eso, comenzó a temblar y llorar. Dijo, sollozando:

– Realmente, esta no es la Sofía que conocí y amé...

– Ella siempre fue así, decidida a obtener lo que quería, y para eso, nunca escatimó esfuerzos. Pero todavía hay tiempo. Estamos y seguiremos estando a su lado, tratando de hacer que encuentre el camino por del que se desvió hace mucho tiempo.

– Eso es lo que más quiero, Guzmán. Quiero volver a ver a mi Sofía...

– Le pediremos a Dios que esto suceda, pero continuaré contando la historia.

– El padre de Sofía cultivó verduras y legumbres. Todos los domingos iba al centro de la ciudad y vendía todo en la feria.

Un domingo llegó a casa con un niño recién nacido. Con él en su regazo, dijo:

– Estaba volviendo con el carro y, casi llegando a aquí, una mujer cayó delante de mí. Me bajé del carro y fui a ver qué había pasado. Tenía los ojos quietos y me di cuenta que estaba muerta. Miré a un lado y allí estaba este niño y esta bolsa. Creo que la ropa del niño está adentro. Me asusté, nadie pasaba. Así que traje al niño para que puedas cuidarlo, Nadir, mientras regreso a la ciudad para avisarle al comisario.

– ¿La mujer sigue en el mismo lugar, Romeo?

– Sí está, pero ya vuelvo. Cuida al niño.

– Quiero ir contigo.

– No necesitas venir. Si voy a caballo, llego más rápido y tienes que cuidar al niño.

– Sofía puede cuidarlo. Quiero ir contigo.

– ¿Cómo lo va a cuidar, Nadir? Nunca estuvo cerca de un niño tan pequeño.

– Mi padre tiene razón, madre. ¡No sé cómo y no quiero cuidar a este niño!

– Bien, me quedaré, pero regresa rápido para contarme qué pasó y qué le pasará a este niño.

– Romeo salió corriendo. Nadir tomó al niño, lo apretó cerca de su pecho y dijo:

– Qué bueno es tener un bebé nuevamente en tu regazo.

Esas palabras sonaron como flechas disparadas a través del pecho de Sofía. Estaba muy enojada porque nunca había visto una expresión de felicidad como aquella en el rostro de su madre. Sabía que tanto su padre y su madre la querían, pero ninguno de los dos había mostrado tanto afecto por ella. Nadir le quitó la ropa al niño y dijo alegremente:

– ¡Es un niño, Sofía! ¡Mira qué hermoso y gordito es!

- Sofía miró al niño y no vio nada hermoso. Era un niño feo, calvo, rojo y parecía hinchado. Nadir dijo:

- El ombligo aun no se ha caído, Sofía. Él acaba de nacer. ¿Quién será su madre?

- Sofía se puso de pie, y solo miró. Nadir abrió la bolsa y, efectivamente, adentro, había ropa para niños. Demostrando la felicidad que sentía, Nadir lo cuidó con mucho cariño. Más tarde, Romeo regresó y contó lo que había sucedido en la ciudad:

- Regresé al lugar donde encontré a la chica muerta y ella todavía estaba allí. Fui a la ciudad a buscar al comisario. Cuando llegué, le conté lo que había sucedido. Me escuchó y luego tomó el auto de la policía y fuimos allí. La chica seguía en el mismo lugar. La cargamos y la pusimos en la parte trasera del auto y volvimos a la ciudad.

- ¿Le contaste del niño, Romeo?

- ¿Es un niño? ¡Qué bien! No, Nadir. Le pregunté al oficial qué pasaba con los niños que no tenían familia. Me dijo que los remitían al juez de menores y luego iban a un orfanato.

Cuando me dijo eso, recordé que tú y Sofía querían un hijo y yo me quedé callado.

Dejemos pasar un tiempo, luego regreso a la ciudad y digo que tuviste un hijo aquí en la granja, para poderlo registrar a nuestro nombre. ¡Será nuestro hijo y tú, Sofía, tendrás un hermano pequeño! ¿Estás contenta con eso?

- Sofía lo miró sin saber qué responder. En realidad, ella siempre quiso tener un hermano, pero cuando vio el afecto con el que la madre trataba a ese niño, no supo si todavía quería, pero su padre estaba decidido y su madre parecía muy feliz. Él no respondió, solo sonrió. Nadir, sosteniendo al niño, preguntó:

- ¿Crees que funcione, Romeo? ¿Ellos no sospecharán o nos descubrirán?

– Por supuesto que funcionará, mujer. Sabes que aquí en la ciudad no hay hospital y que todos los niños nacen en casa. ¡Claro que funcionará!

– Unos días después, Romeo fue a la ciudad y contó esa historia. Entonces registró a Gustavo a su nombre y Sofía, de repente, tuvo un hermano. Al principio estaba feliz, pero esa felicidad terminó el día que Romeo llegó y dijo:

– Ya no podrás ir a la escuela, Sofía.

– ¿Por qué, padre?

– Tu madre necesita ayudarme en el campo, y ahora con el niño, eso no será posible. Entonces, mientras ella está conmigo, debes cuidar de la casa y de él.

– Sofía estaba disgustada y dijo alterada:

– ¡No puedes hacer eso, papá! ¡Me gusta estudiar! ¡Quiero aprender para poder salir de esta casa y de este lugar!

– ¿Por qué quieres salir de aquí?

– ¡No quiero tener una vida como la tuya y la de mi madre! ¡Quiero ser rica y tener todo lo que quiero!

– ¡Olvídalo! ¡Tu vida no será diferente a la nuestra! Nacimos pobres por la voluntad de Dios y moriremos pobres...

– ¡No! ¡Mi vida no será así! ¡Seré rica!

– Está bien, pero por ahora, necesitas ayudar aquí en casa. Mientras sueñas con toda esa riqueza, necesitamos trabajar para seguir viviendo.

– ¡Esto no es justo! ¡Yo quiero estudiar!

– La vida no es justa. También quería tener muchas cosas que sé, que nunca podré tener. Necesitas vivir en la realidad y la realidad es que necesitamos plantar y cosechar. El resto es un sueño. Puedes seguir soñando, pero te quedarás aquí ayudando en la granja y cuidando de tu hermano.

– ¡Él no es mi hermano!

– Romeo la abofeteó y gritó alterado:

- ¡Nunca más lo repitas! Él es tu hermano, ¿entiendes?

- Sofía salió llorando al patio. Era casi de noche, algunas estrellas aparecieron en el cielo.

Levantó la vista y dijo suavemente:

- ¡Voy a salir de este lugar! ¡Yo seré rica!

- Sofía comenzó a temblar. Su corazón latía rápido. Por primera vez, su padre la había golpeado. Él, que siempre había sido tan cariñoso y que, a pesar de la pobreza en que vivían, hizo todo lo posible para asegurarse que no le faltara nada. No lo sabía, pero tan pronto como se fue, Nadir, su madre, preguntó agitada:

- ¿Por qué la golpeaste, Romeo? ¡Nunca habías hecho eso!

- No sé, Nadir, ¡estaba nervioso! Sabes que cuando mentí y registré a Gustavo a nuestro nombre, cometí un delito y, si alguien se entera, ¡incluso podría ser arrestado! ¡Por eso nadie puede saberlo! Por lo tanto, ¡ni siquiera podemos pensar, y mucho menos decir que él no es nuestro! Cuando Sofía dijo que no era su hermano, perdí el control...

Sofía apartó el recuerdo. Después de tomar café, regresó a su habitación y esperó la llamada de Stela. Estaba ansiosa, quería resolver el asunto que la había estado molestando desde el día en que Ricardo trajo a Anita para que la conociera.

Se recostó en la cama e hizo planes para después de la separación. No sé cómo va a suceder, solo espero que Ricardo esté bien. Sé que no le gusta esa mujer, está hechizado.

Se recostó por unos momentos, y comenzó a recordar el pasado. Estaba nerviosa e irritada, no quería recordar, pero no sabía por qué, no podía parar. Se levantó y fue a beber agua. No entendía lo que estaba pasando. Hacía mucho tiempo que no recordaba el pasado. Era algo que siempre quiso olvidar y lo había hecho. Se miró en el espejo que había en la puerta del armario y pensó: ¿por qué estoy pensando en eso ahora? ¡No puedo desviar mis pensamientos, necesito concentrarme solo en ese hombre y en lo que le sucederá a esa mujer!

Las entidades seguían sus pasos. Pedro Henrique, nervioso, dijo:

– ¡No, Sofia! Debe concentrarte en tu pasado para comprender que no puedes hacer nada para separar a nuestro hijo de Anita. Se gustan y tienen un largo camino por recorrer juntos.

Matilde tomó el brazo de Pedro Henrique y dijo con tristeza:

– No sirve de nada, Pedro Henrique. Está decidida y es muy poco lo que puede hacer para que cambie de opinión. La conoces y sabes lo decidida que es. Si ella permanece en ese rango de pensamiento, no podemos seguir aquí. Pronto, ella estará tan envuelta por las energías del mal que ya no podrá escucharnos.

– Lo sé, Matilde, por eso te pido que me ayudes a hacerle recordar todo. Quién sabe, tal vez ella cambie de opinión y deje que Ricardo viva en paz con su esposa.

– Mientras les cuento su historia, ella, aunque no lo sabe, también está escuchando.

Mientras nos siga escuchando, seguiremos intentándolo. Nos quedaremos a su lado hasta donde sea posible.

– Gracias, Guzmán. Me alegro que vinieran... – Guzmán sonrió.

Sofía volvió a la cama, se recostó y trató de pensar solo en el trabajo que el hombre iba a hacer. Miró su reloj, porque pensó que Stela estaba tardando demasiado, pero se dio cuenta que esto no era así, ya que faltaban más de treinta minutos para la hora programada. Pedro Henrique, a su lado, dijo:

– Sofía, quieres pisar terreno muy peligroso. Por ahora, estamos aquí, pero no sé por cuánto tiempo más, por lo que necesito que lo0 reconsideres y no cometas esta locura.

– No sirve de nada, Pedro Henrique, está totalmente cegada por el odio. Continuaré contando la historia, tal vez, al recordar, ella cambie de opinión. Ya veremos qué pasa al final.

– Intentaremos todo lo posible, Guzmán...

– Así es, Pedro Henrique. Después del día en que Romeo la abofeteó, Sofía nunca volvió a ir a la escuela. Se quedó en casa cuidando de todo para que su madre pudiera ayudar a su padre en el campo. El tiempo pasó. Tenía catorce años y, aunque había dejado de ir a la escuela, no dejó de estudiar. Osmar, quien también se vio obligado a dejar de estudiar para ayudar a su padre en el campo, a menudo iba a la ciudad durante la semana y siempre traía libros de la biblioteca. Sabía que a ella le gustaban y solo quería verla feliz. Romeo, todos los domingos, también iba a la ciudad. Llevaba las verduras y los vegetales que plantaba y los vendía en la feria y así obtuvo el dinero que necesitaba para mantener a su familia. La vida era dura, pero vivían en paz. Sofía siempre lo acompañaba y se quedaba con él en el puesto, ayudándolo a vender. Cuando tuvo algún momento libre, iba a la casa de Magali, una amiga de la escuela que le pasaba la lección que la maestra había dado esa semana. Además de los libros escolares y los libros que Osmar traía de la biblioteca, también leía revistas de moda y cómics. Entre ellos, los que hablaban de amor. Estaba encantada con las casas y la ropa que veía en las revistas y soñaba: cómo quisiera tener una casa como esta y esta ropa, entonces se vería genial, ¿verdad?

Eso sí que es vivir... pero como dice mi madre, no tiene sentido soñar. Mi vida siempre será así, como la de ella. Me voy a casar y voy a seguir viviendo aquí, en este lugar.

Sé que voy a tener muchos hijos y envejecer antes de tiempo...

– Osmar, aunque traía los libros, no entendía por qué ella siempre repetía eso. Una tarde, cuando hablaban sentados en un taburete de madera que había debajo de un árbol, preguntó:

– ¿Para qué lees tantos libros y revistas, Sofía?

– No quiero seguir viviendo aquí, Osmar. ¡Quiero aprender sobre todo lo que existe fuera de aquí! Quiero hablar correctamente y conocer otros lugares. Por ahora, sé que no puedo, así que aprendo a hablar a través de libros y fotografías que veo en revistas, conozco otros lugares y cómo se visten las chicas. ¿Has visto los hermosos vestidos que usan?

– No me importan estas cosas. ¿Yo te gusto Sofía?

– ¡Por supuesto, Osmar!

– Entonces, ¿por qué no empezamos a salir?

– ¿¡Salir juntos!? – Preguntó, sorprendida y confundida.

– Por supuesto, nos gustamos y ya está siendo hora que me case. Hablé con mi padre. Sabes que tanto él como tus padres apoyan nuestro matrimonio. Él dijo que, tan pronto como cumpla dieciocho años, él me dará un pedazo de tierra y podremos construir nuestra casita; será muy hermosa, entonces podremos casarnos y ser felices para siempre.

– Me alegra que haya dicho eso. Mi mamá piensa que es un poco temprano. Ella dijo que la vida matrimonial no es fácil y, por lo tanto, creo que deberíamos esperar un poco más.

– La vida no es fácil solo cuando no nos gusta la otra persona, pero nos hemos querido desde que somos niños, ¿verdad?

– Siempre me gustaste, Osmar, pero no sé si quiero casarme. Sabes que no quiero seguir viviendo en este lugar.

– Siempre dices eso, pero sabes que no sirve de nada, tendrás que quedarte aquí. Me gustas mucho y sé que seremos felices. Si quieres, hablaré con tu padre y, tan pronto como tenga dieciocho años, nos casaremos.

Ella lo pensó un poco, luego dijo, - continuó narrando Guzmán.

- De acuerdo, tienes razón, nunca dejaré este lugar, este es mi destino. Puedes hablar con mi papá.

- Ya sabía que ella había tenido un novio, Guzmán...

- Sé que lo sabías, pero no sabes mucho, Pedro Henrique. Voy a continuar. Ese día, estaban distraídos hablando y no vieron cuando Romeo se acercó y pudo escuchar las últimas palabras.

Curioso, preguntó:

– ¿De qué están hablando?

- Se voltearon y Osmar sonriendo, respondió:

- Estamos hablando de nuestro futuro, sr. Romeo. Sofía y yo queremos empezar a salir. Le estaba diciendo que iba a hablar con usted y le iba a pedir su permiso.

– ¿Comenzar a salir? ¡Todavía son muy jóvenes!

- Lo sabemos. Solo vamos a salir, Sr. Romeo. Mi padre dijo que cuando cumpla dieciocho años y quiera casarme, me dará un pedazo de tierra. Así podré construir una casa, plantar y ser feliz con ella.

- Si es así, está bien. Pero tengan cuidado con esa relación.

- No se preocupe, señor Romeo. Sabe que, desde que era pequeño, me gustaba Sofía y nunca haría nada para ponerla triste.

- De acuerdo, eres un buen chico y tu familia también. Siempre nos llevamos bien y si tu padre te va a dar un pedazo de tierra, es un buen comienzo. Pueden empezar a salir.

- Romeo se alejó. Osmar tomó la mano de Sofía y, emocionado, dijo:

– ¡No te imaginas lo feliz que estoy, Sofía! ¡Seremos felices, ya lo verás! Sé que tienes miedo de continuar en esta pobreza, pero con nosotros, ¡no será así! Seré diferente a mi padre y al tuyo. No venderé nuestra mercancía solo en la feria, intentaré llevarla a la capital. ¡Mi papá me llevó allí una vez y no te imaginas lo grande que es!

Tiene muchos edificios altos, muchos autos y un lugar muy grande, donde la gente vende frutas y verduras. ¡Compran todo y luego lo distribuyen a la ciudad! ¡Tienes que verlo!

¡No lo vas a creer!

- ¿Por qué tu papá no les vende?

- Sabes que mi padre no tiene educación y no sabe hablar correctamente. Tiene miedo, porque para venderlos, tendremos que aumentar la plantación, quién sabe, incluso tendremos que contratar a más personas para trabajar y mi padre tiene miedo de que, después no pueda vender ni pagar todo lo que haya gastado.

- ¿No tienes miedo, Osmar?

- Sí, pero si no lo intentamos, siempre continuaremos así, sin tener casi nada para comer. Tan pronto como nos casemos y ya tenga mi tierra, iré a la capital a buscar una persona a la que le venderemos. Negociaré y luego, lo único que tenemos que hacer es trabajar. ¡Nos haremos ricos! ¡Ya verás, Sofía!

- Estaba impresionada con el entusiasmo y la determinación de Osmar y dijo:

- ¡Creo que funcionará, Osmar! Si lo necesitas, ¡incluso puedo ayudarte en el campo!

- No necesitarás trabajar en el campo. Contrataré personas para hacer esto. ¡Solo tendrás que cuidar la casa y a nuestros hijos!

- ¡¿Hijos?!

- ¡Por supuesto hijos! ¡Quiero muchos! Además, necesitaremos muchos brazos para trabajar, ¿verdad? - Preguntó riendo.

- ¡No, no señor! No quiero que mis hijos trabajen en el campo, ¡quiero que estudien! - Dijo ella nerviosamente.

- Yo también quiero eso, tonta. Solo estaba bromeando. Nuestros hijos van a tener una vida completamente diferente a la nuestra. Para eso trabajaré duro.

La abrazó y la besó en los labios. Ese fue el primer beso. Ella estaba feliz. Desde pequeña, realmente le gustaba Osmar. Su único temor a casarse con él era seguir viviendo para siempre en ese lugar y en esa pobreza, pero ahora, todo era diferente.

Tenía planes que podrían hacer que tuvieran otra vida.

- Ella nunca me habló de esos planes... - dijo Pedro Enrique.

Guzmán sonrió y continuó:

- No había razón para contarlo. Hablaron un poco más. Luego la besó en la frente y se alejó. Ella lo vio irse. Él sonrió, pensando:

- "Definitivamente me gusta. Comenzaremos una nueva vida y, con la ayuda de Dios, seremos felices."

- Tan pronto como desapareció en el horizonte, ella se fue a su casa. Entró en el momento exacto en que Nadir, su madre, dijo:

- ¡Son demasiado jóvenes para empezar a salir, Romeo!

- Sé que son jóvenes, pero también sé que no lo prohibiré. Sabes muy bien lo que pasó con nosotros, Nadir. Tu padre lo prohibió y nos escapamos para casarnos. Esos dos se han querido desde que eran niños. Siempre vivieron juntos y él siempre cumplió todos sus deseos. Además, la boda no será ahora, solo cuando él tenga dieciocho años y ella diecisiete. Hasta entonces, pueden pasar muchas cosas.

- No sé... tengo mucho miedo...

- ¿Miedo de qué, madre?

Nadir y Romeo se voltearon y vieron quién preguntaba. Ella caminó hacia Sofía y respondió:

- Sé que te gusta Osmar y que tú le gustas, pero siempre dijiste que cuando te casaras, te irías de aquí. Sabes que, si te casas con él, permanecerás aquí y serás infeliz. No quiero eso para ti, hija...

- Lo sé mamá, solía decir eso cuando era niña, pero ahora sé que, para salir de aquí, tendré que conocer a un hombre rico y eso nunca sucederá. ¿Cómo voy a conocer a un hombre rico? El único lugar al que voy es a la feria para vender nuestras cosas. Me gusta Osmar, sé que estaré feliz con él.

- De acuerdo, ya que ese es tu deseo. Necesito comenzar a hacer tu ajuar. Sabes que no hay mucho dinero, así que necesito comenzar desde ahora.

Sonrió y fue a la cocina a tomar un poco de agua. A su lado, estábamos Matilde y yo, sonreímos y dije:

- Si, Matilde. Todo va según lo planeado. Si todo va bien, se casarán y cumplirán todo lo que prometieron.

- ¿Por qué dices eso, Guzmán? ¿No es siempre así? Todos tienen un destino y no pueden escapar de él, ¿verdad?

- No hay destino, Matilde, lo que importa son las decisiones que se toman.

- ¿No habían decidido encontrarse y casarse, y tratarían de cumplir una misión cuando estuvieran juntos?

- Sí, decidieron, pero sucedió cuando estaban aquí, de este lado. Sin embargo, en la Tierra, cuando se encarna, todo es diferente.

- ¿Por qué es así, Guzmán?

- Con las promesas olvidadas y teniendo que decidir en el momento, desafortunadamente, muchas veces las promesan no llegan a cumplirse, Matilde. Para que el espíritu evolucione, tiene que superar todas sus debilidades. Por lo tanto, las mismas situaciones siempre se repiten y él se verá involucrado en ellas, hasta que logre superarlas.

— ¿Y si no pueden?

— Si no, se repetirán durante muchas encarnaciones, hasta que el espíritu pueda vencer.

— ¿Eso siempre pasa?

— Sí, no importa cuánto tiempo lleve. Un día, el espíritu encuentra su camino y puede seguir tranquilamente.

— Estoy aprendiendo muchas cosas de ti, Guzmán. Me alegra que me hayan elegido para acompañarte en esta misión.

— También sé que aprenderé mucho de ti, Matilde.

— ¿Aprende de mí? No tengo nada que enseñarte... eres un espíritu iluminado, ya has conquistado tu luz, yo, por el contrario, tengo un largo camino por recorrer...

— Todos siempre tienen algo que aprender y enseñar. Aunque he ganado mi luz, no pienses que soy infalible.

Como tú, tengo mis momentos de duda y miedo. Todavía no puedo superarlos. Por eso estamos aquí. Tú y yo tenemos mucho que aprender, Matilde...

— Estuve en silencio, no entendía lo que había dicho Guzmán, ya que desde que escuché sobre él, siempre me pareció un espíritu iluminado, asignado para llevar a cabo las misiones más difíciles. Así que estaba feliz cuando me invitaron a acompañarlo en esa misión — Matilde habló emocionada.

Guzmán sonrió y continuó:

— Desde ese día, Sofía y Osmar comenzaron a salir. Todas las tardes, tan pronto como regresaba del campo, él iba a su casa, hablaban y soñaban con el futuro.

6.- MOMENTO DE DECISIÓN

Sofía, aun recostada en la cama, trató de alejar los recuerdos del pasado y volvió a mirar el reloj. Solo habían pasado diez minutos, pero a ella le pareció más de una hora. Nerviosa, pensó:

- "¡Parece que el tiempo no pasa! Stela está tardando demasiado en llamar. ¿Habrá pasado algo? Mejor llamaré."

Levantó el teléfono y marcó el número de casa de Stela, que respondió:

- Doña Sofía, sabía que eras tú. Sé que estás ansioso, pero aun es temprano. No he terminado de preparar a los niños para ir a la escuela. Mantén la calma, estaré allí en breve.

- Disculpa, Stela, pero estoy realmente muy ansiosa. Sabes lo importante que es esta visita.

- Sí, lo sé, sí, Sofía, aunque sigo pensando que no deberíamos ir.

- ¿Cómo no ir? ¡He tratado durante mucho tiempo de separar a mi hijo de esa mujer! ¡Ahora que he encontrado la manera, no me rendiré!

- Sé que estás decidida, pero no sería mejor pensarlo bien y dejarlo para otro día...

- ¡De ninguna manera, Stela! ¡Nunca dejo para más tarde lo que puedo hacer ahora! Si me conocieras, sabrías que siempre he sido así - dijo con voz alterada.

- Bien, haremos lo que quieras. Estaré allí en breve.

- Estaré esperando.

Sofía, alterada, colgó el teléfono. Pedro Henrique y los demás escucharon la conversación. Estaba preocupado, pero no pudo evitar decir:

- Está diciendo la verdad, Guzmán, siempre fue determinada y nunca dejaba para más tarde lo que podía hacer en el acto. Cada vez que quería algo, lo conseguía...

- Sí, Pedro Henrique, ella siempre fue así, no diría que determinada, sino obstinada. Por eso, siempre conseguía todo lo que quería, sin importarle nada ni nadie.

- No conozco a nadie que quien le haya hecho daño, Guzmán.

- Ella siempre supo cómo hacer las cosas y nunca dejó pistas sobre sus acciones. Esto viene de muchas encarnaciones atrás y en todas ellas, siempre ha tenido la oportunidad de cambiar, pero nunca lo logró y parece que en esta tampoco no lo logrará. Continuaré contando la historia.

- Hazlo por favor. Realmente necesito conocer, quién es, realmente, la mujer con la que he vivido durante tanto tiempo.

Guzmán sonrió y continuó:

- El tiempo pasó. Sofía tenía ahora dieciséis años. Se convirtió en una hermosa jovencita. Cabello largo negro, piel oscura y grandes ojos verdes. Gustavo, protegido por el amor de Nadir y Romeo, también creció, ya tenía siete años. Era un niño sano y muy feliz.

Sofía lo quería, pero cada vez que recordaba que se había visto obligada a dejar de estudiar por su culpa, se enojaba y, en su corazón, nunca lo había perdonado. Pero, aun así, continuó llevando la vida como siempre. Ayudaba con la agricultura, cuidaba de la casa, y del niño y, usando un viejo cuaderno, le enseñó a leer y escribir. Su ajuar estaba casi listo y el próximo año se casaría. El padre de Osmar, al ver que realmente se iba a casar, midió el terreno que le daría y se lo concedió como había prometido, Osma y ya había comenzado a construir la casa que al principio sería pequeña, pero él y Sofía ya habían planeado cómo sería después que él se fuera a la capital y comenzara a vender su mercancía.

Todo parecía ir bien, pero antes de renacer, ella había aceptado y quería pasar por algunas pruebas y así poder dejar de ser egoísta y excluyente.

- No entiendo, Guzmán. ¿Ella había acordado qué, con quién?

- Es fácil de entender, Pedro Henrique. Durante varias encarnaciones, ella siempre fue muy codiciosa y, por lo tanto, siempre hizo creyó que era necesario para obtener lo que quería. Debido a esa codicia, dañó a las personas que conoció en el camino y que, según ella, eran obstáculos. Esta vez, antes de renacer, pidió ser una niña pobre y, a través de su trabajo, sin usar o dañar a nadie, volver victorioso. Sabía que tendría momentos difíciles, pero cuando volvió a nacer, lo hizo con muchas esperanzas que esta vez podría lograrlo.

- Todavía no entiendo por qué tiene que pasar esto. ¿No sería mejor dejar que todo salga bien, sin nada que pueda complicar la evolución del espíritu?

- Sería mejor, y más fácil, pero no sería justo.

- Aun no lo entiendo.

- No sería justo, porque aquellos que fueron perjudicados quedarían sin respuestas y aquellos que violaron la ley quedarían impunes y eso no puede suceder. Cada mala acción, sea cual sea la escala, tiene que corregirse y esto solo es posible mediante la reencarnación y con la voluntad de la persona responsable. Esta es la Ley de Acción y Reacción. Para que un espíritu pueda continuar en su plenitud, es necesario que corrija todos sus errores o faltas cometidas y, para eso, es necesario que se repitan las mismas situaciones y pueda superarlas.

— Pensando así, hay una lógica. Parece que es lo correcto.

— La Ley Divina siempre es justa. De eso puedes estar seguro, Pedro Henrique. Todo lo que haga un espíritu del bien o del mal, volverá a quien lo cometió.

— ¿Entonces no sirve de nada arrepentirse? ¿El perdón de parte de quienes han sido perjudicados ayuda?

— Por supuesto, Matilde. El arrepentimiento y el perdón son cruciales para el espíritu.

Sin ellos, no habría forma de seguir, pero, aun así, el espíritu tiene que corregirse y, para eso, necesita renacer, pasar por las mismas circunstancias y vencer.

Muchos amigos espirituales piden renacer juntos, ayudándose mutuamente en empeñarse. El espíritu nunca está solo. Como ocurrió con Sofía, por ejemplo, ella tenía a Romeo, Nadir, Osmar y a ti, Matilde, para ayudarla a alcanzar el éxito. Tú también, Pedro Henrique, que estuviste a su lado durante muchas encarnaciones como amigo y confidente.

— ¡¿Yo?!

— Sí tú. En algunas encarnaciones, estuvieron juntos y juntos hicieron mucho daño y perjudicaron a muchos. Ese camino fue largo. Durante ella, te diste cuenta de todo el tiempo que desperdiciaste, te arrepentiste y lograste vencer. Sofía no. Ella, debido a la codicia y el poder, continuó cometiendo los mismos errores. Tú, como está sucediendo ahora, a menudo esperabas que ella venciera y sufrías cuando veías que no tendría éxito. Lo mismo sucedió con Nadir, Romeo, Osmar, Gustavo y tú, Matilde. Todos ustedes vencieron, podrían haber continuado el viaje solos, pero estuvieron juntos durante mucho tiempo y nunca quisieron separarse y, tan pronto uno logró su liberación, continuó renaciendo para ayudar a los que quedaban. De aquel grupo, que comenzó hace mucho tiempo, solo queda Sofía y tal vez, esta vez, puedan seguir juntos. Matilde y yo, aunque hasta ahora no lo sabían, también somos parte del mismo grupo y, aunque esta vez no hemos renacido, siempre hemos estado con todos ustedes, tratando de ayudar de cualquier manera posible. Ahora, todos juntos, debemos rezar con mucha fe para que Sofía pueda vencer.

- Por todo lo que estamos viendo, no será fácil. Ella continúa dejándose envolver por los mismos sentimientos de codicia y poder.

- Desafortunadamente, tienes razón, Matilde, pero no podemos perder la esperanza. Sabemos que, para Dios, nada es imposible.

- Esperemos que sí. Guzmán, ¿puedes seguir contándonos la historia y cuál fue la primera prueba que Sofía tuvo que pasar?

- Sí, continuaré, pero primero, presten atención a lo nerviosa y ansiosa que está. Realmente parece que nuestra conversación le está afectando y los recuerdos la están confundiendo.

Todos se voltearon hacia Sofía, que todavía estaba recostada en la cama, mirando el reloj en todo momento: Stela está tardando demasiado. ¿Habría pasado algo? Lo peor es que no entiendo por qué sigo recordando cosas que siempre quise y había conseguido olvidar.

No pudo ocultar su irritación. Se levantó, fue a la ventana, miró hacia el jardín y el camino por el que Stela debía llegar. Todo estaba en calma, solo podía notar que un viento ligero sacudía las hojas. Se quedó allí por unos segundos.

Pedro Henrique y los demás seguían sus movimientos. Éste le preguntó:

- Guzmán, ¿nuestra presencia aquí la hace recordar?

- Sí, con eso, estamos tratando que desista de ir a esa visita programada y, quién sabe, pueda arrepentirse y volver al camino.

- Para nuestro Padre, la palabra "nunca" no existe, Matilde. Siempre habrá tiempo para el arrepentimiento, sin importar cuánto tiempo lleve. Sofía ahora tiene otra oportunidad. Todos estamos aquí para eso. La queremos, deseamos continuar nuestro viaje, pero no nos iremos sin ella. Si alguno de ustedes quiere darse por vencido, puede hacerlo sin vergüenza. A lo largo del tiempo, se han ganado ese derecho.

Guzmán los miró y ellos sonrieron, mostrando que se quedarían allí todo el tiempo que fuera necesario. El único que sabía de su historia era Guzmán, pero ellos sentían que siempre habían estado juntos y que así seguirían. Sofía era una de ellos y se quedarían a su lado hasta que ella lograra acompañarlos. Matilde dijo:

- Sabes que nos quedaremos, Guzmán. Yo, y creo que los demás, no recordamos cómo ha sido nuestro viaje, por lo que nos gustaría que sigas contándonos lo que Sofía hizo bien o mal en esta encarnación.

- Por supuesto que continuaré. No solo por todos nosotros, sino principalmente por la propia Sofía.

Todo iba bien y parecía que el destino ya estaba establecido, pero no era así. Sofía debía pasar por la prueba que ya les había mencionado. Un sábado por la tarde, mientras Gustavo jugaba con un carrito de madera, Sofía estaba leyendo, sentada en un taburete afuera de la casa. Gustavo gritó:

- ¡Sofía, mira a esos hombres que vienen!

Levantó la vista del libro que estaba leyendo y vio, a lo lejos en el camino, a varios hombres que, montados en caballos, se acercaron. Eso no era normal, así que, curiosa y un poco asustada, se levantó, puso a Gustavo detrás de ella y observó. Su padre, que estaba en el campo, también vio a los jinetes y caminó hacia la cerca que separaba la casa del camino y llegó minutos antes que los jinetes. Éstos se acercaron y bajaron de los caballos. Entre ellos, Sofía miró a uno en particular. Un apuesto y elegante joven con una hermosa sonrisa. Tan pronto como bajaron de los caballos, uno de los hombres, el mayor de todos, dijo:

– Buenas tardes señor. Tenemos sed y vamos a la ciudad, ¿podrías ofrecernos un vaso de agua?

– Romeo, el padre de Sofía, sonrió y la miró y dijo:

– Sofía, trae agua para los hombres.

– Sofía, tímida, entró a la casa, tomó una jarra de barro que estaba llena de agua, algunas tazas de aluminio y fue a la cerca, donde estaban su padre y los caballeros. Comenzó a llenar las tazas y se las ofreció a los jinetes. Cuando se acercó al joven, sus ojos se encontraron, sintió que su corazón latía más rápido. Él, sonriendo, dijo:

– Sofía, tu nombre es muy hermoso, igual que tú.

– Ella, avergonzada, y sin saber qué decir, bajó los ojos. Los hombres terminaron de beber el agua, volvieron a montar sus caballos y se fueron. El muchacho, sin apartar los ojos de Sofía, subió a su caballo y se alejó. Ella no sabía qué hacer o pensar. Romeo regresó al campo y observó a los caballos alejarse hasta que desaparecieron.

Luego volvió a sentarse en el taburete, cogió el libro que estaba leyendo y trató de seguir leyendo. pero no podía quitarse de la cabeza los ojos de ese chico.

– Recuerdo ese día, Guzmán. Mi padre, algunos amigos y yo, regresábamos de la ciudad. También me quedé fascinado cuando vi a Sofía. ¡Ella era hermosa! No sabía que ella se había quedado pensando en mí.

Pensé que no la había impresionado.

– Sí, la impresionaste, Pedro Henrique. Ustedes no lo sabían, pero esa reunión se había planeado antes que renacieras.

Después de ese día, no pudo olvidar la cara del muchacho y, principalmente, sus ojos. Pensaba: ¿quién será él? ¿Dónde vive? ¿Por qué no puedo olvidar esos ojos?

Pasaron tres meses. La boda estaba programada para cuatro meses a partir de ese momento. La casa estaba casi lista y Osmar sonreía alegremente cuando la veía así. Sofía sabía que, aunque iba a seguir viviendo allí, sería feliz con Osmar. De vez en cuando, recordaba al muchacho del agua, pero pronto descartó ese pensamiento: no tiene sentido pensar en él. Sé que nunca volveré a ver esa cara, y especialmente esos ojos. Qué guapo era...

Una tarde, ella estaba lavando la ropa en el estanque, cuando Gustavo se acercó a ella, gritando y gesticulando mucho:

– Mira Sofia! ¡Ese chico está viniendo!

– ¿Qué chico?

– ¡Al que le diste agua!

– Miró hacia donde apuntaba su hermano. Realmente, el muchacho se acercaba. El calor era intenso, Sofía estaba sudorosa y tenía el cabello atado. Una situación en la que no le gustaría que nadie la viera, y mucho menos él. Trató de entrar a la casa para esconderse, pero no tuvo tiempo. Él ya había bajado del caballo y estaba en la puerta de la casa. Sonriendo, él preguntó:

– Hola Sofia! ¿Cómo estás?

– Ella, temblando, miraba sin poder contestar. El muchacho interpretó esa reacción como si ella no lo hubiera reconocido.

– ¡También recuerdo ese día! Realmente, pensé que no me reconocía y, algo avergonzado, le pregunté:

– ¿No me reconoces?

Bueno, desde que te vi ese día, no he podido olvidarte...

- ¡Le dije que tú eres el tipo al que le dio agua! - dijo Gustavo

- ¡Incluso tu hermano se acuerda de mí, Sofía! ¿Cómo puedes haberlo olvidado?

- Así sucedió, Pedro Henrique.

Ella permaneció en silencio y sus ojos miraban hacia abajo. Romeo, que estaba en el campo, vio cuando te acercaste y fue a tu encuentro. Cuando llegó, dijo:

- Buenas tardes, señor. ¿Puedo saber lo que estás haciendo por aquí?

- Buenas tardes. ¿No me recuerdas?

- No joven, no recuerdo...

- Estuve aquí una vez con mi padre y algunos amigos y nos ofreció agua.

- Ah... lo recuerdo...

- Menos mal. Me llamo Pedro Henrique.

- Soy hijo del coronel José Antonio.

- ¿El alcalde?

- Él mismo. Compramos la parcela aquí junto a la suya y otras tierras vecinas. Eso fue hace mucho tiempo. Estaba estudiando en el extranjero y ahora que estoy de vuelta vamos a construir una casa para pasar los fines de semana en familia y convertiremos todo aquí en un gran rancho ganadero. Me gustaría saber si puede prestarnos agua, hasta que nuestro pozo esté listo.

- Sabía que el compadre Manezinho había vendido esas tierras hace mucho tiempo, pero no sabía que el alcalde las había comprado.

- Cuando mi padre las compró, aun no era alcalde. Después de ese día que pasamos por aquí, vi todo lo hermoso que es este lugar. Sabía que mi padre tenía estas tierras y lo convencí que construyera la casa.

- ¡Eso es exactamente lo que pasó! - dije, mirando al padre de Sofía, pero mucho más a ella, que parecía ignorarme. Seguí hablando:

- La casa va a ser muy grande y hermosa. Dibujé el plano y ya ha sido aprobado. Ya podemos comenzar. ¿Puedes darnos el agua?

- ¡Claro que sí! Mi pozo tiene mucha agua.

- Gracias. Ahora me tengo que ir. Hablaré con el ingeniero. Necesito decirle que podemos comenzar la construcción ahora. Mañana vendrán algunos hombres para comenzar a limpiar la tierra y perforar el pozo. Gracias por el agua, señor... perdone, pero no sé su nombre.

- Me llamo Romeo.

- Bueno, señor Romeo. Gracias por el agua, le garantizo que no se arrepentirá de ayudarnos.

- Entonces, subiste al caballo y te fuiste despidiéndote con la mano. Sofía, que permaneció estática todo el tiempo, sin mover un músculo, siguió toda la conversación y con sus ojos lo siguió hasta que desapareció. Nadir, que se había acercado y solo escuchó el final de la conversación, preguntó:

- ¿Qué pasó, Romeo? ¿Quién es ese chico?

- Es el hijo del alcalde, mujer.

- ¿Hijo del alcalde? ¿Qué quiere él aquí?

- El compadre Manezinho le vendió las tierras al alcalde.

- ¿Al alcalde? ¿Por qué no te lo dijo?

- No lo sé, mujer, pero el chico dijo que en ese momento su padre aun no era alcalde. El compadre realmente tenía muchas ganas de irse de aquí, solo dijo que había vendido la tierra.

- ¿Qué quería el chico?

– Dijo que el alcalde hará una casa y que vendrán los fines de semana y criarán ganado. ¿Alguna vez pensaste, mujer, que ahora somos vecinos del alcalde? Quería saber si podía darles agua, mientras que su pozo no esté listo.

– ¡Caramba! Debe ser una casa muy hermosa.

– Realmente debe serlo...

– ¿Vas a darles agua?

– Claro que sí. Tenemos mucha y, además, él es el alcalde. Ahora, volvamos al trabajo.

– Los padres de Sofía regresaron a la granja. Solo entonces logró respirar con facilidad. Todavía le temblaban las piernas, así que entró a la casa y se sentó en una silla.

No puedo creer que, después de tanto tiempo, él hubiera estado allí. Ni siquiera en lo que dijo, que no la había olvidado. No creo que todo esto haya sucedido. ¡Él volvió! ¡Dijo que no me había olvidado! ¿Será cierto? Me miraba de una manera... No sé qué pensar. No es que me haya olvidado de él, pero nunca pensé que algún día volvería. Necesito dejar de pensar en él. Me voy a casar con Osmar. Eso es todo de lo que me tengo que preocupar. Casi todo está listo.

– Al día siguiente, llegaron varios hombres y comenzaron a trabajar. Después del almuerzo, tú, Pedro Henrique, también llegaste y fuiste a la cerca que separaba tus tierras de las de los padres de Sofía. Estaba en la cocina lavando los platos cuando escuchó a alguien aplaudir. Salió a ver quién era y te encontró. Se dio cuenta que estabas más guapo que el día anterior. Sonriendo, dijiste:

– Buenas tardes, ¿cómo estás, Sofía?

– Ella, con voz temblorosa, respondió:

– Estoy bien, pero ¿qué quiere, señor?

– No me llame señor, no soy mucho mayor que tú. Ya te dije que me llamo Pedro Henrique. Estoy aquí por dos razones:

primero, me preguntaba si podrías conseguirme una jarra de agua.

– Por supuesto que le puedo dar el agua. Mi padre ya lo ha autorizado. ¿Cuál es la otra razón?

– Necesitaba verte. No puedo olvidar cómo me miraste ese día cuando me diste la taza de agua... ¿podemos hablar?

Pedro Henrique se echó a reír y dijo:

– Parecía que estaba tranquilo, pero no era así, Guzmán. Estaba fascinado con ella y necesitaba alguna excusa para acercarme. Intenté ser lo más normal posible, pero fue difícil.

Tenía miedo que ella descubriera mi nerviosismo.

– Ella no lo sospechaba, tal como intentaste disimularlo. Toda su sangre se le subió a la cara. Sofía estaba roja como un pimiento. Demostrando una fuerza que no sentía, respondió:

– No tengo nada que hablar con usted, señor. Espere un poco y tomaré la moringa y la llenaré con agua del pozo.

Con mucho esfuerzo, logró entrar a la casa. Su corazón latía con fuerza, y mientras tomaba la moringa, pensó:

– "Es muy guapo, pero solo quiere jugar conmigo. No puedo permitirme involucrarme. Me voy a casar con Osmar."

Pedro Henrique dijo, conmovido:

– No quería jugar con ella, Guzmán, ¡me enamoré tan pronto como la vi!

– Lo sé, pero ella no lo sabía. Tomó la moringa, salió y caminó hacia el pozo. Incluso antes que llegaras allí, viste que ella estaba sacando agua del pozo, usando una manivela a la que se amarró un cubo al final de una cuerda. Cuando te acercaste al pozo, el cubo estaba casi en la cima. Tú, en silencio y mirándola a los ojos, tomaste la moringa de sus manos y la llenaste de agua.

Sofía trató de mirar hacia otro lado, pero falló. Eran como imanes que se atraían. Terminaste de llenar la moringa y sonriendo, dijiste:

– Gracias por el agua. Lo llevaré a los hombres y luego enviaré a uno de ellos para que devuelva la moringa. Hasta mañana.

Sofía estaba decepcionada porque pensó que tratarías de hablar un poco más con ella, pero te alejaste y caminaste a paso firme. Cuando estabas a unos quince metros de distancia de ella, te volteaste y sonriendo, te despediste. Fuiste donde estaban los hombres a distribuir el agua.

Pedro Henrique se alegró al recordar aquella época que parecía tan lejana. Dijo:

– No podía quedarme allí, Guzmán. Estaba nervioso y no sabía qué decir.

– Ella también estaba disimulando. Tan pronto como te fuiste, se escondió detrás de un árbol, te vio cuando subiste al caballo y te alejaste. Aunque no quería, no podía dejar de pensar en ti. Casi no pudo dormir esa noche. Esperaba ansiosa al día siguiente, porque sabía que volverías y era lo que más quería: verte de nuevo.

Al día siguiente, ella se levantó temprano y pensó: ayer, cuando él llegó, estaba hecha un desastre, pero hoy será diferente. Terminaré rápido los quehaceres de la casa y, después del almuerzo cuando llegue, estaré muy bonita...

– Eso fue lo que hizo. Se ocupó de la casa, lavó la ropa y fue a la cocina a preparar el almuerzo. Sabía que, en unos minutos, sus padres llegarían a almorzar. Pensó:

– "Tan pronto como todos almuercen y yo termine de limpiar la cocina, me ducharé y me pondré mi vestido verde. Sé que no es nuevo, pero es el más hermoso que tengo y es mucho mejor que el que tenía ayer. Sé que ese chico solo está tratando de jugar conmigo, pero, aun así, no quiero que me vea desarreglada. Él es tan guapo.

¡Vaya, Osmar ni siquiera puede imaginar que estoy pensando en estas cosas!"

Estaba pensando eso, cuando escuchó que alguien tocaba a la puerta. Fue a la puerta de la cocina, miró y, no había nadie. Pensó que había sido Gustavo queriendo jugar. Estaba volviendo a la cocina cuando escuchó una voz que la hizo temblar:

- Buen día. Hay un muy buen olor que viene de tu cocina. ¿Estás preparando el almuerzo?

- Estaba aterrorizada cuando te vio, Pedro Henrique, al otro lado de la cerca y muy cerca de la cocina, donde estaba.

- Sí, es cierto Guzmán. Regresé, pero no a la hora de siempre. No sabía cómo ella se sentía por mí. Pensé que al llegar de repente podría sentir su reacción.

- Sí, y tenías razón. Para ella fue una sorpresa. No estaba preparado para que la vieras. Con voz temblorosa, respondió:

- Buenos días, estoy terminando el almuerzo. ¿Viniste a buscar la moringa con agua? Uno de los hombres llegó temprano y se la llevó. ¿Ya se les acabó?

- No, todavía hay agua en la moringa. Vine temprano solo para verte. No podía esperar más y, como siempre, te ves muy hermosa.

- Ella, entre nerviosa y feliz, dijo:

- Chico, soy pobre y mi familia es humilde, ¡pero eso no te da derecho a venir y querer jugar conmigo!

- ¿Quién está jugando? No tienes que ponerte nerviosa... desde el día en que me diste el agua, no puedo dejar de pensar en ti. Simplemente no regresé antes porque tuve que irme para terminar mi año universitario. Pero ahora estoy de regreso y realmente quiero conocerte mejor. Si quieres, o si sientes algo por mí, puedo hablar con tu padre y pedirle permiso para que podamos empezar a salir.

Al escuchar eso, se puso aun más nerviosa:

- ¡Realmente solo estás bromeando y no tengo tiempo para eso! Si no te vas ahora, ¡llamaré a mi padre!

- ¿Por qué crees que estoy jugando?

- ¿Cómo puede un chico como tú estar interesado en una chica como yo?

- Una chica como tú, ¿cómo?

- Soy pobre, no tengo educación, mientras que tú eres rico, educado y, sobre todo, eres el hijo del alcalde.

- Nada de lo que dijiste tiene valor para mí. Lo único que sé es que cuando te vi ese día, sentí que eras la mujer con la que quería vivir toda mi vida.

Tienes que creerme, Sofía...

- ¡No puede ser!

- No puede ser, ¿por qué?

- No va a funcionar. Incluso si fuera cierto que te sientes así por mí, ¿crees que tus padres me aceptarían? ¡Nunca! Deben querer que una chica que esté a tu altura, no una persona tan pobre e ignorante como yo...

- Pobre eres, pero no ignorante. Hablas muy bien y estoy casi seguro que debes leer mucho.

- Sí leo, pero no tengo ningún diploma.

- Eso es solo cuestión de querer estudiar. Cuando nos casemos, puedes ir a la escuela o incluso pedirle a un maestro que venga a enseñarte en casa.

- Te miró, Pedro Henrique, sin creer lo que estaba escuchando.

- Todo eso era lo que siempre había soñado y deseado, pero siempre sabía era un sueño que nunca podría hacerse realidad. Ella pensaba que estaba en un nivel muy por debajo de ti y tu familia. No podía creerlo, incluso cuando no sabía quién eras, imagínate ahora, sabiendo que eras de una familia rica y el hijo del alcalde. Sofía comenzó a llorar.

- Qué bien me está haciendo recordar el pasado, Guzmán. Recuerdo muy bien ese día y, al ver que estaba llorando, di la vuelta a la casa, fui a la puerta, abrí el pestillo y entré al patio.

— Sí, no te diste cuenta, pero Romeo y Nadir estaban yendo a almorzar y cuando lo vio entrar a su patio y acercarte a Sofía, Romeo apresuró el paso, dejando atrás a Nadir.

— Cuando te estabas acercando a Sofía, viste que Romeo había llegado, te detuviste. Él, al ver llorar a su hija, preguntó preocupado:

— ¿Qué está pasando aquí, Sofía? Y usted, ¿qué hace dentro de mi patio?

— Buenos días, señor Romeo. No pasa nada. Solo intento convencer a Sofía que me deje hablar con usted, pero parece que ella no quiere que sea así.

— No quieres, ¿por qué, Sofía? ¿Por qué lloras? ¿Dijo algo que te ofendió?

— Ella no pudo responder. Aunque no dejaba de pensar en ti todo el tiempo, nunca imaginó que sucedería algo así. Como no respondió, Romeo se agitó aun más y gritó:

— ¡Joven! No sé lo que le dijiste o le hiciste a mi hija, pero por favor, ¡sal de mi patio!

— Tú, Pedro Henrique, también sorprendido por la reacción de Sofía, dijiste:

— Espere, señor, si ella quiere que me vaya, lo haré, pero necesito que me lo diga ella misma. Sofía, si no dices algo y me voy ahora, nunca volverás a verme. Está en tus manos poder hacer todo lo que hablamos. — Sofía te miró primero y luego a su padre, bajó la mirada y dijo:

— Estaba diciendo que le gusto, papá y que quiere casarse conmigo y pidió que hablara contigo.

— ¡¿Qué?!

— Así es, Sr. Romeo.

— ¡Debes estar queriendo jugar con mi hija, muchacho! — Romeo gritó.

— No, no estoy jugando, señor. Realmente quiero salir con su hija y casarme con ella. Simplemente no sucederá si ella no quiere.

Nadir y Gustavo se acercaron y, en silencio, escucharon la conversación. La madre de Sofía apretó el brazo de su esposo y dijo:

— Espera un momento, Romeo. No digas nada. Parece que el muchacho está siendo sincero. Sofía tiene que decidir.

— ¡Estás loca, mujer! ¿No ves que este chico solo quiere jugar con nosotros y con nuestra hija?

— Estaba desconcertado ese día, Guzmán. No entendí la causa de tal enfado. Estaba siendo sincero. Mis intenciones fueron las mejores posibles. Recuerdo haber dicho nerviosamente:

— ¿Por qué estaría jugando, Sr. Romeo? Realmente me gusta su hija y quiero casarme con ella...

— Porque eres un muchacho rico y cree que puede jugar con una niña de una familia pobre. Somos pobres, pero somos honestos. Sofía, ¿le dijiste al chico que estás comprometida y que te casarás pronto?

— ¿Comprometida? ¿Casarte pronto?

— Tú, Pedro Henrique, preguntaste con voz temblorosa.

— Lo recuerdo, Guzmán, me sorprendí porque fue solo en ese momento que supe que estaba comprometida. Ella respondió a su padre con voz temblorosa.

— No le dije papá. No me dio tiempo.

— Así es, muchacho. Está comprometida y se va a casar en tres meses.

— Tú, Pedro Henrique, parecías haber recibido un puñetazo en la cara, palideciste y te quedaste unos segundos sin decir nada. Entonces dijiste:

— Necesito disculparme con usted y contigo, Sofía. Realmente no te di tiempo de decirme nada.

Hasta luego.

- Te alejaste lentamente, parecía que dejabas todo tu mundo atrás.

- Me quedé destrozado porque nunca se me pasó por la cabeza que ella tuviese novio. Tan pronto como la vi, me enamoré y quise que fuera mía para siempre.

- Lo sé, Pedro Henrique. Sofía te siguió con los ojos. Su corazón latía con fuerza. Viendo como la oportunidad de su vida, lo que siempre había soñado, se escapaba de sus manos.

Intentó decir algo, pero no pudo. Llorando, entró a la casa. Su padre y su madre, preocupados, entraron detrás de ella. Ella estaba llorando mucho. Su padre, tomándola del brazo, preguntó:

- ¿Qué pasó ahí afuera, Sofía? ¿Qué hiciste para que ese chico hablara de esa manera?

- ¡No hice nada, papá!

- ¿Cómo no? ¿Crees que él querría hablar conmigo si no hubieras hecho algo para hacerle pensar que podía hacerlo?

- ¡No sé lo que pensó, padre! ¡No hice nada!

- ¡No me gusta esto en absoluto, Sofía! Eres una chica seria y no puedes olvidar que estás comprometida para casarte.

- Sé de eso...

Romeo se fue y Nadir preguntó:

- Sofía, ¿qué pasó? Vi un brillo diferente en tus ojos.

- ¡No pasó nada, mamá! ¡Qué dices! ¿Por qué me estás preguntando eso?

- Parece que te gustó escuchar las cosas que dijo ese muchacho.

- No me gustó y no sé por qué dijo eso.

- Está bien. No voy a insistir. Tú eres quien sabe acerca de tu vida, pero como dijo tu padre, no debes olvidar que tiene tu boda será pronto.

– No lo olvidaré, madre.

Dicho esto, se fue y se sentó en el mismo taburete. Ya sentada, comenzó a pensar:

– Sé que mi boda está programada, pero ¿es eso lo que realmente quiero?

Además de ser muy guapo, es el hijo del alcalde y puede darme todo lo que he soñado. Si me caso con Osmar, puede ser que algún día logre tener algo. Podría ser... si su plan funciona, pero... ¿y si no funciona? Seguiré viviendo aquí, en esta pobreza, y pronto me volveré vieja, lleno de hijos y todos ellos, como yo, continuarán viviendo en esta miseria... ¿es eso lo que quiero para mi vida?

Miró hacia adelante y vio a Osmar, sonriente, acercándose. Tenía ropa limpia y el cabello bien peinado. Ella, mirándolo, pensó: Osmar es un chico guapo y sé que me gusta mucho. Pero... sería increíble si ese chico dijera la verdad y realmente me quisiera. Podría casarme con él y tener todo lo que siempre soñé.

– Nunca imaginé que ella hubiera pensado eso, Guzmán. Se veía tan infantil, inconsciente de esta vida... – Ella no sabía mucho sobre la vida, Pedro Henrique, pero sabía que, si se casaba contigo, lo tendría todo.

Pedro Henrique tragó, incapaz de ocultar su asombro y decepción. Guzmán continuó:

– Osmar se acercó y, besando los labios de Sofía, preguntó con asombro:

– ¿Todavía no estás lista, Sofía? ¿Olvidaste la fiesta?

Ella, justo en ese momento, recordó la fiesta de cumpleaños de Ataíde, un muchacho que vivía en una de las fincas cercanas. Aborrecida, respondió:

– Lo olvidé, Osmar. Pero no te preocupes, en unos minutos estaré lista.

- ¿Cómo lo olvidaste, Sofía? Sabes que el asado estará bueno y habrá un baile. ¡Podremos bailar mucho!

- Discúlpame, Osmar, lo olvidé, pero ahora entro y volveré pronto.

- De acuerdo, mientras tanto voy a buscar a tu padre y preguntarle si no puede venir a nuestra casa. Ya está lista, solo falta pintar. Creo que querrá ayudarme a hacer eso.

Mis hermanos me ayudaron en la construcción y me dijeron que la pintura la tendría que hacer por mi cuenta.

- Ella guardó silencio, solo sonrió y entró. Osmar vio a Romeo, que estaba a unos pasos, alimentando a los cerdos. Fue hacia él. Sofía entró y unos minutos después, salió. Llevaba puesto su vestido verde y su cabello estaba suelto. Como siempre, muy hermosa. Se dirigió a Osmar, quien todavía estaba al lado de Romeo. Tan pronto como se acercó, dijo:

- Estoy lista, Osmar. Podemos irnos ahora.

- Osmar la miró de pies a cabeza y no pudo evitar decir:

- Te ves hermosa, Sofía. ¡Eres la chica más hermosa de estos lados!

- Ella sonrió, miró a su padre que estaba frunciendo el ceño. Ella sabía muy bien lo que estaba pensando, pero se quedó callada. Osmar, quien estaba demasiado feliz para darse cuenta, dijo:

- Ya nos vamos, Sr. Romeo, pero no se preocupe, no llegaremos tarde. Simplemente comeremos mucho asado y bailaremos un poco.

- De acuerdo hijo mío. Sé que puedo confiar en ti. No sé si puedo decir lo mismo de ti, Sofía...

- ¿Por qué dice eso, señor Romeo? ¿Qué hizo ella? ¿Qué está pasando?

Sofía tomó a Osmar del brazo y sonriendo, respondió:

- No pasa nada, Osmar. Sabes lo bromista que es mi padre. Vamos. Me muero por comer asado y bailar.

Él, sin imaginar lo que había sucedido, la acompañó. Romeo observó a los dos alejarse y pensó:

— "Espero que esa niña no haga el ridículo... Osmar es un muchacho muy bueno y no merece sufrir, y mucho menos ser engañado..."

— Nunca imaginé que esto estuviera pasando, Guzmán.

— Pero sucedió, Pedro Henrique. Osmar y Sofía fueron caminando a la fiesta. Comieron, bailaron y se divirtieron mucho. Ella preguntó:

— Osmar, ¿de verdad quieres casarte ahora?

— Por supuesto, Sofía. ¡Es lo que más deseo! Pero, ¿por qué me preguntas eso?

— No sé, tengo miedo...

— ¿Miedo de qué, Sofía?

— Creo que somos muy jóvenes, no sé si estoy listo para casarme...

— ¿Qué pasa, Sofía? ¡Nos casaremos y estaremos juntos por el resto de nuestras vidas! ¿Te lo imaginas? ¡Podremos dormir y despertarnos juntos todos los días y pronto tendremos a nuestros hijos! ¡Sé que seremos felices!

— No lo sé, Osmar... No lo sé...

— Detente, sé muy bien lo que te preocupa, sé qué. Pero no tienes que hacerlo. Sé que cuando vaya a la capital, podré vender toda nuestra mercadería y seré rico. ¡Estoy seguro de eso, Sofía!

— Ella lo miró e intentó adivinar su futuro. No podía dejar de pensar en ti, Pedro Henrique. Sofía pensaba:

— "Además de ser muy guapo, tiene una hermosa sonrisa y podrá darme todo lo que quiera. Si me caso con Osmar, tal vez algún día, él pueda sacarme de este lugar y darme algún consuelo, pero nunca me dará lo que el hijo del alcalde puede darme. Lo que me ofrece Osmar me parece muy hermoso, pero es algo muy distante y, por ahora, es solo un sueño. A diferencia del hijo del alcalde, que puede darme todo, ahora mismo, en este momento."

Pedro Henrique escuchó todo lo que dijo Guzmán. Recordó ese momento y se sintió mal cuando se dio cuenta que Sofía se había casado con él solo por interés. Guzmán se dio cuenta que estaba abatido y triste. Preguntó:

- Si quieres, puedo dejar de hablar, Pedro Henrique. Parece que estas revelaciones no te están haciendo ningún bien...

- Tienes razón, Guzmán. Estoy sorprendido y no entiendo cómo me dejé engañar durante tanto tiempo, pero es necesario que continúes que Sofía también lo recuerde. Esta, ahora, es nuestra misión.

- ¿Estás seguro? ¿De verdad quieres que continúe?

- Si, Guzmán. Si hubiera descubierto todo esto cuando estaba en la Tierra, podría no haberlo entendido y rebelarme, pero hoy, de este lado, he aprendido mucho y sé que todo es siempre como debe ser.

Que todos renacemos para tratar de mejorar cada vez más y que esta mejora es muy difícil de lograr y que no todos tienen éxito. Sofía vivió una vida muy difícil. Era justo intentara cambiarla.

- Me alegra que pienses eso. Tienes razón, nuestra misión es hacer que Sofía se encuentre y nos pueda acompañar. Voy a continuar. La fiesta terminó y caminaron de regreso. Después del diálogo entre Osmar y Sofía, ella se mantuvo callada. Mientras caminaban, solo Osmar habló. Cuando llegaron a casa, Sofía se despidió de él y entró. Romeo ya estaba dormido. Nadir estaba planchando ropa y, tan pronto como la vio, preguntó:

- ¿Cómo estuvo la fiesta, Sofía?

- Estuvo muy bien, madre. Había mucha carne y bailamos mucho.

- Que bueno, hija mía. Pero, parece que no estás feliz. ¿Qué pasó?

- Nada mamá. Solo me estoy preguntando si realmente me quiero casar. ¿No crees que soy muy joven y debería esperar un poco más?

- Siempre pensé eso, pero no quisiste escucharme. Eres muy joven y hermosa. Puedes esperar un poco más. Al casarte ahora, pronto estarás llena de hijos y esa juventud terminará muy rápido, tal como me sucedió a mí. Además, me di cuenta de cómo miraba a ese chico cuando dijo esas cosas. Te gusta, ¿no?

- Me gustó, mamá, pero sé que solo quiere jugar...

- ¿Crees eso realmente, Sofía? ¿Y si estaba diciendo la verdad y si realmente quería casarse?

- No puede ser, mamá. Además de ser muy guapo, es un chico rico y puede tener a cualquier mujer que quiera. No elegiría una chica como yo...

- ¿Por qué no? Tú también eres muy bonita. No eres rica, pero eres inteligente. Siempre leía mucho, así que sabes hablar bien. No lo sé, pero me pareció que estaba siendo sincero.

Si solo quisiera jugar, no habría hablado así con tu padre. Creo que de verdad está interesado...

- ¿Lo crees, mamá?

- No lo sé, pero de una cosa estoy segura, lo que tiene que ser, será. Cuando nacemos, ya tenemos un destino trazado y nadie lo puede cambiar.

- No sé, mamá. No quiero estar pensando en estas cosas. Aunque sé que, si fuera cierto, podría tener todo lo que alguna vez soñé. Podría vivir en la ciudad, ir a una peluquería, ir a cualquier tienda y comprar la ropa que quiera. ¿Alguna vez has pensado, madre, cuán feliz podría ser?

- Ya lo creo, hija. Sería genial...

– Yo también lo creo, pero sé que es solo un sueño. Un chico así solo podría estar tratando de jugar conmigo.

Sofía besó a su madre en la frente y se fue a acostarse. En la cama, no podía olvidarse de ti, Pedro Henrique, y de lo hermoso que eras. Después de un tiempo, se quedó dormida.

– Estoy sorprendido por todo lo que nos has contado, Guzmán.

– Lo sé y no es para menos. Ella siempre fue decidida y sabía cómo hacer las cosas, como lo está haciendo ahora.

– Ojalá esta vez podamos hacer que se rinda.

– Con suerte, Matilde... ojalá...

– Guzmán, sabes que necesito prepararme para la conferencia que doy a los recién llegados todos los días. Tengo que irme.

– Así es, Matilde. Puedes ir. María Rita, Pedro Henrique y yo seguiremos al lado de Sofía.

Matilde, sonriendo y agitando la mano, se despidió.

7.- A CAMINO DEL MAL

Sofía, todavía acostada en la cama, estaba inquieta.

Se puso de pie y sacudió la cabeza intentando alejar los pensamientos. Molesta, pensó: ¿por qué eso ahora? ¿Por qué recordar el pasado? ¿Dónde está Stela que no llega? No quiero seguir recordando, ¡eso ya no importa! ¡Debo concentrarme en lo que decidí hacer! ¡Me encargaré que ese hombre haga el trabajo y sé que podré separar a esa mujer de mi hijo! ¡Es muy bueno y no merece estar casado con ella! ¡Ella no sirve y su familia tampoco!

Siguió dando vueltas en su habitación. Aunque no quería, no pudo evitar recordar:

- "Cuando conocí a Pedro Henrique, me di cuenta que mi vida podía cambiar. Él tenía todo para hacerme feliz. Me gustaba Osmar, lo conocía desde que era niña, pero sabía que él seguiría siendo pobre y viviría en esa pobreza a la que, por mucho que quisiera, no podía acostumbrarme. No quería eso por el resto de mi vida. ¡No podía arriesgarme! No estaba segura de si Pedro Henrique decía la verdad o simplemente quería jugar conmigo, así que fue a ese lugar.

- ¿A dónde fue, Guzmán? ¿Qué hizo ella?

Pedro Henrique preguntó nerviosamente. Guzmán iba a responder, pero sonó el teléfono y Sofía respondió.

- ¡Aló! ¿Eres tú, Stela?

- Por supuesto que soy yo, doña Sofía. ¿Quién te llamaría tan temprano en la mañana?

- No me enojaré contigo, porque estoy muy nerviosa. ¿Ya estás viniendo

- Sí, ya terminé de preparar a los niños, los llevaré a la escuela y luego iré para allá. En unos veinte minutos estaré llegando.

- ¡Al fin! ¡Estoy cansada de esperar!

- Estás ansiosa. Mantén la calma, ya voy.

- Bien, te espero en el jardín.

Colgó el teléfono. Cogió su bolso y salió de la habitación. Bajó las escaleras, entró en el salón, miró todo, incluyendo la fotografía de Pedro Henrique, sonrió y se fue. En el jardín, se sentó en una banca debajo de un árbol. Miró a su alrededor y pensó:

- "Después de tanto tiempo, todavía me sorprendo con la belleza de esta casa. ¡Es realmente es hermosa! A veces sigo pensando en todo lo que hice para mejorar mi vida. Aunque soñaba y deseaba mucho, en realidad nunca pensé que podría lograr tanto. Esta casa es mucho mejor de lo que alguna vez soñé..."

Se quedó allí por un tiempo que le pareció una eternidad. Pedro Henrique, nervioso, preguntó

- ¿Realmente va a hacer lo que planeó, Guzmán? ¿Todo el tiempo que hemos estado aquí haciéndole recordar no ha ayudado en nada? ¡Tenemos que detenerla!

- Sé que estás molesto, Pedro Henrique, porque sabes que, con esa actitud, ella se está involucrando con las fuerzas del mal. Pero, desafortunadamente, no podemos hacer nada. Estamos aquí haciéndola recordar, intentando que cambie de opinión. No podemos hacer nada más que eso. Ella tiene su libre albedrío y no tenemos forma de interferir con eso.

- ¡No puedo aceptar esto, Guzmán! Debería haber una manera de evitar cosas como esta. Sofía se está dejando llevar por el odio que siente por Anita. Y hasta ahora no entiendo por qué. Es una buena muchacha, educada, su familia tiene una buena situación económica, además de ser muy respetada y, lo más importante, es que ella y Ricardo se aman. Si no fuera por Sofía, ellos serían completamente felices.

- No te aflijas, Pedro Henrique, todo siempre es como debe ser. Sofía necesita entender por sí misma y cambiar. Haremos cualquier cosa que podamos para ayudarla. Hasta que llegue Stela, le haremos recordar un poco más.

Quién sabe, tal vez, ella cambie de opinión, eso es todo lo que podemos hacer.

María Rita abrazó a su hijo, diciendo:

- ¡No te pongas así, hijo mío! Como tú, yo también estoy sorprendida. Viví con Sofía durante tanto tiempo y nunca imaginé que ella tuviera pensamientos de odio y destrucción dentro de ella. Creamos lo que dice Guzmán. Sabes que, si existe alguna forma de impedir que Sofía haga lo que pretende, él lo hará.

Guzmán sonrió, extendió su mano hacia Sofía y comenzó a hablar. Mientras hablaba, se formaban imágenes en la cabeza de Sofía.

- Al día siguiente, Sofía se despertó, se quedó en la cama pensando en ti, Pedro Henrique. Su corazón comenzó a latir más rápido ante la idea:

- "Sería tan maravilloso si estuviese diciendo la verdad... si me casara con él, podría tenerlo todo y, estoy segura, que sería muy feliz... pero todo esto es solo un sueño. La realidad es que me voy a casar con Osmar y continuaré viviendo aquí, en este lugar. Nací pobre y sé que moriré así... pero ¿por qué no puedo aceptar esta vida? Muchas mujeres, como mi madre, la aceptan y viven bien... No lo sé, pero ahora no puedo pensar. Tengo que levantarme y comenzar mi día, que será como todos los demás..."

– Se levantó y fue a la cocina, donde, como todos los días, su madre ya estaba preparando café.

Miró a su madre en la estufa y pensó con tristeza:

– "Desde que tengo memoria, siempre ha sido así. Mi mamá se despierta antes que todos y prepara café. Mi padre, Gustavo y yo nos despertamos más tarde.

Todos beben café. Mi mamá y mi papá van a la granja y Gustavo va a la escuela y yo tengo que cuidar la casa. Mi mamá dijo que no le gusta cuidar la casa y por eso prefiere que me quede aquí. Para ser sincera, yo también lo prefiero. Nuestra vida siempre ha sido así y sé que seguirá igual... nada cambiará... a menos que me case con él... pero eso es imposible..."

– Buen día madre.

– Buenos días, Sofía. ¿Despertaste ahora? ¡Esta vez no tuve que llamarte!

– Sí, mamá, me desperté sola.

– ¿Estás preocupada por algo?

– No, no lo estoy. No sé por qué me levanté temprano. Dormí muy bien. Fue bueno, porque tengo mucho trabajo. Tengo que cuidar la casa, lavar la ropa y cocinar.

– Sé que no es fácil, pero desafortunadamente, tiene que ser así. Sabes que debo ir a la granja para ayudar a tu padre, debes cuidar de Gustavo y también de la casa.

Debes llevarlo a la escuela.

– No te preocupes mamá. Estoy acostumbrada. Solo estoy triste porque no pude continuar mis estudios. Creo que, si hubiese continuado, tal vez podría tener una vida diferente.

– Tienes razón, Sofía. Pero ya sabes leer. Debes seguir yendo a la escuela, aunque solo sea para aprender a escribir tu nombre. Luego, cuando crezcas un poco más, nos acompañarás a los campos.

– Lo sé, pero no creo que sea correcto, mamá. Creo que todos los niños deberían tener derecho a estudiar y ser alguien en la vida.

– También lo he pensado muchas veces. ¿Mi vida sería diferente si hubiera estudiado? Pero, de cualquier manera, no me arrepiento de haberme casado con tu padre. A pesar de todo, estoy muy feliz, porque los tengo a ustedes dos. Lo que me pone triste es pensar que algún día tú y Gustavo se irán y que me quedaré sola, pero así es la vida. Lo importante es que ustedes sean muy felices. Mi vida ya ha pasado, la tuya apenas comienza.

– Conmigo no tienes que preocuparte. Me voy a casar con Osmar y seguiré viviendo a tu lado. Podremos vernos todos los días. Osmar tiene muchos planes y sé que tendré que ayudarlo en el campo.

– Sé que esto no era lo que querías para tu vida, Sofía...

– No lo era madre, pero no tengo otra opción. Sabes que ya va siendo hora que me case y, si tardo demasiado, seré una solterona y, por el amor de Dios, ¡no quiero hacerlo!

– Nadir sonrió. Sabía que Sofía tenía razón, una chica que llegaba a los veinte años sin casarse difícilmente encontraría a un hombre que se interesase por ella.

– Tienes razón, pero ahora el café está listo, ¿puedes despertar a tu hermano? Tu padre ya debe estar despierto y esperando que lo llamemos.

– Sofía fue a la habitación, donde dormían ella y su hermano. Despertó a Gustavo. No quería levantarse, pero Sofía, cariñosamente, dijo:

– Sé que aun es muy temprano y que te gustaría seguir durmiendo, pero sabes que la escuela está muy lejos...

– No necesito estudiar, Sofía...

– Sí, lo necesitas, Gustavo. Estudiarás, obtendrás un diploma y cuando seas más grande, podrás ir a la capital y conseguir un buen trabajo. Te vas a casar con una chica de allí y será muy feliz...

– ¿Quién dijo que quiero ir a la capital? Quiero quedarme aquí, junto a ti...

– Esto es lo que quieres ahora, porque eres muy pequeño, pero cuando seas grande, pensarás de manera diferente.

– No lo haré, Sofía...

– Sí, lo harás, pero ahora levántate. Ya es hora.

Mientras le cambiaba la ropa a Gustavo, dijo:

– También me resultaba difícil levantarme e ir a la escuela, Gustavo. Tenía que caminar mucho, pero también recuerdo lo feliz que estaba cuando pude juntar mis primeras letras y luego comencé a leer. Fue por los libros que comencé a conocer otros lugares y otras personas que tenían una vida diferente a la mía. Aprender a leer fue muy importante en mi vida...

Terminó de ayudar al niño a vestirse, y luego fue a la cocina. Nadir ya tenía la mesa puesta. El pan y la leche los entregaba un carretero que llegaba temprano todos los días. Él venía de la ciudad y servía a todas las casas que estaban por allí; después regresaba. Muchas veces, en el camino, se encontraba con algunos niños que iban a la escuela. Cuando eso sucedía, él ponía algunos de ellos en la carreta y se los llevaba.

No todos cabían en la carreta, por lo que la disputa era grande. Después de desayunar, Gustavo se fue.

Poco después, Nadir y Romeo también se fueron. Sofía se quedó sola. Miró la ropa sucia, sabía que tenía que lavarla temprano, ya que había mucha. Si la lavaba temprano, en la tarde, cuando todos regresaran, ya estarían secas y podrían cambiarse. Con la ropa en las manos, salió al patio y miró al lado, donde tú, Pedro Henrique, iba a construir la casa. Vio que varios hombres llegaban a caballo. Desde donde estaba, se podían ver los caballos, pero no quiénes estaban en ellos. Por el color, reconoció a su caballo. Sabía que estabas allí. Vio cuando los hombres comenzaron a bajar de sus caballos. Sabía que tú también estabas entre ellos. Su corazón se aceleraba, pensó:

- "Si él estaba diciendo la verdad, debe haberse molestado mucho cuando mi padre le dijo que tenía mi boda estaba programada... pero, si estaba mintiendo, él tendría que estar muy bien."

Sonrió y siguió caminando hacia el estanque. No quería hacerlo, pero sus ojos seguían mirando obstinadamente hacia dónde trabajaban los hombres: él está allí... ¿por qué no puedo olvidar esos ojos?

- Ese día, también estaba mirando hacia tu casa, Guzmán, pero como ella, no podía verla. Me entristeció escuchar que estaba comprometida y decidí que nunca la volvería a ver.

- No siempre podemos llevar a cabo nuestras decisiones, ¿verdad?

Pedro Henrique sonrió y pidió:

- Tienes razón, pero por favor sigue contándonos lo que pasó ese día.

- Continuaré, Pedro Henrique. Sofía terminó de lavar la ropa. Estaba colgando la ropa en el tendedero cuando vio a un jinete acercarse. Tenía dos porongos en el caballo como aquellos donde el lechero traía leche. Ella lo observó hasta que él se acercó a la cerca que dividía los terrenos. Tan pronto como llegó, se bajó del caballo y dijo:

- Chica, el jefe me dijo que viniera a ver si me deja llenar estos dos porongos con agua para que podamos beber.

- ¿Él no vendrá a buscar el agua?

- No lo creo, muchacha.

- Ella, decepcionada, dijo:

- Está bien, puedes ir al pozo y sacar el agua.

- El hombre bajó de su caballo y fue al pozo. Con la ayuda de una cuerda y un balde, sacó el agua del pozo y la metió en los porongos, luego los ató al caballo y se fue. Sofía lo miró hasta que desapareció. Luego siguió colgando la ropa. Estaba preocupada porque sentía que te había perdido para siempre y, junto a ti, la buena vida que podría tener. Continuó con sus deberes, pero no podía aceptar la idea de perderte, Pedro Henrique. Pensó:

- "Ya no puedo pensar en él. Me voy a casar con Osmar y continuar en esta vida como siempre."

Los días fueron pasando. Nunca volviste y ella, aunque no quería, no podía olvidar tu sonrisa y lo feliz que sería si se casara contigo.

- Yo tampoco podía olvidarla, Guzmán. Quería ir a su casa y estaba buscando alguna excusa para ir, pero sabía que se iba a casar y, por lo tanto, no había esperanza para el amor que sentía.

- Sí, eso era lo que pensabas. Al principio, ella también lo pensó, pero a medida que pasaban los días, la desesperación logró vencerla y decidió cambiar esa situación.

Guzmán iba a seguir hablando, pero notaron que Sofía se había levantado y estaba mirando la cerca de la entrada. Vieron como el auto de Stela se acercaba. Ella estacionó el auto y Sofía, eufórica, dijo:

- ¡Por fin, Stela! ¡Pensé que nunca llegarías!

- Estás muy ansiosa, doña Sofía. Llegué a tiempo.

- De acuerdo, vamos. Tengo que resolver este asunto pronto.

- ¿Segura que quieres hacer esto? ¿No crees que deberías pensarlo mejor?

- ¡Estoy segurísima, Stela! ¡Sé que este hombre podrá alejar a esa mujer de mi hijo!

- ¿Cómo puedes estar tan segura?

- No lo sé, pero lo estoy. Ahora dejemos de hablar, tenemos que irnos.

- Está bien, si eso es lo que quieres, solo puedo acompañarte. Entra en el coche.

Sofía se subió al auto y se fueron, acompañadas por Guzmán y los demás.

En el camino, hablaron sobre otras cosas. Stela no creía que eso fuera correcto, pero sabía que no podía ir en contra de Sofía. Mientras estés preocupada por Anita, no te preocuparás por mí y mi matrimonio. Me alegro que te agrade... pase lo que pase en esta visita, no tengo la culpa de nada. Ella es la única responsable, yo solo soy el chofer.

Después de casi una hora de viaje, llegaron a la ciudad donde Sofía sabía que ese hombre vivía. Mientras le mostraba el camino a Stela, pensaba:

- "Aunque ha pasado mucho tiempo, no me olvido de este camino. Parece que nada ha cambiado. Ese día que estuve aquí, él me ayudó y sé que me volverá a ayudar. Es muy bueno en lo que hace."

Stela se sorprendió al ver que Sofía estaba indicándole el camino como si ya conociera el lugar. Preguntó:

- Doña Sofía, ¿has estado aquí antes?

Sofía, asustada por ser descubierta, respondió casi gritando:

- ¡Por supuesto que no, Stela! ¿De dónde sacaste esa idea?

- Me estás mostrando el camino, parece que ya lo conocieras.

- La persona que me habló de este hombre me dio la dirección y me dijo cómo llegar. ¡Solo estoy siguiendo lo que me dijo!

- Está bien, no tienes por qué alterarte, me pareció extraño...

- ¡No estoy alterada, Stela! Solo estoy tratando de resolver este problema de inmediato.

Stela sonrió y continuó conduciendo. Pedro Henrique, después de esa conversación, preguntó, asustado:

- ¿Ella conocía a este hombre, Guzmán? ¿Ha estado ella alguna vez aquí?

- No, no lo conocía, pero sabía cómo funcionaba.

- ¿Cómo ella lo supo?

- Ella ha estado en un lugar como este antes.

- ¿Cuándo? ¡Nunca lo supe! Siempre me mantuve al tanto de lo que ella hacía, ¡nunca salió sola! Si hubiera ido a un lugar lejano como este, ¡lo habría sabido!

- Ella estuvo aquí antes que se casaran.

- ¿Antes? ¿Cuándo?

- Ahora no podré decirlo, porque ya casi llegamos. Debemos, una vez más, tratar de hacerla cambiar de opinión. Más tarde tendremos mucho tiempo para hablar. Ahora, solo concéntrate en tratar de detenerla. Hagamos una oración, porque es lo único que podemos hacer; entregar a Sofía en manos de Dios. Solo Él sabrá qué hacer.

Todos se enfocaron en tratar de detener a Sofía.

Stela condujo y siguió las instrucciones de Sofía, quien nerviosa continuó enseñándole el camino. De repente, Stela se dio cuenta que el auto estaba jalando hacia un lado. Sorprendida, detuvo el auto y dijo:

- ¡Doña Sofía! Creo que pinchó un neumático.

- ¿Cómo sucedió eso, Stela?

– No sé, podría haber sido un clavo. Este camino no está pavimentado y parece que nadie pasa por aquí. Bajemos y veamos.

Salieron del auto, miraron las llantas y vieron que la llanta delantera, en el lado del conductor, estaba en el suelo. Sofía estaba aun más nerviosa y preguntó:

– ¿Qué vamos a hacer, Stela? ¿Sabes cómo cambiar los neumáticos?

– No, doña Sofía. Necesitamos esperar a que alguien venga.

– Pero así, ¡llegaremos tarde!

Guzmán extendió sus manos hacia Stela, habló en voz alta y ella repitió:

– No creo que importe. El hombre debe estar allí todo el día, pero ¿no crees que esto sucedió para que puedas pensar un poco más y te dieras cuenta que no debes hacer eso?

– ¿Estás loca? ¡Por supuesto que no es así! ¡Fue solo una llanta pinchada!

– Está bien, no tienes que alterarte. Si crees que debes hacerlo, está bien. Alguien debe venir pronto. Sentémonos en el auto y esperemos. Se sentaron en el auto y, como hacía mucho calor, mantuvieron las puertas abiertas. Pedro Henrique preguntó, confundido:

– Guzmán, ¿hiciste que Stela dijera lo que querías?

Guzmán sonrió y respondió:

– No creí que te confundirías, Pedro Henrique. Hacemos esto muchas veces. Cuando tratamos de influir en el pensamiento de alguien y no podemos, otro debe hablar y, como no tenemos sonido en la voz para que el encarnado pueda oír, usamos este recurso y casi siempre funciona. ¿Nunca lo has visto?

– No, es la primera vez. ¿Cómo puedes hacer eso?

– Siempre que sea necesario, usamos el poder del pensamiento y la oración. Cuando alguien está en peligro o cerca de cometer un error grave, hacemos todo lo posible para evitarlo.

– Nunca pensé que se podría hacer.

– Tú y casi la mayoría de los encarnados no se imaginan lo mucho que trabaja el plano espiritual para poder tener éxito en la misión que han elegido.

– ¿Estás diciendo que esto siempre sucede?

– Sí, no solo cuando hay peligro, sino también cuando el encarnado necesita recibir un mensaje para poder seguir su camino y así cumplir su misión. En estos casos, se utiliza a otro encarnado para que, a través del plano espiritual, se transmita el mensaje. Los encarnados no lo saben, algunos ni siquiera se imaginan que nunca están solos. Siempre habrá un espíritu amigo a su lado, tratando de ayudar.

– ¿Sofía necesitaba recibir un mensaje y por eso hiciste que Stela hablara?

– Sí, en ese momento Sofía estaba a punto de cometer el mismo error nuevamente.

Nadie mejor que Stela, quien le agrada y en quien confía, para transmitirle este mensaje.

– ¿Mismo error? ¿Por qué dices eso, Guzmán? ¿Cuál fue el error que cometió? Dijiste que ella fue a un lugar como este donde quiere ir.

– Sí, Pedro Henrique, ella fue a un lugar así, pero en esa ocasión, habló con una señora.

– ¿Qué es lo que quería par ir a un lugar como ese?

Guzmán iba a responder, pero se dio cuenta que Sofía estaba saliendo del auto y dijo:

– Stela, me estoy poniendo cada vez más nerviosa! ¿Nadie vendrá? ¡Este camino está desierto!

Guzmán volvió a dirigir sus manos hacia Stela, quien dijo:

– Doña Sofía, no puedo dejar de pensar, ¿no sucedió esto para que pienses un poco mejor las cosas y no hagas lo que pretendes hacer?

– ¿Por qué dices eso, Stela?

– No lo sé, pero siento que no está bien. Anita y Ricardo se gustan, creo que son felices a su manera. No sé si este hombre realmente pueda separarlos, pero ¿por qué no dejamos que se haga la voluntad de Dios? Creo que una separación solo les causará sufrimiento.

– ¿Qué estás diciendo, Stela? ¿De verdad crees que a Ricardo le gusta esa mujer?

– Creo que sí, doña Sofía...

– ¡Eso está mal! ¡Él solo está con ella porque le hizo macumba!

– ¿Cómo puedes decir eso? Solo estás sospechando de ella. No puedes estar segura. Nunca escuché que Anita frecuentara un lugar como este; al contrario, ella es muy católica. Ella y toda la familia.

– Eres muy ingenua, Stela. ¿Crees que alguien que va a un lugar como este lo proclamará al mundo? ¡No, Stela, no lo haría! Estas cosas se hacen con la más estricta confidencialidad posible. ¡Eso de ser muy católico es solo una tapadera para que nadie sospeche! ¡Pero ella no me engaña! ¡Sé que le hizo brujería a mi hijo para quedarse con para quedarse con él!

Guzmán y los demás escuchaban lo que Sofía estaba diciendo. Pedro Henrique, sorprendido por lo que escuchó, dijo:

– Guzmán, con cada momento que pasa me sorprendo más y me siento confundido cuando escucho a Sofía hablar así. Llevamos tanto tiempo casados y no la conocía. Nunca pensé que sería capaz de sentir tanto odio y amargura.

– Lo sé, Pedro Henrique. Como usted mismo dijo, ella siempre supo lo que quería y siempre estuvo decidida a conseguirlo. Obtuvo todo lo que soñó, aunque haya usado medios no recomendables para ello.

– Lo puedo ver. Al igual que Stela, también estoy confundido por la forma en que habla Sofía. ¿Cómo puedes estar tan segura que Anita hizo brujería?

Guzmán iba a responder, pero con la punta de los dedos, señaló a Sofía que comenzaba a caminar y decía:

– Stela, ya no puedo quedarme quieta. Iré a esa curva para ver si alguien se acerca. Desde donde estamos paradas, no se puede ver nada.

– No puedes verlo, pero si alguien viene por el camino, tendrá que pasar por aquí. No tengo ganas de caminar, doña Sofía. Prefiero sentarme aquí.

Sofía, irritada, no respondió y comenzó a caminar. Su cabeza estaba hirviendo. Furiosa, pensó:

– "Ella no lo sabe, ¡pero estoy segura que Anita hizo macumba! ¡Si no lo hubiese hecho, nunca se habría casado con Ricardo!"

Siguió caminando. Guzmán y los demás siguieron sus pasos. Una escena comenzó a formarse en su mente. Estaba en su casa nuevamente, el día que, aunque lo esperó, Pedro Henrique no regresó. Recordó lo frustrada e irritada que estaba. Guzmán dijo:

– Ese día, que no regresaste, Pedro Henrique, se dio cuenta que te había perdido y, junto a ti, todos sus sueños de riqueza y felicidad. Molesta, pensó:

– "¡No volverá! ¡Mi padre no debería haber dicho que me voy a casar! ¡Ni siquiera sé si eso sucederá! Me gusta Osmar, pero no quiero casarme con él, prefiero casarme con este muchacho, que puede darme todo."

Necesito hacer algo para recuperarlo, pero ¿qué?

Guzmán continuó hablando:

– Miró hacia el lado donde se estabas construyendo tu casa. Sabía que estabas allí, porque podía ver tu caballo, pero también sabía que no volverías. Sabía que te había perdido. Pasó una semana y no regresaste. Ella, con cada día que pasaba, se ponía más nerviosa y con la certeza que todo estaba perdido. Después de quince días sin que aparecieras, ella se desesperó, pensó:

– "Él no volverá. Necesito hacer algo. No puedo ir allí, pero he oído hablar de una mujer que vive allí al comienzo del camino. La gente dice que ella puede hacer muchas cosas. Dicen que, con las hierbas, ella cura muchas enfermedades e incluso hace que los maridos regresen a casa. Iré allí para ver si el hijo del alcalde realmente se casará conmigo..."

– ¿Ella pensó eso, Guzmán?

– No solo lo pensaba, Pedro Henrique. El domingo, como siempre hacía, fue con su padre a la feria, donde vendían las verduras y frutas que plantaron. Cuando llegó allí, le inventó una excusa a Romeo y fue a la casa de Magali, una amiga que conocía de la escuela. Ella no se sorprendió al verla, ya que solía hacer eso. Magali le prestaba sus libros y revistas que Sofía devolvía e intercambiaba por otros. Tan pronto como llegó, dijo:

– Magali, necesito que me ayudes.

– ¿Ayudar? ¿En qué y cómo?

– Me duele mucho la cabeza y no sé por qué. Me dijeron que la mujer que vive allí al comienzo del camino nos da algunas hierbas para hacer un té. Dicen que cura a mucha gente... ¿Irás conmigo allí?

– No lo sé, Sofía. Tengo miedo de esas cosas...

– ¿Miedo de qué, Magali? Ella solo me dará algunas hierbas.

– No lo sé, Sofía. Dicen que ella hace macumba y sabes que es cosa del diablo. Tengo miedo...

– ¡No hay ningún diablo! ¡Eso no existe! Necesito ir y no puedo hacer esto sola. Mi papá no me deja salir sola de la casa.

– Bien, iré, pero ¿cómo lo vamos a hacer?

– Mi padre está allí en la feria. Vamos allí y le pedimos que me deje quedarme aquí, porque es tu cumpleaños y vas a tener una pequeña fiesta.

– Pero no es mi cumpleaños!

– Lo sé, pero él no lo sabe. Él me dejará quedarme.

– ¿Cómo vas a llegar a tu casa?

– Le diré a mi padre que le pida a Osmar que venga a caballo y me recoja. Él lo hace de vez en cuando, ¿no?

– Sí lo hace...

– Entonces está bien. ¿Tienes una revista o un libro para prestarme?

– Sí tengo – Tomó un libro de la biblioteca y arregló las revistas de esta semana –. Lo traeré.

Pedro Henrique estaba asombrado por lo que decía Guzmán. Nunca imaginó que eso podría haber sucedido. Sofía, caminando, también recordó ese día y cómo sucedió todo: Magali y yo fuimos a hablar con mi padre. Me dejó quedarme para la fiesta y tan pronto como terminó la feria y se fue, fuimos a la mujer. Estábamos nerviosas y un poco asustadas, pero mi deseo que Pedro Henrique regresara fue más fuerte que cualquier otra cosa. Cuando llegamos, vimos que la casa era pequeña, estaba hecha de madera. El terreno era enorme y estaba cercado con alambres. Nos detuvimos frente al cerco y comenzamos a tocar. La puerta de la casa se abrió y apareció una señora. Era vieja, pero tenía una hermosa sonrisa. Desde el cerco donde estábamos, hasta la casa, eran unos diez metros. La señora se acercó y sonriendo, dijo:

– Buenas tardes chicas. ¿Puedo ayudarlas en algo?

Magali asustada, me miró, estaba callada y temblorosa. Yo, aunque también tenía algo de miedo, necesitaba hablar con la señora, respondí:

– Necesito hablar con usted. Dijeron que cura enfermedades...

– No soy yo, hija mía, Jesucristo es el sanador. Pero, ¿por qué estás aquí? ¿Estás enferma o hay alguien enfermo en tu familia?

No quería que Magali supiera lo que realmente quería hacer, así que le guiñé un ojo y dije:

– Tengo mucho dolor de cabeza, creo que puedes ayudarme.

Ella entendió mi señal, sonrió y dijo:

– Está bien, puedes entrar.

Ella abrió la puerta, entramos. Ella se adelantó y nosotras la seguimos. Magali me tomó del brazo y pude sentir cuánto temblaba. Yo, por el contrario, estaba en silencio, sentía que esta mujer no representaba ningún peligro. Entramos en la casa que era sencilla, pero muy limpia. En el patio, había verduras y muchas hierbas que yo no conocía, pero ella sí. Tan pronto como entramos, nos señaló algunas sillas y dijo:

– Siéntense, hablemos.

Magali y yo nos sentamos. Ella preguntó:

– Ahora, necesito saber lo que realmente quieren. Me miró y, sin que Magali lo viera, asentí para que entendiera que necesitaba hablar con ella a solas. Ella entendió y mirándonos a las dos, dijo:

– Haré un jugo y hablaré con cada una por separado. Tú primero – dijo, señalando a Magali.

Magali me miró asustada y dijo:

– No necesito hablar con usted. Es ella la que quiere hablar...

La señora, aun sonriendo, dijo:

- Está bien. Entonces, voy a hacer el jugo y mientras hablo con Sofía, puedes salir y sentarte en esa banca debajo de ese árbol.

Magali, todavía muy asustada, me miró. Con mi cabeza, le hice una señal para que entendiera que todo estaba bien y que ella podía irse sin problemas. Tan pronto como se fue, la señora, mirándome a los ojos, preguntó:

- Ahora que estamos solas, ¿puedes decirme qué viniste a hacer aquí? ¿Qué quieres realmente?

Sofía estaba pensando, distraída y no se dio cuenta que Stela se acercaba, diciendo:

- Doña Sofía, ¿qué estás pensando? Sofía se sorprendió y volteándose hacia ella, respondió:

- Estoy pensando en cuánto tiempo nos quedaremos aquí, varadas. El tiempo pasa, se hará tarde para ir donde el hombre.

- Estás preocupada por el tiempo, ¿por qué? No tienes hijos para cuidar o biberón para dar - dijo Stela riendo.

- Sofía, muy alterada, no solo porque estaba allí, impotente sin poder hacer nada, sino aun más porque no podía alejar los recuerdos que la estaban molestando, dijo:

- Yo no, pero tú sí, Stela. Los niños regresarán de la escuela a la hora del almuerzo y para entonces ya deberíamos estar allí, pero si esto toma demasiado tiempo, no será posible.

- No tienes que preocuparte por eso. Como sabía que estaríamos lejos de casa, le avisé a Rosa y, si no llego, ella les dará el almuerzo a los niños. Para estar tranquila con eso, ya sabes lo dedicada que es y cuanto le gustan los niños.

- Me alegro que hayas hecho eso, Stela. ¿Ves por qué me gustas?

Stella sonrió. Conocía a Sofía lo suficientemente bien y sabía qué hacer para hacerla feliz.

– Bueno, Sofía, sabes que también me gustas mucho y hago todo lo posible para hacerte feliz. Siempre has sido muy buena conmigo. Fuiste más que una madre para mí – Sofía sonrió y dijo:

– Te lo mereces, Stela. Además, tenía a mi suegra como ejemplo. Ella también siempre me trató muy bien y yo, al igual que tú ahora, hice todo lo posible para hacerla feliz. Ella era mucho más que una madre para mí y la extraño mucho.

Sofía dijo eso, sin siquiera imaginarse que Pedro Henrique y su madre estaban allí, escuchando esa conversación y todos sus pensamientos.

María Rita se conmovió, Pedro Henrique también apretó el brazo de su madre, quien dijo:

– Ella dice la verdad. Me agradaba y, aun así, a pesar de todo lo que hemos descubierto, todavía lo hago. Cuando ustedes se casaron, ella todavía era una niña, parecía que necesitaba que la cuidaran.

Guzmán sonrió:

– Realmente, parecía una niña que necesitaba que la cuidaran, pero en realidad no era así. Todo lo que hizo siempre fue muy calculado. Mientras ella habla con Stela, continuaré contándole lo que sucedió ese día.

– Hazlo, Guzmán. Estoy intrigada y curiosa por saber qué le dijo a la mujer.

Sofía estaba sentada frente a la mujer, sintió que su mirada era fuerte y penetrante. Sabía que había llegado el momento y que tendría que contar la verdadera razón de esa visita. Magali estaba afuera, a una distancia que no podía escuchar de lo que estaban hablando. Miró a la puerta donde ella se había salido y de inmediato dijo:

– Me gusta un chico y quiero casarme con él.

– ¿Por qué no te casas? ¿Él no quiere?

– Parecía que él quería, pero mi padre le dijo que estoy comprometida con otro, así que se fue y nunca regresó.

– Espera un momento, niña. Realmente no estoy entiendo bien esta historia. ¿Estás comprometida con uno, pero quieres casarte con otro?

– Así es, todo estaba bien para mi boda, mi prometido incluso construyó nuestra casa, pero este muchacho vino y ahora quiero casarme con él.

– ¿No te gusta tu prometido?

– Me gusta mucho. No creo que alguna vez alguien me guste tanto como me gusta él.

– Entonces, ¿por qué no te casas con él y todo bien?

– Es muy pobre y no quiero continuar viviendo como ahora. No quiero ser como mi madre, quien nunca dejó este lugar y esta casa.

¡Quiero más, mucho más! Quiero poder usar hermosos vestidos, poder caminar con el cabello siempre arreglado, tener una hermosa casa y poder viajar mucho. Mi prometido nunca podrá darme eso.

Tiene buena voluntad, incluso dice que hará algunos negocios para poder hacer mucho dinero, pero no lo creo. Todo lo que dice no es más que un sueño.

– Y ese otro tipo, ¿te gusta?

– No como me gusta mi prometido, pero sí. Con él, podré tener todo lo que siempre soñé...

Pedro Henrique escuchó lo que decía Guzmán y no lo podía creer. Nunca, en todo el tiempo que estuvo casado, imaginó que esto podría haber sucedido. En su opinión, Sofía había sido una mujer y madre maravillosas. Miró a su madre, quien, como él, también estaba sorprendida.

Guzmán dijo:

– No te pongas así, Pedro Henrique. Sé que estás sorprendido, pero lo estarás aun más. Han pasado muchas cosas que no sabes. Doña Filomena, la mujer que Sofía visitó, tenía mucho conocimiento sobre las hierbas y el reino espiritual. Entendió lo que Sofía estaba sintiendo en ese momento, sabía que era hora que ella tomara una decisión que se reflejaría en su vida. Comprensiva, ella dijo:

- Sabes, hija mía, estás viviendo un momento decisivo de elección en tu vida. Todavía eres muy joven. Dijiste que te gusta mucho tu prometido, pero estás encantada con otra persona que te puede dar todo lo que quieres. Sé que la decisión es difícil, pero podrías esperar un poco más. Creo que es mejor que vayas a casa y pienses en lo que realmente quieres hacer. No olvides que la decisión que tomes influirá en tu vida y puede cambiar todo lo que se planeó con anterioridad.

- No entiendo muy bien de qué estás hablando, solo sé que ya tomé mi decisión.

Sí, me gusta Osmar, pero también me gusta el otro chico. Me encantaría estar con los dos, pero como no es posible, necesito tomar una decisión. Quiero estar con quien pueda darme todo. No necesito pensar más y no puedo dejarlo para otro día, porque me fue muy difícil escapar de mi padre y venir aquí. Si me voy sin hacer lo que quiero, será muy difícil poder regresar.

Guzmán continuó:

Filomena sonrió. Había estado haciendo ese trabajo durante mucho tiempo. A menudo había estado en una situación como esa, en la que la gente venía porque querían que ella hiciera algún tipo de trabajo para atraer o alejar a alguien.

Varias jóvenes, como Sofía, ya habían estado allí. Ella nunca les hizo el trabajo, pero siempre les daba algunos consejos y algunos paliativos. Ese día, no sería diferente. La miró a los ojos, y dijo:

- Todos nosotros, cuando nacemos, traemos un destino más o menos planeado. Durante nuestras vidas, nos encontramos con amigos y enemigos para que podamos amarnos y perdonarnos mutuamente. En estos encuentros, tenemos la oportunidad de elegir qué camino tomar. Raramente logramos seguir el camino previamente planificado, pero, aun así, todo siempre está bien. Tu camino está frente a ti, de ti depende elegir.

– No entiendo lo que dices. ¡Solo sé que no puedo perder a ese chico!

– Dijiste que te gusta tu prometido. ¿No seré él a quien elegiste antes de nacer?

– ¿Antes de nacer? ¿Qué es esto?

– El espíritu es eterno. Necesitamos nacer y renacer muchas veces para poder mejorar y encontrar el camino de la luz.

– Mientras más hablas, menos entiendo. ¡No sé si el espíritu es eterno, solo sé que estoy viviendo aquí y ahora, lo que quiero es ser feliz y eso solo sucederá si me caso con alguien que pueda darme todo lo que siempre he soñado! No sé si existe un destino, pero si existe, ¡será como yo lo quiero! Puedes hacerlo, porque si no puedes, ¡sé que encontraré a alguien que sí pueda!

Guzmán continuó hablando:

– Filomena, mirando a los ojos de Sofía, dijo:

– Bien, si crees que eso es lo que quieres, te enseñaré un "trabajo" que siempre funciona. Vamos afuera. Traeré algunas hierbas.

Debes colocar una olla con agua sobre el fuego y, cuando esté casi hirviendo, levante esas bolas, arroje las hierbas dentro y cubra la olla. Déjalo enfriar.

Por la noche, antes de acostarte, báñate y vierte el agua sobre tu cuerpo. Luego sécate y ve a dormir. Si tiene que ser así, si este es el camino que debes seguir, el muchacho que tanto deseas regresará y todo estará en manos de Dios.

Salieron al patio. Filomena recogió algunas hierbas y se las entregó a Sofía, quien las tomó y, agradeciéndole, se fue.

– ¡Ella no necesitaba hacer eso, Guzmán! ¡Estaba completamente enamorado y estaba haciendo un gran esfuerzo para no ir a su casa!

- Tú lo sabes, yo también, pero Sofía no. En su desesperación y con todo el miedo que sentía por perderte, fue hasta las últimas consecuencias. Sucede todos los días. El espíritu, cuando se encarna y muchos incluso después de eso, se dejan llevar por la ansiedad. Cuando quieren algo que no pueden conseguir, se desesperan, pero en realidad, las cosas no resultan como ellos quieren, es porque, aunque se deseen mucho, no es el camino correcto, tampoco es el camino que deberían seguir, lo que les traería felicidad y, aunque no encuentren este camino, nada parecerá ir bien.

- ¿Eso siempre pasa?

- Sí, muchas veces, porque el espíritu debe recorrer un largo camino para poder mejorar y se le darán todas las oportunidades.

- ¿Ella se bañó, Guzmán?

- Esa misma noche. Estaba ansiosa, no quiso admitir ni por un segundo, que podría perderlo. Hizo exactamente lo que Filomena le había dicho. Después de bañarse, se acostó y sonriendo con confianza, se durmió.

- Guzmán! ¿Me estás diciendo que volví solo porque ella tomó ese baño?

- Por supuesto que no, como dijiste tú mismo, estabas completamente enamorado y volvería de todos modos, pero para ella, el baño fue el responsable. Filomena sabía que, si no hacía algo, Sofía seguiría buscando y podría encontrar a alguien que la engañara. Entonces pensó que era mejor darle una receta que no le hiciera ningún daño, salvo, tal vez, recargar su energía. Pero en este y en muchos otros casos lo que importa es la creencia.

Sofía creía en todo lo que Filomena le dijo y se fue con la certeza de que, si hacía todo bien, volverías.

- Realmente volví...

- Sí, volviste. ¿Recuerdas aquel día?

- Sí, ¿cómo podría olvidarlo?

- Mira, doña Sofía, se acerca un camión, ¡pidamos ayuda!

Todos miraron a Stela que estaba casi gritando, incapaz de ocultar su alegría. Sofía también miró y dijo:

– Gracias a Dios, Stela. Hemos estado aquí por mucho tiempo. Estoy cansada.

El camión se acercó y el conductor se dio cuenta que necesitaban ayuda. Preguntó:

– ¿Tienen algún problema?

– Sí, se pinchó el neumático y no sabemos cómo cambiarlo, ¿podría ayudarnos? – Stela respondió de inmediato.

Él, mientras bajaba y reía, pensó con desdén:

– Las mujeres creen que son independientes y que no pueden cambiar un neumático. No se preocupen, cambiaré ese neumático en un instante – y así lo hizo. En cuestión de minutos, se cambió el neumático. Dijo Sofia.

– ¿Cuánto nos cobrarás?

– Nada, señora. No fue ningún problema y, además, estoy acostumbrado. ¿Viste cuántos neumáticos tiene mi camión? – respondió él, sonriendo.

– Entonces, si es así, gracias por tu ayuda. Sabes que nos sacaste de un gran problema.

Él, sonriendo, volvió al camión y se fue.

Ellas también subieron al auto y Stela comenzó a conducir, sin darse cuenta que las entidades también se subieron y se sentaron en el asiento trasero. Todos juntos, se dirigieron hacia la casa del hombre que iba a hacer el "trabajo."

8.- LA PROPUESTA DE MATRIMONIO

Stela conducía. Sofía, bajo la influencia de Guzmán, recordó: "¡Sé que lo que voy a hacer separará a mi hijo de esa mujer! ¡No puede seguir casado con ella! ¡La odio a ella y a toda su familia! ¡Si yo no hubiese tomado ese baño, Pedro Henrique nunca habría regresado! Ir a casa de doña Filomena fue lo mejor que hice. Así volvió a buscarme y nos casamos, tuvimos una buena vida, aunque nunca me haya olvidado de Osmar."

Pedro Henrique, todavía sorprendido por todo lo que dijo Guzmán, preguntó:

– ¿Realmente cree que fue el baño lo que me hizo volver y casarme con ella?

– Sí, Pedro Henrique y si lo analizamos bien, tiene razón al pensarlo así.

– ¿Por qué, Guzmán?

– Después de esa noche cuando tomó ese baño, durante casi una semana, todas las mañanas, tan pronto como sus padres se iban a trabajar, iba al patio y seguía mirando la construcción con la esperanza de ver tu caballo y tal vez, a ti venir. Estaba segura que vendrías.

Estaba segura que el baño funcionaría.

- Recuerdo esa vez. Pensaba en ella todo el tiempo. Estaba realmente enamorado y realmente quería casarme con ella, pero tenía miedo de acercarme.

- Eso es exactamente lo que pasó. Una mañana, tan pronto como salió al patio y miró, vio que se acercaba un caballo. Sabía que no era el tuyo, pero aun así esperó. El caballo se acercó y ella pudo ver que era uno de tus trabajadores.

El hombre bajó y le entregó un paquete, diciendo:

- El jefe me pidió que le trajera este paquete a tu padre.

- ¿Qué es eso?

- Creo que es carne. Está congelada.

- ¿Por qué envió esta carne?

- No lo sé, pero creo que es para pagarle el agua.

- ¡Mi papá ya dijo que puede tomar tanta agua como necesite y que no tiene que pagar por ella! ¡Nuestro pozo tiene mucha agua! ¡Puedes llevarte la carne!

- ¡No sé nada de eso, niña! ¡Solo estoy siguiendo las órdenes de mi jefe! No tomaré la carne, no puedo. Si la niña quiere, puede tomar la carne, yo no haré eso.

- Él le entregó el paquete y fue a buscar el agua del pozo.

- En ese momento, Matilde y yo vimos que Sofía, sin saber qué hacer o decir, estaba mirando al hombre, mientras éste bajaba los dos porongos de agua. Después de un tiempo, Sofía, fingiendo una indignación que realmente no sentía, se quedó allí parada, mirando hacia donde trabajaban los hombres. Sabía que estabas allí y pensó:

- "Solo está tratando de humillarme. ¡Estás tratando de demostrar que tienes mucho y, por lo tanto, no te importa lo que yo pueda estar pensando!"

¿Lo hizo por el baño o realmente quiere mostrarme la diferencia que hay entre nosotros? Si es así, ¡estás muy equivocado! ¡Ahora mismo voy a ir hasta allá para arrojarte esta carne a la cara! Quiero ver cuál será tu reacción.

Dejó al hombre sacando el agua del pozo y decidida, caminó hacia el lugar donde pensó que estabas. Tan pronto como llegó, vio que, a su lado, algunos hombres estaban midiendo algo que ella no conocía. No la viste cuando ella se acercó, solo escuchaste su voz que, para ti, parecía alterada:

— ¿Quién crees que eres?

Te volteaste y, cuando la viste, sonreíste diciendo:

— Buenos días, Sofía... ¿por qué estás tan alterada? ¿Qué hice?

— ¡Enviaste este pedazo de carne, como si nos estuviéramos muriendo de hambre! Somos pobres, ¡pero nunca nos faltó comida en casa!

— Recuerdo bien ese día, Guzmán. Y cómo me sorprendió:

— No sé de qué estás hablando, Sofía. Nunca dije que ustedes se estaban muriendo de hambre. El dueño del matadero le dio a mi padre un pedazo de carne muy grande. Ya sabes como es, todo para complacer al alcalde — dijo él, riéndose.

— Cuando mi madre lo estaba compartiendo con mis hermanas, le pedí una pieza y se la llevé a su padre en agradecimiento por el agua. Eso es todo lo que pasó. Solo quería ser amable. No tienes que alterarte de esa manera. Solo trato de agradecer a tu padre por darme agua, porque sin ella, mis hombres no podrían trabajar. No podrían pasar todo el día sin beber agua. Era solo eso, nada más...

Hablaste mirándola directamente a los ojos, ella no pudo sostener la mirada y, varias veces evitaba hacerlo. Luego, con voz temblorosa, preguntó:

— ¿Eso fue todo? ¿No querías ofendernos?

— ¡Por supuesto que no, Sofía! ¿De dónde sacaste esa idea? Me entristece saber que te vas a casar, porque tan pronto como te vi, me enamoré, pero eso no significa que tenga la intención de humillarte, y mucho menos a tu padre. Me gustaste y aun me gustas mucho, pero desafortunadamente llegué tarde.

Ella bajó la mirada. Tú, al darte cuenta que estaba confundida, preguntaste:

– ¿Llegué tarde, Sofía?

Ella no respondió. Insististe:

– ¿Llegué tarde, Sofía?

– Ella levantó la vista y te miró. No sabía cómo responderte. Tú, Pedro Henrique, sonreíste, le pusiste la mano en la barbilla y volviste a preguntar:

– ¿Llegué tarde, Sofía?

– Ella no podía creer lo que estaba pasando. Aunque, desde que tomó ese baño, estaba segura que esto sucedería, en ese momento no sabía cómo responder.

Por su mente pasaron los recuerdos de toda su vida en ese lugar, sus sueños y Osmar. Sí Osmar, ¿qué harías con él?

– Tú, al ver que ella no respondía y sin que ella lo esperara, con tus manos, acercaste tu rostro al de ella y le diste un beso. Al principio, ella trató de alejarse, pero pronto se entregó a ese beso.

Tan pronto como la soltaste, ella, con lágrimas en los ojos, se alejó corriendo. La seguiste con los ojos. Cuando viste que ella llegó a su casa, sonreíste y te volteaste hacia los hombres que habían visto esa escena. No dijeron nada. Tú fuiste quien dijo:

– Ahora, volvamos al trabajo. Este pozo necesita estar listo. Quiero construir la casa pronto.

Los hombres volvieron al trabajo. Volviste a mirar la casa de Sofía y sonreíste.

– Sí, recuerdo que sonreí alegremente cuando vi su reacción, Guzmán. Con ese beso, estaba seguro que realmente yo le gustaba, que nos íbamos a casar y pensé:

- "Estoy seguro que ella está allí, por supuesto, pensando en mí."

- Ella estaba realmente en casa y solo en ese momento se dio cuenta de que, en sus manos, estaba el paquete de carne. Lloró de alegría, porque sabía que su vida estaba cambiando y que tú no estabas jugando con ella, pero también estaba muy confundida, sin saber qué hacer con su vida y con Osmar:

- "No sé qué hacer... siento que me gusta mucho, no tanto como me gusta Osmar, pero también sé que, si me caso con él, lo tendré todo. Tener una vida rica con fiestas y ser presentada a todos como la esposa del hijo del alcalde. ¿Qué más puedo querer? Pero, ¿qué hay de Osmar? ¿Qué le voy a decir? Él está tan emocionado porque llegue pronto el día de la boda.

¿Cómo puedo llegar y decirle lo que está pasando? ¿Cómo puedo decirle que encontré a alguien más que me puede dar todo? No sé... no creo que tenga el valor para hacer eso... pero ahora necesito preparar el almuerzo. Todos estarán aquí en breve."

- Desenvolvió el paquete y, frente a ella, apareció un pedazo de carne muy grande. La carne era de buena calidad, lo que, en casa, era difícil de conseguir.

Su padre, de vez en cuando, traía carne a casa, pero siempre de segunda, que era necesario cocer, ya que era dura. Esa, en cambio, era de primera clase y podía cortarse en filetes. Eso fue lo que ella hizo. Cortó varios filetes y los dejó en la estufa para freírlos cuando todos llegaran. Siguió haciendo el almuerzo y pensando en ti, Pedro Henrique, en ese beso y en todo lo que podrías darle: ¡Él es maravilloso! Ese beso, tan diferente a los de Osmar... ¿cómo pude permitirle que me besara? ¿Dónde tenía mi cabeza? ¿Por qué no me pude resistir? Ni siquiera quiero imaginar lo que debe pensar de mí... debe estar pensando que soy una chica sin valores... ¿Cómo lo permití? Pero, esto de que fue bueno, lo fue. No sé por qué estoy tan preocupada. Desde ese día, cuando fui a Dona Filomena, supe que esto iba a suceder. Con ese baño y las oraciones que hizo, no había forma que él pudiera olvidarme. ¡Se casará conmigo, estoy segura!

- ¿Realmente pensó que fue ese baño y las oraciones las que me hicieron casarme con ella?

- No lo pensó, hasta hoy ella todavía cree que fue así, por eso quiere hacer lo mismo, pero en la dirección opuesta. En lugar de hacer algo así sin mayores problemas, está tratando de romper un matrimonio y esto es muy grave. Así que estamos aquí tratando de hacerla cambiar de opinión.

- Tienes razón, Guzmán. Necesitamos lograrlo, pero todavía tengo una duda.

- ¿Cuál?

- Si no hubiera tomado ese baño, ¿realmente me habría casado con ella?

- Claro que sí. Nada ocurre por casualidad. Todas las uniones están planificadas y de ellas depende el comportamiento del espíritu. Tú, ella y Osmar han estado juntos por mucho tiempo. En la última encarnación, tú y él fueron amigos cercanos. Sofía apareció y, usando su belleza y perspicacia, ya que siempre fue muy decidida, hizo que ustedes se pelearan y terminaran una amistad sincera. Al final, no se quedó con ninguno de los dos y se casó con otro muy rico. Cuando regresaron al reino espiritual, decidieron que se encontrarían nuevamente y que ella tendría que elegir nuevamente, pero con honestidad.

Debía elegir al que su corazón realmente quisiera, independientemente de la raza o situación financiera.

- Ella no eligió honestamente, ¿verdad?

- Desafortunadamente no, y esa elección la siguió por el resto de su vida. Le gustabas, pero Osmar le gustaba mucho más. Su corazón lo quería a él, pero su mente te quería a ti. Su mente ganó.

- Estoy pensando en todo el tiempo que estuvimos casados. No puedo decir que fue una mala esposa, por el contrario, siempre fue una buena esposa, madre y compañera. Nunca se me pasó por la cabeza que todo esto había sucedido y que yo no le gustaba.

- Tienes razón sobre eso. A pesar de haber intercambiado el gran amor de su vida por ti, hizo todo lo posible para tener un matrimonio feliz. Continuaré contando lo que sucedió ese día.

- Hazlo, Guzmán, tengo mucha curiosidad.

- Ella, sabiendo que solo faltaban unos minutos para que todos llegaran a almorzar, comenzó a freír los filetes. El olor se extendió por toda la casa. Tan pronto como llegaron y lo olieron, Romeo preguntó:

- ¿Qué es ese olor a carne, Sofía?

- Ella riendo, respondió:

- Un hombre que trabaja para el hijo del alcalde lo trajo.

- ¿De qué estás hablando? ¿Por qué envió esta carne?

- Yo también tenía curiosidad, así que fui allí para averiguarlo. El joven dijo que era para pagar el agua que le está dando.

- Le dije que no necesitaba pagar. ¿Cómo pudiste aceptar eso, Sofía? ¿Acaso piensa que nos estamos muriendo de hambre?

- Le dije eso, pero él dijo que su padre había recibido una porción de carne del dueño del matadero y que era mucha, así que tomó un pedazo y lo trajo para nosotros. Dijo que, si no le hubieras dado el agua, para los hombres sería muy difícil trabajar.

Tendría que traer el agua de la ciudad en porongos, pero con el viaje, llegaría caliente y en muy mal estado. Dijo que no está pagando, solo quiere agradecerte.

– ¡No me gusta esto para nada!

– Nadir respiró hondo – continuó Guzmán – para poder oler el filete que estaba en la sartén y dijo:

– Basta, Romeo. ¡Mira ese buen olor! ¿Cuánto tiempo ha pasado desde que comimos carne como esta? Tú no lo pediste, y si el chico lo trajo, tenemos más para comer.

– Gustavo también respiró hondo y dijo:

– Mamá, ¡este olor está muy bueno!

Romeo, aunque estaba enojado, no podía negar que el olor era bueno y que había pasado mucho tiempo desde que habían comido carne así. Dejó caer sus brazos a los costados y dijo:

– Bien, no lo pedí y ya que lo trajo, comamos.

– Sofía sonrió. Terminó de freír los filetes, los puso sobre la mesa y todos quedaron encantados.

Después del almuerzo y después de descansar un rato, regresaron al campo. Continuó Guzmán.

Gustavo, todas las tardes, acompañado de Sofía, hacía su tarea. Ese día, Sofía los acompañó a la cerca. Ellos se fueron y ella entró. Pero, antes de entrar, miró hacia el lado donde sabía que estabas. Recordó el beso, respiró hondo y pensó:

– "Qué bueno sería si realmente gustara de mí..."

Entró en la casa y continuó su trabajo. Necesitaba lavar los platos del almuerzo y tenía que planchar mucha ropa. Mientras planchaba, pensó:

– "No sé si está diciendo la verdad, pero de una cosa estoy segura, no puedo casarme con Osmar. Sé que me gusta y que sería feliz a su lado, pero eso no es lo que quiero para mi vida. Sé que tiene muchos sueños. Sé que cree que algún día podría hacerse rico, pero ¿y si ese día no llega? ¿Si todo lo que está soñando no se hace realidad? ¿Tendré que pasar el resto de mi vida aquí, en este lugar?

Además, Pedro Henrique es rico, guapo y me gustó su beso, ¿verdad? ¡Qué maravilla! No puedo casarme con Osmar y voy a necesitar decirle eso. Sé que será difícil, pero es lo único que puedo hacer. Mi padre se pondrá furioso, pero no hay otra manera, no... No puedo casarme con él y ser infeliz por el resto de mi vida. Después de todo, fue por eso que a la casa de doña Filomena..."

- En la tarde, varias veces fue al patio y miró hacia el lado donde sabía que estabas, Pedro Henrique. Se dio cuenta que tu caballo ya no estaba allí, pensó:

- "¿A dónde se habrá ido? Qué pregunta más tonta, por supuesto que se fue a casa. Debe tener cosas más importantes que hacer que observar a los hombres en el trabajo."

Entraba y salía muchas veces y solo se calmó cuando volvió a ver tu caballo. La tarde pasó. Ella terminó todo su trabajo. Se duchó y se puso un vestido limpio. Se peinó el cabello. Sabía que Osmar pronto estaría allí. No pude posponerlo. Ella necesitaba decirle su decisión. Alrededor de las cuatro de la tarde, como todos los días, llegó Osmar. Los padres de Sofía también llegarían pronto. Se sentaron en el taburete y comenzaron a hablar. Él emocionado, dijo:

- ¡Nuestra casa está lista, Sofía! ¡Tienes que ir para que veas qué hermosa es!

- Sé que lo está, Osmar, pero necesito hablarte algo muy serio.

- ¿Qué es lo que pasa Sofía? Parece que estás muy preocupada. ¿Qué pasó?

- He estado pensando mucho sobre nuestro matrimonio y llegué a la conclusión que no podemos casarnos.

- ¿Cómo que no? ¿Por qué dices eso?

- Sabes que me has gustado desde que eras niña, pero no puedo casarme contigo. Me conoces, siempre supe cuáles eran mis sueños. Siempre supe que no quiero seguir viviendo aquí en esta pobreza, por el resto de mi vida. Quiero casarme con un hombre que tenga mucho dinero, porque solo así podré ser feliz. Me gustas mucho, sé que yo también te gusto, pero eso no es suficiente.

- ¿Qué dices, Sofía? ¡Te dije que tengo planes y que si todo funciona como espero, me haré rico y te daré todo lo que siempre quisiste! Nosotros nos queremos mucho...

- Sé que, como yo, tienes sueños. Sé que si funciona te volverás muy rico, pero ¿y si no funciona? ¿Cómo será? ¡Tendremos que seguir viviendo aquí y no quiero eso! ¡Tienes que entender, Osmar! ¡No quiero ser infeliz por el resto de mi vida!

- ¿Qué te sucedió para que cambies de opinión tan repentinamente?

- No ha pasado nada, Osmar. Estuve pensándolo y llegué a esa conclusión. Esperaré a que aparezca un hombre rico y que me pueda dar todo lo que siempre he soñado.

- ¡Debes estar loca, Sofía! ¿Crees que un hombre rico querrá casarse contigo? ¡Los hombres ricos también se casan con mujeres ricas! ¡Nosotros nos queremos, Sofía! Sé que seremos muy felices.

- No, Osmar. No quiero arriesgar toda mi vida. Esperaré a que aparezca este hombre rico, pero si no llega, cuando sea mayor, me iré de aquí y quiero vivir en la capital, donde sé que hay muchos hombres ricos. Ya no quiero quedarme aquí en este lugar, que solo está lleno de trabajo y pobreza. No puedo casarme contigo, Osmar. Lo siento mucho. Si lo hago, no solo yo, sino que tú también serás muy infeliz y no te lo mereces. Te mereces una buena chica, que acepte vivir aquí y ser pobre para siempre. Yo no puedo...

- ¿Tu padre ya sabe sobre tu decisión?

- No, pero se lo diré hoy.

- Sabes que estará muy enojado, ¿verdad?

- Lo sé, ¡pero es mi vida! ¡Soy yo quien necesita decidir qué quiero hacer con ella y una cosa estoy segura, no quiero seguir viviendo aquí!

- Osmar tragó saliva e hizo un tremendo esfuerzo para no llorar. Con la poca dignidad que le quedaba, se levantó y, sin decir nada, se fue. Después de dejarla, comenzó a llorar desesperado. Sofía lo vio irse y también comenzó a llorar. Sintió que parte de su vida estaba terminando. Quería a Osmar, sabía que iba a extrañar mucho su compañía, pero también sabía que era lo único que podía hacer en ese momento. Ahora ella era libre de ser feliz contigo, Pedro Henrique. Sin que ellos lo supieran, Matilde y yo estábamos a su lado y escuchamos toda la conversación. Matilde me miró asustada y preguntó:

- Y ahora, Guzmán, ¿qué pasará? ¡Esto no es lo que estaba programado!

- Tienes razón, Matilde. En este punto, con su decisión, cambió su destino y todo lo que había planeado.

- ¡Ella no pudo haber hecho eso! ¡Debían permanecer juntos!

- Debía haberlo hecho y eso es lo que planearon cuando estaban de este lado, pero sabes que cuando estamos en la carne, todo es diferente.

- ¡Ella no pudo hacer eso, Guzmán!

- No debía, pero lo hizo. Todos tenemos nuestro libre albedrío, Matilde, ¿lo olvidaste? Si no, todo nos sería impuesto y nuestras acciones no tendrían valor. El libre albedrío existe exactamente para eso, de modo que el espíritu sea libre de decidir lo que cree que es mejor. Durante muchas encarnaciones, ella ha sido rica y poderosa. En la último, cuando vio que el dinero y el poder no le daban felicidad a su espíritu, pidió que, en esta vida, debería ser diferente. Pidió nacer en una casa pobre y tener que luchar arduamente por su vida. Y ahora que ha llegado la oportunidad de ser rica y poderosa nuevamente, ella ha dejado el amor y tratará de ser feliz con la persona que puede darle todo lo que aspira en esta vida. No se puede hacer nada. Sabes que estas tres encarnaciones luchan entre sí.

En esta encarnación, tuvieron la oportunidad de reconciliarse, pero parece que, una vez más, eso no sucederá.

- ¿Qué pasará con todo lo programado? ¿Qué pasará con Osmar?

- Cuando las cosas están programadas, siempre existe la posibilidad que no salga según lo previsto, por lo que algunas cosas siempre pueden cambiar.

Osmar seguirá otro camino, pero seguramente, como Sofía, cumplirá su misión. No importa qué camino elijamos, en cualquiera de ellos siempre tendremos la oportunidad de hacer lo que planeamos.

- ¿Se puede hacer algo para hacerla cambiar de opinión y que vuelva al plan original, Guzmán?

- No, Matilde, sabes que no. Podemos intuir buenos pensamientos, pero nunca interferir con el libre albedrío. Nos pertenece a cada uno de nosotros.

- Tienes razón, pero es una pena. Simplemente no entiendo una cosa, Guzmán.

- ¿Qué cosa?

- Dado que Sofía y todos sabían que ellos dos debían permanecer juntos y que tenían una misión que cumplir, ¿por qué no nacieron en un hogar rico? ¿Por qué tuvieron que nacer pobres? Si los dos hubiesen pertenecido a un hogar rico, nada de esto sucedería.

- Sí, pero ella seguiría sin darle valor a otras cosas que no fuera el dinero y el poder, y eso era precisamente lo que, para su mejora, necesitaba superar. Parece que, nuevamente, no tuvo éxito, pero, aun así, tendrá la oportunidad de cumplir su misión por su cuenta, sin Osmar. Solo nos queda esperar.

- ¿Qué pasará con los que iban a nacer como sus hijos?

- Nacerán en el lugar donde necesitan nacer. Se encontrarán y solo Dios sabe lo que pasará.

Ahora, creo que sería bueno ir donde Osmar. Debe estar desesperado y necesitando nuestra ayuda, ¿de acuerdo?

- Matilde sonrió y fuimos donde estaba Osmar que caminaba por el camino de tierra que separaba el terreno de Sofía del suyo. Él, como predijimos, lloraba desesperado. Matilde y yo nos colocamos uno a cada lado y caminamos juntos. Osmar lloraba y pensaba desesperado:

- "¿Cómo pudo hacerme esto? ¡Ella siempre supo que la quería y que haría todo lo posible para que fuéramos felices! ¿Qué voy a hacer con nuestra casa? ¿Cómo voy a decirles a mis padres que ya no voy a tener una boda?

- En ese momento, Sofía cambió su destino. Stela seguía conduciendo. Ella preguntó nerviosamente:

- ¿Falta mucho para llegar, doña Sofía? Es un horror conducir por este camino. Tiene muchos baches.

Sofía no escuchó lo que dijo Stela, porque cuando recordó ese día, sintió un nudo en la garganta y una lágrima corrió por su rostro. Al ver que no respondía, Stela volvió a preguntar:

- ¿Falta mucho para llegar, doña Sofía?

Solo entonces Sofía escuchó, miró a Stela y respondió:

- No sé, por la información que nos dieron, debemos estar llegando.

- ¿Estás realmente segura que deberías hacer esto? ¿No sería mejor volver?

- ¡Por supuesto que estoy segura, Stela! ¡No quiero regresar! ¡Necesito hacer esto!

– Está bien, no tienes que estar nervioso.

Stela guardó silencio y continuó conduciendo. Ella conocía muy bien a Sofía y sabía que no debería ponerse en su contra. La fortuna de Sofía era inmensa y sabía que, si seguía siendo la favorita, tendría una mayor participación. En el fondo, estaba feliz que Anita no tuviera un hijo. Sería uno menos para compartir la herencia que Sofía dejaría. Por eso, aunque estuviera muy enojada, hacía todo lo que su suegra quería.

Sofía recordó el día en que se alejó para siempre de Osmar:

– "Ese día fue muy difícil, pero fue una decisión que tenía que tomar. Si hubiera sabido cómo iba a cambiar mi vida, nunca lo habría hecho. Siempre lo intenté, pero nunca fui totalmente feliz con Pedro Henrique.

Osmar me gustaba y cuando recuerdo que podríamos habernos casado, me entristece, pero eso se acabó. No tiene sentido sufrir. Ahora, estoy vieja y mi vida, a pesar de todo, fue maravillosa."

No me arrepiento de nada y ni siquiera sé por qué estoy pensando en estas cosas.

Guzmán y los demás estaban viendo todo lo que sucedía. Sofía recordó ese día nuevamente:

– "Después que Osmar se fue, mi corazón se hundió y sentí ganas de correr tras él, pero me detuve, porque sabía que esa había tomado la decisión correcta para mi vida. Lo quería, estaba acostumbrada a sus conversaciones y sabía que él también me quería mucho, pero no era suficiente, yo quería más, mucho más. Después que él se fue, miré el lado donde estaba construida la casa de Pedro Henrique y pensé:

– "¡Esa casa será mía! ¡Ella y todo lo que él posee! ¡Seré rica y poderosa! Osmar continuará en esta vida de siempre.

Ahora que he roto el compromiso, necesito que el hijo del alcalde lo sepa. Sé que, después del baño que doña Filomena me enseñó, no hay forma que se vaya. Se quedará conmigo para siempre."

– No puedo creer que todo esto haya sucedido sin que yo lo supiera, Guzmán...

– Pero sucedió, Pedro Henrique. ¿Recuerdas ese día cuando volviste a la granja de Sofía y ella estaba regando el jardín?

– Sí, lo recuerdo.

– Fue al día siguiente. Ella sabía que ibas a volver, así que se puso su mejor vestido y siguió mirando al lugar dónde deberías llegar. Cuando te vio acercarte, tomó la regadera y, como si no pensara en ti, comenzó a regar las flores.

Te acercaste y dijiste:

– Hola Sofía. Tus flores están muy hermosas.

– Ella te miró y sonriendo dijo:

– Sí, tal vez es porque las cuido con mucho cariño.

– Tú también estás muy hermosa hoy...

Ella sonrió y tú, completamente enamorado, dijiste:

– También eres una flor muy hermosa, Sofía. Tan hermosa que me gustaría estar siempre a tu lado, pero es imposible.

– Imposible, ¿por qué?

– Ya tienes dueño, llegué tarde...

– No tengo dueño y nunca lo tendré. Soy libre.

– ¿Rompiste tu compromiso?

– Sí, no podía casarme con él.

– ¿Por qué, Sofía?

– No me gustaba lo suficiente. Nos conocíamos desde que éramos niños, pensé que lo quería, pero ahora tengo muchas dudas. Creo que no sabía lo que era el amor.

- Estaba muy feliz de escuchar eso, Guzmán, ya que, desde aquel beso, sabía o estaba casi seguro que ella me amaba. Emocionado, pregunté:

- Como eres libre, ¿quieres casarte conmigo?

- Recuerdo que bajó la cabeza. Tenía la cara roja, pero sus ojos brillaban, lo que la hacía verse aun más hermosa. Ella me miró a los ojos y respondió:

- No rompí mi compromiso por tu culpa.

- Lo sé, pero como ya no estás comprometida, podemos pensar en nuestro futuro. Si quieres, puedo hablar con tus padres y podemos casarnos lo antes posible.

- ¿De verdad quieres eso?

- ¡Por supuesto, Sofía! Es lo que más deseo. Sé que eso también es lo que quieres. Estoy seguro que, te gusto, así como tú me gustas a mí. Prometo que haré todo lo posible para hacerte feliz. Si me aceptas, sé que no te arrepentirás.

- Está bien. Como eso es lo que quieres, puedes hablar con mis padres y si nos dejan, nos casaremos. Realmente me gustas mucho.

- Lo sé, voy a hablar con tus padres, pero primero debes dejar de llamarme señor. No soy mucho mayor que tú y, después de todo, nos vamos a casar, ¿no?

- Recuerdo que ella sonrió y esa sonrisa me hizo el hombre más feliz del mundo.

Nunca podría imaginar que ella me estuviese engañando...

- Pero lo hizo. Solo vio en ti al hombre que podría darle todo lo que siempre soñó, porque en realidad, a quien ella quería era a Osmar.

- De todos modos, al no saber la verdad, fui muy feliz a su lado.

– Tienes razón sobre eso. Ella trató de ser la mejor mujer del mundo y tuvo éxito. Esa misma tarde, esperaste a que llegaran Romeo y Nadir y, tan pronto como llegaron, dijiste:

– Buenas tardes, Sr. Romeo, ¿cómo está?

– Estoy muy bien, simplemente no comprendo qué estás haciendo en mi casa...

– Estoy hablando con Sofía. Estaba esperándolo a usted y la sra. Nadir para pedir la mano de Sofía en matrimonio.

Nadir apretó el brazo de su esposo para mantener la calma. Él enojado, preguntó:

– ¿Estás bromeando? ¿Crees que, por ser rico, hijo del alcalde, puedes venir a jugar con nosotros?

– Tú, Pedro Henrique, ahora muy enojado, preguntaste:

– ¿Cuántas veces tendré que repetir que no estoy jugando? Tengo muchas ganas de salir con Sofía y casarme con ella.

Nadir volvió a apretar el brazo de su marido y él dijo:

– De acuerdo, joven. Si es lo que quiere y si es lo que quiere Sofía, le daremos permiso, pero nunca olvide que ella, a pesar de ser una chica pobre, es honesta.

– Nunca dudé de eso, Sr. Romeo – dijiste, sonriendo y mirando a Sofía a los ojos, que sin querer, no pudieron evitar brillar.

– Puedes venir a visitar Sofía, pero solo cuando estemos en casa. Nunca más harás lo que acabas de hacer hoy. No quiero que hables con ella cuando esté sola.

– Esta bien señor. Puede estar tranquilo, no quiero lastimar a Sofía, solo dale toda la felicidad del mundo.

– Sofía se mantuvo firme, pero por dentro estaba temblando por todas partes. Nunca creyó que algún día podría suceder algo así – dijo Guzmán –. Romeo preguntó:

– Sofía, ¿está lista la comida?

– Sí lo está.

– Pon un plato más, el joven comerá con nosotros.

– No es necesario, señor Romeo. Iré a casa.

– Nada de eso. Sofía hizo la comida. Necesitas comer para ver si te gusta tu sazón.

– Entonces me quedo.

– Romeo sonrió y dijo:

– Ahora, Sofía, entra y tráeme del bueno para que yo y el joven bebamos mientras pones otro plato sobre la mesa.

– Sofía, todavía temblando y acompañada por su madre, entró. Salió un poco después, trayendo una botella de aguardiente y dos vasos. Romeo llenó uno y te lo dio, luego llenó otro para él. Ustedes se quedaron bebiendo.

9.- LA VIDA COMIENZA A CAMBIAR

Bajo la influencia de Guzmán, las imágenes pasaron rápidamente por la cabeza de Sofía. Estaba reviviendo todo lo que sucedió en su vida.

- Desde ese día, fuiste a ver a Sofía todos los días, pero solo por la tarde, cuando toda la familia estaba allí. Ella estaba viviendo un sueño. A veces tenía miedo que estuvieras jugando con ella, pero cada vez que sucedía eso, recordaba el baño que tomó y que, por eso, realmente se casaría contigo. Sentados en dos taburetes en el patio, cada vez que estaba confundida y angustiada, le dijiste:

- No sé por qué todavía no crees que realmente me gustas.

- Puedo creer que te gusto, pero ¿qué hay de tu familia? ¿Crees que tus padres me aceptarán?

- ¿Por qué no lo harían?

- Pues, sabes que soy simple y pobre. Por supuesto, tus padres se imaginaron para ti, una chica muy diferente a mí... rica y de buena familia.

- Ya te dije, no tienes que preocuparte por eso. Aunque mis padres, siempre tuvieron dinero, son muy sencillos. Solo piensan en mi felicidad y si digo que tú eres mi felicidad, te aceptarán sin pestañear.

– ¿Estás seguro de eso?

– Claro que sí. Ya puedes irte preparando que, tan pronto como la casa esté lista, tendremos una gran fiesta y ese día, te presentaré con ellos.

– ¿En serio vas a hacer eso?

– Claro que sí. Ya hablé con ellos, les dije que tan pronto como termine la construcción, tengo la intención de casarme. También les dije que eres una chica sencilla. Quieren conocerte a ti y a toda tu familia. Así que anunciaré nuestro noviazgo en medio de una gran fiesta, con todos los amigos y conocidos presentes.

– ¿Realmente les dijiste eso?

– ¡Lo hice!

– ¿Aceptaron conocerme?

– No solo a ti, sino a toda tu familia. Mi papá siempre quiso que fuera a la universidad. Hice lo que él quería y me gradué en Agronomía, porque no puedo imaginar vivir en otro lugar que no sea el campo. Así que cumplí con su voluntad, ahora él tiene que cumplir con la mía. Te acepto de todo corazón. Sé que no solo él, sino toda mi familia y amigos también lo harán. No tienes que preocuparte por eso. Todo estará bien, nos casaremos y seremos felices para siempre.

– Está bien. Prefiero creer eso.

– Así es. ¿Por qué sufrir antes de tiempo? Dejemos que la vida se encargue de todo.

– De nuevo, la convenciste, Pedro Henrique. Pasaron más de seis meses. La casa estaba lista, la granja estaba completamente cercada y las primeras cabezas de ganado comenzaron a llegar. Como la sede de la granja estaba a unos cincuenta metros de la cerca donde vivía Romeo, ordenó que se construyera una puerta que conectara el sitio con la granja y por allí entraba y salía. La fiesta estaba programada y muchas personas fueron invitadas. Pedro Enrique, estabas emocionado y le dijiste a Sofía:

- El próximo fin de semana, tendremos la fiesta de inauguración de la granja, quiero que vayas con tus padres a la ciudad y compres ropa nueva para todos. Te presentaré a mi familia y amigos. Ve a la tienda del señor Juan y compre todo lo que necesites. Ya hablé con él y sabe que irán allí. No te preocupes por el dinero, compra lo que quieras. Quiero que te veas bonita en la fiesta –. Guzmán continuó:

- Sofía estaba encantada, sentía que todo era verdad y que se casaría contigo y así podría abandonar esa vida de pobreza y, como dijiste, incluso podría continuar estudiando. Al día siguiente, todos fueron al centro de la ciudad y compraron ropa para la fiesta. Romeo estaba preocupado y le dijo a su esposa:

- Nadir, ¿nuestra hija realmente se casará con este chico rico?

- Creo que, si no tuviera buenas intenciones, no querría que fuéramos a la fiesta. Dijo que nos presentará a toda la familia. ¡¿Te imaginas, Romeo, que vamos a tener una hija rica?!

Nadir estaba muy feliz, nunca imaginó que esto podría pasar. Sabía que Sofía era una niña muy hermosa, pero siempre solía pensar:

- "También era hermosa, pero nunca conocí a un hombre rico y guapo como ese.

Me gusta Romeo, pero si fuera rico, me gustaría mucho más. ¿Te lo imaginas? ¡Sofía tendrá todo lo que quiere en esta vida! ¡Es muy afortunada! Parece que hay un ángel cuidando de su vida..."

- Ella no lo sabía, pero todos tenemos amigos cuidando nuestros pasos y ayudándonos siempre que sea posible. No pueden interferir con nuestras decisiones, pero pueden y nos dan buenas intuiciones. Matilde y yo nos quedamos todo el tiempo y aun estamos al lado de Sofía.

- Tienes razón, Guzmán, si supiéramos eso al encarnar se evitaría mucha ansiedad y sufrimiento.

- La mayoría de los espíritus, Pedro Henrique, cuando encarnan, aunque acepten que existe una fuerza mayor, en realidad no creen y, por lo tanto, sufren mucho innecesariamente, pero es así y lo será por mucho tiempo. El espíritu, a través de las reencarnaciones, tiene la oportunidad de aprender. Sofía había cambiado lo que había planeado antes de renacer, pero aun así seguimos a su lado. Ella era nuestra misión.

- Incluso después de ser desencarnar, ¿tenemos una misión que cumplir?

Guzmán se rio de la pregunta de Pedro Henrique y respondió:

- Por supuesto, Pedro Henrique. No eres de los que creen que con la muerte todo termina. Todo espíritu, donde quiera que esté, encarnado o no, siempre tendrá un trabajo que hacer. Todos estamos aquí tratando de hacer que Sofía encuentre su camino para que pueda acompañarnos a esferas superiores de espiritualidad. Lo hemos intentado durante mucho tiempo y quizás esta vez podamos hacerlo. Esa es nuestra esperanza y nuestra misión.

Pedro Henrique sonrió. Cuando murió, fue recibido por su madre y ella, desde ese momento, le brindó toda la ayuda. Le había dicho que existía la vida después de la muerte y que debía continuar mejorando y trabajando por su evolución. Por eso no debería haber hecho esa pregunta, pero desde que la hizo, quedé contento con las aclaraciones de Guzmán, quien continuó diciendo:

- El sábado por la mañana, toda la familia estaba eufórica. Comenzaron a ver que venían automóviles y personas. Sabían que se había matado un buey para el asado, también llegaron muchas cajas de cerveza y refrescos. Sofía se puso el vestido azul que había comprado y se ató el cabello con un lazo del mismo color. Estaba nerviosa, ya conocía a los padres de Pedro Henrique, de hecho, todos en la ciudad los conocían. Su familia durante varias generaciones, perteneció a la clase política. El coronel José Antonio era padre de cuatro hijos, tres niñas y un solo hombre, tú Pedro Henrique, por lo que su mayor deseo era que también siguiera una carrera política, pero cada vez que decía eso, tú respondías:

- "Papá, no nací para ser político. Me gusta el campo, el ganado. No sabría cómo vivir en este mundo de pretensiones en el que vives. Tendría que aguantar a la gente que no me gusta solo para tener su apoyo político y ganar las elecciones. Quizás algún día, pero aun no."

- Es cierto Guzmán. No podía soportar pensar en vivir entre esas personas fingidas y disfrazadas. El mundo de la política no era para mí. Prefería vivir al aire libre y en compañía de animales. Ellos sí eran sinceros.

- Sí, eso creías, pero Sofía no. Ella quería pertenecer a ese mundo que detestabas, pero ese día, no pensó en otra cosa, excepto en lo que sucedería y cómo se comportaría en la fiesta.

Cuando ya había mucha gente en la fiesta, al ver que ella y su familia no llegaron, fuiste a la cerca que habías construido y que dividía las dos propiedades. Gustavo, que estaba del lado de afuera gritó:

- ¡Sofía, Pedro Henrique está aquí!

- Ella salió fue y a tu encuentro. Tan pronto como te acercaste, dijiste:

- ¡Qué hermosa te ves, Sofía! ¿Por qué aun no han ido a la fiesta?

- No sabíamos si era el momento. Esperaba que cuando llegara el momento, vinieras aquí.

- De acuerdo, todavía no entiendes tu lugar. Quiero que tú y toda tu familia vayan a la fiesta ahora. Todos llegaremos juntos. Llama a tus padres.

Sofía sonrió, entró a la casa y llamó a sus padres y a Gustavo. Entonces salieron y, a su lado, entraron en la granja y caminaron hacia el lugar donde se estaba celebrando la fiesta. Viniste abrazando a Sofía, lo que hizo que todos sintieran curiosidad. De pie y caminando a paso firme, sonreirías a todos y al acercarte a tus padres, dijiste:

– Padre, madre, este es el sr. Romeo y esta es doña Nadir, su esposa. Son los padres de Sofía, esta hermosa señorita con la que pretendo casarme.

José Antonio sonrió y dijo:

– Mucho gusto, sr. Romeo. Me alegra que haya venido usted y toda su familia. Veo que eres realmente hermosa, Sofía. Ahora entiendo por qué mi hijo está tan emocionado. Pero entremos: la fiesta está comenzando, hay buenos tragos y sé que le gustarán.

Recuerda a María Rita, cuando te acercaste a Nadir y dijiste:

– Al igual que mi esposo, me alegro que hayas venido. Y concuerdo también cuando dice que tu hija es muy hermosa. Bienvenidos a nuestra casa. Espero que disfruten de la fiesta.

– Lo recuerdo, Guzmán. Pedro Henrique me había contado mucho sobre ella y confieso que me estaba muriendo de curiosidad. También era de una familia humilde cuando me casé con José Antonio y sabía lo que ella y su familia sentían en ese momento, así que hice todo lo posible para que se sintieran cómodos.

– Lo hiciste. Aunque fueron bien recibidos, la familia de Sofía no se sentía bien. No pertenecían, en ese lugar, y lo sabían, pero hicieron todo lo posible para parecer lo más naturales posibles. Gustavo, al ser un niño, no sintió la diferencia que existía. Pronto estaba jugando con los otros niños. Tú, Pedro Henrique, siempre con tus brazos sobre los hombros de Sofía, hablaste con los invitados y la presentaste como tu novia. Por supuesto, los comentarios fueron muchos. Nadie podía entender cómo tú, un muchacho de una buena familia, podría haberse involucrado con una chica como Sofía. Los comentarios fueron mucho peores por parte de las chicas solteras y sus familiares que soñaban con que una de ellas se casara contigo.

Todos en la fiesta comenzaron a comer y se formaron varios grupos. La mayoría de las personas que estaban allí eran parte del mundo político, estaban interesados en ser o aparentar ser amigos del alcalde, porque sabían que, de esta manera, podían obtener algunos beneficios. Romeo y Nadir se quedaron allí por un corto tiempo y luego se fueron, dejando a sus hijos en la fiesta. No se sentían bien entre esas personas tan diferentes a ellos. Sofía, por el contrario, gradualmente se sintió segura a tu lado y pronto estaba hablando con la gente. El día pasó en medio de una gran alegría. Al final de la tarde, cuando la gente comenzó a marcharse, tú siempre abrazando a Sofía y en compañía de tus padres, te despediste de todos. Cuando el último invitado se fue, tú, María Rita, miraste a Sofía a los ojos y le dijiste:

– Me gustaste mucho. Parece que eres una chica que, además de ser bonita, tiene una mirada muy tierna. Me alegra que mi hijo te haya elegido para ser su novia.

– Sofía, que al principio tenía mucho miedo de esa reunión, ahora estaba tranquila, porque su mirada parecía sincera.

Aun así, no pudo decir nada, te miró a ti, Pedro Henrique quien, sonriendo, dijiste:

– ¿No te dije, Sofía, que mis padres te recibirían con todo el cariño y que solo pensarían en mi felicidad? Ella tenía miedo de venir aquí y conocerte, mamá.

– Miedo, ¿por qué?

– Dice que como es una chica pobre no la aceptarías como mi novia.

– Bueno, estás muy equivocada, Sofía. Cuando conocí a José Antonio, yo provenía de una familia humilde. Aun así, fui aceptada por toda la familia y mi suegra me ayudó, estudié, aprendí y con eso me convertí en quien soy hoy. Entonces, tu condición social no me incomoda. Lo único que me importa es, como dijo Pedro Henrique, la felicidad de mi hijo. Él ha estado muy feliz desde que te conoció.

— Pero no tengo estudios y no sé cómo comportarme en presencia de personas que forman parte de sus amistades.

— Eso no me importa y, además, como me pasó a mí, esas son cosas que, si quieres, puedes aprender. Lo único que quiero es que hagas feliz a mi hijo.

— Ella lo hará, mamá. Ella lo hará. ¡Estoy seguro de eso!

José Antonio, que se despedía de unos amigos, se acercó y escuchó parte de la conversación. Tan pronto como María Rita terminó de hablar, dijo:

— También me agradas, Sofía. Mientras hagas feliz a mi hijo, tendrás todo nuestro afecto y apoyo para hacer de tu vida lo que desees. En cuanto a los estudios y los buenos modales, como dijo María Rita, tendrás todas las oportunidades de aprender.

Sofía escuchó a las personas que, para ella, siempre fueron tan distantes a su realidad y se conmovió. Solo dijo:

— En lo que a mí respecta, él será el hombre más feliz del mundo, doña María Rita.

— Eso es lo que importa. Ahora nos podemos ir, estoy cansada, el día estuvo muy agitado y no estoy acostumbrada.

— Yo también estoy cansado, mujer. Ya no tenemos edad para estos ajetreos.

— Llevaré a Sofía a casa y luego iré.

Ellos se fueron. Tú, Pedro Henrique y Sofía fueron caminando hacia su casa.

Mientras caminaban, dijiste:

— ¿No te dije que te aceptarían sin ningún problema? Mi madre nunca ocultó su origen y siempre insistió en enseñarnos que las personas valían por lo que eran y no por los bienes que poseían. Sé que, además de aceptarte, ella te ayudará a convertirte en la mujer que quieres ser.

- No puedo creer que todo esto me esté pasando...

- Pero así es y de ahora en adelante solo tendrás felicidad en tu vida.

- Estoy muy feliz y todo te lo debo a ti.

- Yo también estoy feliz, pero ahora vayamos a descansar, a partir de mañana tenemos que empezar a pensar en nuestra boda.

- ¿Boda?

- ¡Por supuesto! ¿Crees que me quedaré tranquilo con solo salir contigo? ¡Te quiero a mi lado por el resto de mi vida! ¡Dormir y despertar a tu lado y tenerte como mi esposa!

- ¿Estás hablando en serio?

- Sí, pero sé que solo lo creerás el día que estemos frente al juez y luego, frente al sacerdote y me escuches decir que sí.

Ella sonrió. Dejaste de caminar y te acercaste a ella, ibas a besarla cuando escuchaste a alguien toser. Era Romeo. Estaban tan distraídos, caminando y hablando que no se dieron cuenta que ya estaban cerca de la cerca y muy cerca de la casa. Romeo dijo:

- Buenas noches muchacho. La fiesta estuvo muy buena.

- Sí, lo fue, Sr. Romeo. Pero, ¿por qué se fue tan temprano?

- Tenía que preparar los productos para llevarlos a la feria mañana temprano. Sabes que vivo de lo que planto.

- Lo sé, pero fue una pena. La fiesta estuvo muy buena. Me voy ahora, pero volveré mañana para hablar sobre nuestra boda.

- ¿Boda?

– Sí, la boda. Tengo la intención de casarme con Sofía lo antes posible.

– ¿Estás seguro de eso, muchacho?

– Sí, pero solo hablaremos mañana.

– ¿Están de acuerdo tus padres?

– Por supuesto que sí, pero será mejor que lo dejemos para mañana. Hoy bebí demasiado y estoy cansado. Buenas noches.

– Buenas noches... – dijo Romeo, un poco asustado por esa conversación.

– Pasaste la mano por el cabello de Sofía, volviste a la granja, subiste a tu caballo y te fuiste.

– Recuerdo muy bien ese día, Guzmán, y lo feliz que estaba.

– Sofía entró en la casa. Estaba muy feliz. Su madre, que escuchó la conversación, con ojos brillantes, le dijo:

– Sofia! ¿Realmente quiere casarse contigo?

– ¡Creo que sí, mamá! Dijo que va a hablar con su padre y que quiere fijar la fecha.

– ¿Su madre estaba de acuerdo?

– No lo sabes, ¡pero ella también era pobre! Ella me dijo que fue su suegra quien la ayudó a convertirse en la mujer que es hoy y que, si quiero, ¡ella puede hacer lo mismo por mí!

– ¡Bien, hija mía! Serás una mujer rica y podrás hacer lo que siempre quisiste hacer: salir de esta casa y estudiar.

– No quería salir de esta casa madre, quería dejar este lugar, esta vida...

– De todos modos, debes agradecerle mucho a Dios por todo lo que estás haciendo con tu vida. Él te está dando la oportunidad de cumplir tu misión. Creo que ella está comenzando ahora.

– No entiendo lo que quieres decir. ¿Qué misión? ¿Qué conversación es ésta, mamá?

– Parecía que Nadir no estaba allí. Como si regresara de un lugar distante, respondió:

– No sé... solo quise decir eso...

Sofía, sorprendida, miró a su madre y tampoco entendió de dónde había salido esa conversación. Sin ser vistos, Matilde y yo estábamos a su lado. Matilde, retirando la mano que tenía sobre la garganta de Nadir, dijo:

– Guzmán, ella realmente está comenzando su misión.

– Lo sé, Matilde. Esperemos que lo haga, sabemos que no será fácil. Pero ahora podemos irnos. El resto dependerá de Sofía...

– Besamos a Sofía y a Nadir y nos fuimos.

10.- LA BODA

Stela continuó conduciendo y tuvo cuidado con los baches en el camino. Se dio cuenta que Sofía permanecía en silencio todo este tiempo. Le resultaba extraño, porque a Sofía le encantaba hablar. Preguntó:

- ¿Qué pasa, doña Sofía?

- ¿Por qué preguntas eso?

- Hemos estado en este camino durante casi media hora y has estado estabas en silencio todo el tiempo. ¿Qué estás pensando?

- No lo sé, Stela, pero desde que me desperté en la mañana, he estado pensando en mi vida. Cómo era, las personas que conocí y el rumbo que tomó. En este momento, estaba recordando mi boda y cómo fue.

- Nunca me dijiste cómo fue. Sé que eras una chica pobre y que te casaste con el sr. Pedro Henrique, pero nunca supe cómo sucedió. ¡Parece que viviste un cuento de hadas con el príncipe azul!

- ¡Con caballo blanco y todo! - dijo Sofía riendo. Un día te contaré cómo sucedió todo, pero no será hoy. Necesito concentrarme en lo que le voy a pedir al hombre. El trabajo debe estar muy bien hecho. Tiene que ser definitivo.

- ¿Realmente no vas a cambiar de opinión?

- ¡Por supuesto que no, Stela! ¡No puedo soportar a esa mujer! ¡Ella tiene que salir de nuestras vidas!

Stela sabía que no tenía sentido seguir insistiendo. Conocía a Sofía y sabía que cuando ella decidía algo, no se podía hacer nada para hacerla cambiar de opinión. Decidió callarse. Aunque Sofía dijo que no quería hablar, aun bajo la influencia de Guzmán, no podía dejar de recordar:

Con la propuesta de matrimonio de Pedro Henrique y después de la fiesta, estuve muy emocionada. Sabía que ahora no había vuelta atrás. Todo iba muy rápido en mi vida. La forma en que me recibieron sus padres y especialmente su madre me animó aun más. Una tarde, Pedro Henrique le dijo a mi padre:

– Sr. Romeo, mi madre los invita a usted y a su familia a almorzar el domingo. Ella quiere ponerse de acuerdo con usted sobre cómo será nuestra boda.

– ¿Boda? ¿No es demasiado pronto? ¡Se acaban de conocer!

– No lo es para mí. Tan pronto como vi a Sofía por primera vez, supe que sería la mujer con la que quiero vivir el resto de mi vida. ¿Y tú, Sofía, crees que es demasiado pronto?

Estaba muy nerviosa y con una voz temblorosa, respondí:

– No, me gustas mucho, Pedro Henrique. Si crees que es hora que nos casemos, yo también lo quiero. Siempre haré lo que quieras.

– Entonces está bien. Puedes decirle a tu madre que nosotros iremos el domingo – Dijo mi padre. Stela interrumpió sus recuerdos:

– Doña Sofía, pero ¿no será que Ricardo sufrirá con una separación?

Sofía volvió de sus pensamientos y respondió:

– Al principio puede ser que sufra, pero encontraré una chica para hacerle compañía. No te preocupes Stela, todo estará bien.

Stela volvió a callarse y continuó conduciendo. Guzmán habló de nuevo y Sofía continuó recordando:

- El domingo todos se vistieron con sus mejores ropas. Romeo preparó el carro y se dirigieron felicidad hacia la ciudad. Tú, María Rita, al haber pasado por lo mismo, entendías su situación, como ya habías pasado por lo mismo, los recibiste con una amplia sonrisa, diciendo:

- Sean bienvenidos. José Antonio no está en casa, fue a visitar a un amigo que está enfermo, pero regresará antes del almuerzo.

- Entraron a esa casa que solo veían al pasar por la calle y que sabían que era la casa del alcalde, por lo que nunca imaginaron que algún día entrarían allí. Ellos estaban preocupados. Sofía temía que sus padres y Gustavo no supieran cómo comportarse. Tenía muchas ganas de casarse y por eso no podía pasar nada malo. Tú, María Rita, al darte cuenta de su nerviosismo, trataste de tranquilizarlos, diciendo:

- Sé que están nerviosos, pero no tienen que estarlo. También vengo de una familia humilde, mis padres y yo también estábamos nerviosos cuando fuimos por primera vez a la casa de José Antonio, pero después de la boda, su madre insistió en enseñarme todo lo que sé y seguir siendo amiga de mi familia.

Durante el tiempo que mis padres estuvieron con vida, siempre nos visitaban y también los visitábamos. Mis hermanos y mi familia siempre vienen aquí a la casa. Tener dinero o educación es solo cuestión de tiempo. De repente, todo puede cambiar para bien o para mal.

Al escuchar eso, Sofía y sus padres se calmaron y, en poco tiempo, hablaron como si se hubieran conocido desde hace mucho tiempo. Acordaron todo, ajuar, ropa, iglesia, fiesta e invitados. Programaron la boda para tres meses después, tiempo que pensaron que sería suficiente para que todo estuviese preparado. Sofía escuchaba a sus padres hablar y, mientras tanto, pensaba:

- "¡Realmente me voy a casar! Y lo mejor de todo es que dejaré ese lugar para poder cumplir mi sueño de estudiar..."

- Después de todo lo acordado, regresaron a casa. Nadir y Romeo también estaban felices. Su hija se iba a casar, lo que siempre les había preocupado, ya que temían que se convirtiera en una solterona. Tenía diecisiete años y se le estaba acabando el tiempo. Nadir era la más feliz de todos, porque Sofía, además de casarse, lo haría con un hombre como tú, Pedro Henrique, rico y poderoso.

- Nunca imaginé que esto estuviese pasando, Guzmán. Estaba demasiado feliz, solo pensaba en Sofía y cuánto me gustaba...

- Lo sé, estabas completamente enamorado - dijo Guzmán, riendo, y continuó:

- Faltaba un mes para la boda. Tú dijiste:

- Sofía, estaba hablando con mi padre y le dije que quería vivir en la hacienda.

- ¿En la hacienda?

- Sí, en la hacienda. Desde pequeño siempre me gustó tratar con ganado y agricultura. Entonces fui a estudiar agronomía. También para ti, será bueno, porque así puedes estar cerca de tu familia. No quiero verte triste, extrañándolos.

- Ella se asustó, pero lo disimuló, solo sonrió, pensando:

- "Esto no es lo que quería. ¡No quiero vivir en ninguna granja! Quiero vivir en la ciudad, ser parte de la sociedad, tener ropa bonita y asistir a fiestas. Pero no puedo decirlo ahora.

Después de la boda, encontraré una manera de hacerlo cambiar de opinión."

Como adivinando lo que ella estaba pensando, dijiste:

- Quizás te preocupe no poder estudiar, ya pero ahora no será necesario. Tendrás mucho trabajo, siendo madre y esposa. Compraré todos los libros que quieras leer.

- Ella, muy enojada por dentro, sonrió y dijo:

- Bien, haré lo que quieras.

Nadir, que estaba a su lado, cuando escuchó lo que Sofía dijo, siguió mirándola y pensando:

- "Sé que ella no quiere vivir aquí, por el contrario, quiere estar lejos de toda esta pobreza, pero parece que está dispuesta a hacer todo para casarse con Pedro Henrique. Estoy feliz porque sé que es un buen tipo y que hará cualquier cosa para hacerla feliz."

- Terminaron la conversación al respecto y comenzaron a hablar sobre la boda que se acercaba. Tú, María Rita, llevaste a Sofía y Nadir a una famosa modista de la ciudad. Allí, le mostraron varios trajes para vestidos de novia. Sofía miraba y miraba, pero no podía decidir cuál era el más bello. Preguntó:

- Doña María Rita, ¿cuál cree que es el más bonito?

- Ya elegí uno, pero quien tiene que decidir eres tú, Sofía.

- ¿Y tú, madre? ¿Cuál crees que es el más bonito?

- Yo tampoco podría elegir, todos son tan hermosos...

Después de mirar mucho, Sofía decidió uno hecho con encaje y satén.

- Recuerdo muy bien ese día, Guzmán y después de haber elegido el modelo, las llevé a la tienda de telas de la ciudad. Compramos la tela y volvimos a la modista. Estaba muy feliz, porque vi cómo a Pedro Henrique le gustaba esa chica y solo quería su felicidad. Siempre había sido un gran hijo y merecía ser feliz - dijo esto, mirando a Pedro Henrique quien, emocionado, la besó en la frente. Guzmán continuó:

- En su casa, cuando se iba a la cama en la noche, Sofía estaba pensando:

- "Qué hermoso se verá mi vestido... cuando podría imaginar que mi boda sería así, tan genial. Tal vez sea porque me lo merezco..."

- Se quedó dormida pensando en el vestido y la fiesta. Al día siguiente, la ola de compras continuó. Con la presencia constante de María Rita, compraron todo el ajuar, desde paños de cocina hasta toallas de baño, sábanas, fundas de almohadas, mantas y colchas. El día de la boda había llegado.

Sofía estaba nerviosa y ansiosa. Nadir estuvo a su lado todo el tiempo, intentando que se calmara, aunque sabía que era casi imposible. En la fiesta fue grandiosa y asistieron personas importantes y políticos de la ciudad y de otros lugares. Sofía, como toda novia, estaba feliz con esa grandiosa fiesta. Aunque soñó con ese día durante toda su vida, nunca imaginó que sería tan maravilloso. Pero, aun así, no se sentía lo suficientemente segura como para hablar con la gente. Recibía los saludos, sonreía y se alejaba. Tenía miedo de decir algo que a la gente no le gustara. Ella sabía que Pedro Henrique la amaba. Sabía que había sido bien recibida por toda su familia. Sabía que sería feliz a su lado, pero se sintió disminuida y como nunca aceptó su condición de humilde y pobre, incluso viviendo ese momento de felicidad, tuvo miedo. Nadir estaba feliz de ver a su hija convertirse en una dama de la sociedad. Sabía que, con esa boda, Sofía tendría todo lo que había soñado. Estaba segura que harías cualquier cosa para hacerla feliz.

- También estaba muy feliz, Guzmán. Esa boda era todo lo que más quería en ese momento.

- Incluso antes que terminara la fiesta, se despidieron y se fueron a Río de Janeiro para pasar su luna de miel. Ya conocías la ciudad, pero Sofía no y era uno de sus sueños poder ir allí. Cuando ella hablaba de sus deseos, tú decías sonriente:

- Este es uno de tus deseos, y será el primero de muchos que llevaré a cabo. Yo sólo quiero que seas feliz.

- Yo, en ese momento y durante toda nuestra vida juntos, siempre cumplí todos sus deseos. Tenía muchas ganas de hacerla feliz. Ir a Río de Janeiro, era lo mínimo que podía hacer. Recuerdo cómo se regocijó de felicidad y cómo me besó amorosamente.

- Es cierto, ella estaba realmente feliz y esa felicidad hubiese durado para siempre, pero ella, a pesar de saber cuánto te gustaba, no confiaba lo suficiente en ese amor.

- ¿Por qué dices eso, Guzmán? ¿Qué más pasó que no sabía?

- Mucho, Pedro Henrique... mucho... pero dejémoslo para después. Ahora mismo estamos aquí para tratar de asegurarnos que ya no cometa más errores. Vamos esperar.

11.- MUCHO MÁS QUE UN SUEÑO

Sofía, mientras pensaba, se puso nerviosa por la demora en llegar a la casa del hombre. Sacudió la cabeza, tratando de evitar los pensamientos, pero no pudo. Stela también estaba cansada y enojada, porque cuando aceptó acompañar a Sofía, no pensó que la casa estuviera tan lejos. Además, no imaginaba que tendría que pasar por un camino como este, lo que hizo que el viaje tomara más tiempo. Aun así, no habría vuelta atrás, tenían que llegar. Guzmán continuó hablando:

– Estuvieron viajando por más de un mes. La luna de miel fue maravillosa. Usted, Pedro Henrique, siempre cariñoso, parecías adivinar todos los deseos de Sofía. Cuando le mostraste el Pão– de– Açucar y le dijiste que tomarían el teleférico que estaba pasando por encima de sus cabezas, ella tuvo miedo y dijo que no quería ir, pero la convenciste y fueron a la estación. Cuando el teleférico comenzó a subir, ella se aferró firmemente a tu brazo, pero poco a poco, quedó encantada por la belleza que deslumbraba y se fue soltando. En unos minutos, estaba mirando ese hermoso *pai*saje y riendo con satisfacción. Fueron al Corcovado, y nuevamente, ella quedó encantada. Para ella, todo aquello era deslumbrante ya que nunca había salido de esa ciudad donde nació y lo más lejos había llegado era el centro de la ciudad. Estaba aun más encantada cuando vio el mar y entró en él. El agua salada golpeando su cuerpo la hizo reír como una niña. Todo era perfecto. No se detuvo a pensar en todo lo que estaba sucediendo en su vida y apenas recordaba a esa pobre niña que había sido hasta entonces. Llegaron a la ciudad y fueron a tu casa, María Rita.

Sabías que llegarían ese día, así que ordenaste un almuerzo con todo lo que le gustaba a Pedro Henrique. Llegaron cansados del viaje, pero felices. Tú, María Rita, preguntaste cómo había sido el viaje y los dos, hablando casi al mismo tiempo, comenzaron a contarlo todo. Durante el almuerzo, tú, Pedro Henrique, le diste a tu padre una pipa con mango de marfil que le habías comprado. Sofía le dio a María Rita algunas miniaturas del Corcovado y Pao de Açucar que le había comprado. Todo el tiempo siguieron hablando del viaje. Después del almuerzo, mostraron todas las fotografías que habían tomado. Cuando se despidieron, María Rita dijo:

– Pedro Henrique, voy a organizar un almuerzo el domingo, para que vengan tus hermanas. Ella y los niños te echan mucho de menos y también quieren saber cómo fue el viaje. Invita a tus padres, Sofía.

– Gracias, doña María Rita. Los invitaré, pero no sé si querrán venir. Usted sabe cómo son...

– Sí, sé. Al principio es así, para mí también fue difícil lograr que mi familia viniera a nuestra casa. Pero con el tiempo y con mucha paciencia, podrás hacerles entender que ahora son parte de nuestra familia y que siempre serán bienvenidos a nuestra casa. Inténtalo, Sofía, verás que pronto todos estaremos juntos almorzando en la misma mesa.

– Voy a intentarlo...

– Recuerdo ese día y acepté lo que dijo Sofía porque realmente lo había vivido y tal vez por eso, no le dio mucha importancia. Sabía que solo sería cuestión de tiempo.

– Eso creías, pero Sofía no. Ella pensaba exactamente lo contrario. Se despidieron y fueron a la granja, a unos cuarenta minutos de la ciudad. Como estaba lejos de la ciudad, el camino que conducía a ella era de tierra, por lo que Pedro Henrique siempre iba a caballo. Ahora que Sofía también tendría que ir, se fueron en un jeep. Cuando llegaron, ya casi estaba oscuro. Estaban cansados y sucios por el polvo de la carretera.

Sofía entró en esa casa que a partir de ese día sería suya. Había estado allí muchas veces, pero solo en ese momento miró todo con más detalle. Al estar recién construida, los muebles y la decoración eran nuevos y de muy buen gusto. Fuiste tú quien elegiste todo, María Rita. La casa era enorme. Fue construida para tu familia, María Rita, por lo que tenía ocho habitaciones. Una para ti y José Antonio, tres para cada una de sus hijas y maridos, dos para los niños, uno para Pedro Henrique y uno para los invitados. Sofía recorrió todas las habitaciones de la casa. Con cada habitación a la que entraba, estaba encantada con el tamaño y la decoración. Al entrar a la que sería suya, se detuvo en la puerta y se quedó mirando. Durante el viaje la habías mandado decorar. La habitación que iba a ser individual terminó siendo convertida en una hermosa habitación doble, digna de una novia. Sofía no sabía qué decir. Pedro Henrique, que estaba a su lado, se echó a reír y dijo:

– Esta es nuestra habitación, Sofía. ¿Te gustó?

– Ella, casi incapaz de hablar, respondió con la voz entrecortada por la emoción.

– Es hermosa, Pedro Henrique...

– No más que tú. Mi mamá me preguntó si ella podía decorar la habitación, yo dije que sí. Sé que tiene muy buen gusto, pero confieso que incluso yo estoy asombrado. Se ve realmente hermosa.

– ¿Hermosa? ¡Es maravillosa! ¡Tu madre también es una mujer maravillosa!

– Sí, ella es la mejor madre del mundo. Pero ahora, tomemos una ducha y quitémonos todo el polvo del cuerpo. Luego cenaremos. Me muero de hambre.

- ¿Cena? Sí, necesito hacer la cena. ¿Tu madre habrá hecho las compras del mercado? Debe haberlo hecho. Ella piensa en todo. Mientras te duchas, comenzaré a preparar la comida. Luego, mientras las ollas estén en el fuego, también me ducharé.

Sonreíste y dijiste:

- Aun no has visitado todas las habitaciones de la casa, falta la cocina. Si quieres comenzar a preparar la cena, es mejor ir allí.

Ella se echó a reír:

- Bien, voy para allá y comenzaré a preparar la cena. Ve al baño.

La besaste. Ella se fue riendo. Cuando se acercaba a la cocina, olió la comida que, por cierto, estaba muy buena. Entró en la cocina y una mujer sonriente dijo:

- Buenas noche, señora. La cena está casi lista. Espero que les guste mi sazón.

- Sofía, con la boca abierta, se quedó parada en la puerta. Sintió unos brazos alrededor de sus hombros, se volteó y Pedro Henrique le dijo:

- Esta es Delzira, ella es la esposa de uno de los empleados de la granja. Ellos viven en una de las casas que hemos construido para los empleados. Ella se encargará de la cocina y de nuestra comida.

Sofía miró a esa mujer sonriente. No pudo hablar durante unos segundos y luego dijo:

- Mucho gusto, Delzira. Estoy segura que me gustará mucho tu comida.

- Mientras estaban allí, otra mujer entró por la puerta que, cuando te vio, se asustó e intentó irse de nuevo, pero tú dijiste:

— No hay de qué asustarse, Noélia, no te vamos a comer. Sofía, esta es Noélia. Ella y Delzira se encargarán de la casa y de todo lo que hay aquí.

Sofía la miró y sonrió. No sabía qué hacer, porque durante toda su vida fue ella quien se ocupó de la casa y de la comida de su familia. No podía creer que a partir de entonces hubiera alguien que se encargara de eso y de todo lo demás. Emocionada, no podía hablar, solo sonrió. Cuando te diste cuenta que estaba conmovida, dijiste:

— Ahora, mientras ellas terminan de preparar la cenar, tomemos una ducha.

Se fueron abrazados. Cenaron y no tenían nada de qué quejarse. La comida estaba muy buena.

Después de la cena, fueron a la terraza que rodeaba toda la casa. Frente a la puerta de la sala, había dos sillones de mimbre. Uno más grande y otro más pequeño.

Abrazados, se sentaron en el más grande. Sofía apoyó la cabeza sobre tus piernas y miraron al cielo.

Era una noche hermosa y fresca con luz de luna que invitaba al romance. El cielo, estaba lleno de estrellas, tanto que parecía que una estrella estaba a dos centímetros de la otra. Sofía cerró los ojos y recordó cómo fue su vida hasta antes de conocerte y en qué se había convertido. Tú, acariciándole el pelo, dijiste:

— Espero que seas muy feliz aquí, Sofía, pero si que algo te moleste, solo dímelo.

— Lo soy y sé que seré feliz aquí, Pedro Henrique. Te amo, esto es lo que me asegura que seré feliz.

Le besaste el cabello.

— Yo también te amo... ahora, ¿no crees que es hora que nos vayamos a dormir?

— Me gustaría quedarme un poco más aquí, Pedro Henrique. Puedes irte, iré pronto.

– Estoy cansado. Mañana tengo que levantarme temprano. Hay mucho trabajo que hacer. Las vacaciones terminaron.

Te levantaste, le besaste la frente y entraste a la casa. Sofía se sentó allí, mirando el cielo y las estrellas. Su corazón estaba feliz. Matilde y yo, aunque no pudimos ser vistos, estábamos allí. Matilde dijo:

– Aunque Sofía haya cambiado el plan, todo va bien, Guzmán. Se conocieron y, aunque Sofía eligió a Pedro Henrique, esta vez también tiene todas las oportunidades para redimirse. Espero que tenga éxito

– Yo también, Matilde, yo también...

– Sofía, sin imaginar que estábamos allí, se levantó y se apoyó en la barandilla que separaba el balcón del patio trasero. Miró a lo lejos y vio una luz muy tenue encendida. Sabía que esa era su casa, donde sus padres y su hermano en ese momento debían haber estado durmiendo. Pensó:

– "Doña María Rita quiere que los invite a almorzar en familia, pero ¿cómo puedo hacer eso? No saben cómo comportarse, nunca han visto una mesa de ese tamaño y con todo colocado en su lugar. ¿Qué pasará cuando vean todos esos vasos y cubiertos? Incluso yo me confundo y solo comienzo a comer cuando todos ya están comiendo. Tengo este cuidado, porque no quiero parecer un animal salvaje, pero ellos no se preocuparán por eso. También sé que doña María Rita no le interesa reunir a nuestras familias. Lo que ella realmente quiere es humillarme. ¿Cree que no sé lo que quiere desde que me vio? ¡Quiere que Pedro Henrique piense que no soy buena para él! ¡Por eso me recibió con todo ese cariño y toda esa amabilidad!

¡Todo es una mentira, no puede existir alguien tan bueno! Desde que me conoció, sabiendo que yo era humilde y pobre, ¡se encargó de todo! Ella eligió mi vestido, mi atuendo y cómo y dónde sería la fiesta. Decorado mi cuarto. ¡Puso comida en mi despensa e incluso contrató a las sirvientas! ¡Realmente piensa que no tengo la capacidad!"

– Matilde me miró y con voz triste dijo:

– Guzmán, parece que todo se repetirá...

– Ojalá no, Matilde. Ese era su pensamiento en ese momento.

– Matilde levantó su mano y la puso sobre la cabeza de Sofía, quien inmediatamente pensó:

– "Bueno, mi vestido no, ella no quiso elegirlo, me dejó escogerlo y pensándolo bien, también lo demás. No creo que sea tan mala. Solo muy preocupada por sus hijos. Es por eso que no debe estar contenta con la elección de Pedro Henrique.

Pero ahora de nada sirve pensar en eso, Pedro Henrique está en la habitación esperándome."

Sofía respiró hondo, volvió a mirar a su casa y el cielo y entró. Cuando entró a la habitación, Pedro Henrique la recibió con una sonrisa.

Se acostó y tuvieron una noche de amor. Miré a Matilde, sonreí y dije:

– Esta vez, Matilde, creo que podremos hacerla actuar de manera distinta.

– Espero que sí, pero sabes muy bien que solo podemos intuir buenos pensamientos, no podemos interferir en sus decisiones.

– ¡Ella estaba totalmente equivocada, Guzmán! La recibí con cariño y me gustó desde la primera vez que la vi.

– Sabía que a mi hijo le gustaba y solo quería su felicidad. Nunca pensé que, ayudándola a elegir el vestido de novia, encargándome de la fiesta y la decoración, habría causado esa impresión – dijo María Rita con voz triste.

– No hay necesidad de estar triste, María Rita, hiciste lo que creías correcto. Sofía era la insegura, por lo que necesitaba encontrar un culpable de su posible fracaso matrimonial. Pero como sabemos, nada de eso sucedió. Ella y Pedro Henrique permanecieron casados durante mucho tiempo. En parte, se las arregló para deshacerse de esa inseguridad.

– Efectivamente, eso sucedió. Ahora, esperemos que todo salga según lo planeado. Cuando entró en mi familia, fue recibida como hija y hermana.

– Sí, como pasa con todos los espíritus encarnados o no, cuando el camino es correcto, se les dan todas las oportunidades.

– Por el contrario, aprendí que, si el camino es el incorrecto, no importa cuánto trates, nada sale bien. Si todos supieran que no insistirían y elegirían otro camino, ¿No es así, Guzmán?

– Quizás, pero lo importante es el aprendizaje que se obtiene de los éxitos y errores. Esta es la razón principal de la vida de un espíritu. Aprendiendo...

– Todo es muy complicado, Guzmán...

– No lo es, María Rita, todo es muy simple. El espíritu es el que complica.

– ¿Por qué dices eso?

– La vida será según lo planeado. Al final, aunque se desvíen del camino, todo volverá a la normalidad. Lo que siempre estropea las cosas es la ansiedad, la falta de fe en la bondad de Dios que nunca abandona a sus hijos. Todos, independientemente de su religión, raza o estatus social, siempre tienen un espíritu amigo a su lado. Solo confía. Pedro Henrique se echó a reír. Guzmán se sorprendió y preguntó:

– ¿Por qué te estás riendo, Pedro Henrique?

– Lo siento, Guzmán, pero cuando te escucho hablar así, solo puedo pensar que esta comprensión se adquiere únicamente después de la muerte, porque cuando estamos encarnados y pasamos por momentos difíciles, nunca tendremos tiempo para pensar así. La vida a menudo se vuelve muy difícil y resulta casi imposible creer lo que estás diciendo.

– Tienes razón, sucede muchas veces, pero si prestas atención, verás que tengo razón y que, al final, todo siempre funciona. Pedro Henrique basta tener paciencia y la certeza que nuestro Creador nunca nos abandonará.

Pedro Henrique se calló y reflexionó sobre lo que Guzmán había dicho.

Sofía y Stela continuaron en el camino lleno de agujeros.

12.- DISCRIMINACIÓN

Stela estaba cada vez más nerviosa y lamentaba haber aceptado la invitación de Sofía, pero guardó silencio.

Sabía que no podía ni debía enfrentarse a Sofía. Anita intentó imponerse y se convirtió en su enemiga y en el objetivo principal de su odio. Estaba conduciendo cuando, en la carretera frente a ellas, apareció un charco de agua. Stela se detuvo y dijo:

- Hay mucha agua en este tramo, ¿qué vamos a hacer?

Sofía, al igual que ella, estaba nerviosa, pero su deseo de llegar pronto y resolver el asunto la hizo responder:

- No podemos quedarnos aquí, Stela. Cruza.

- Si hay un hoyo y el auto se queda estancado?

- Eso no va a pasar. De todos modos, tenemos que continuar, no podemos hacer otra cosa. ¡Cruza, Stela!

- ¿Estás segura? ¿No sería mejor esperar a alguien que conozca el camino o que pase primero para ver si hay un problema?

- ¡Nada de eso! ¿No viste cuánto tiempo tuvimos que esperar hasta que alguien llegara y nos ayudara a cambiar el neumático? ¡No podemos esperar más, llegaremos muy tarde!

Stela, sabiendo que no había nada más que hacer, puso el auto en primera y se metió al agua. El auto comenzó a avanzar, pero poco después que pasó la primera rueda, se atascó. Stela se desesperó, aceleró aun más, el auto se deslizó y se hundió más en el hoyo. Después de esforzarse mucho, apagó el auto y dijo:

– No hay manera, doña Sofía, no podemos a pasar. Si lo intento más, el auto se atascará más. ¿Qué hacemos?

– ¡No lo sé, Stela! ¡Solo sé que no podemos quedarnos sin hacer nada! ¡Necesitamos salir de este hueco!

– ¡No hay forma, doña Sofía! ¡Si me esfuerzo más, empeorará!

– ¡Tienes que intentarlo!

Stela estaba muy nerviosa y lamentaba haber acompañado a Sofía. Casi gritando dijo:

– ¡Qué cosa, parece que alguien está tratando de evitar que lleguemos a la casa de ese hombre! ¿No será mejor conseguir salir de este agujero y regresar, doña Sofía?

Pedro Henrique y María Rita miraron a Guzmán, quien sonrió y dijo:

– Stela tiene toda la razón. Alguien está tratando de hacer que regresen. Están en el camino equivocado. Esto siempre sucede, pero es difícil entenderlo.

– No entiendo, Guzmán.

– En este momento, lo que dije les está sucediendo a ellas. En este viaje, han sucedido muchas cosas y tal vez aun sigan pasando porque están en el camino equivocado. Sofía no debe hacer lo que pretende hacer. Como Dios nunca nos abandona, está poniendo algunos obstáculos en su camino para detenga lo que está haciendo y reflexione. Esto sucede en muchas ocasiones. Ella debería detenerse, reflexionar sobre lo que está haciendo y cambiar su actitud. Así es como funciona el plano espiritual.

– ¿Dejando a la persona desesperada, sin saber qué hacer o qué camino tomar? ¡Eso no es justo, por qué no simplemente se muestra el camino correcto, Guzmán!

- ¿Estás olvidando el libre albedrío, la ley de elección? Sofía no tenía derecho a interferir en la vida de su hijo. Si no fuera por el orgullo y el odio que siente por Anita, debería haberlos dejado vivir en paz. Está haciendo este viaje con la intención de hacer el mal.

- En este caso, tienes razón, pero hay otras situaciones, cuando el deseo no es hacer el mal, sino simplemente lograr algo en la vida. Un trabajo, un negocio, en definitiva, una forma de sobrevivir. ¿Por qué no se muestra el camino? Si eso sucediera, se evitaría mucho sufrimiento y desesperación...

- En el momento en que las cosas comienzan a ir mal, es hora de detenerse, reflexionar sobre lo que se está haciendo y, con seguridad, si se comprende lo que está mal, puede cambiarse. Si el cambio es el correcto, todo comenzará a moverse y no habrá obstáculos. Este es el único camino a seguir. Si estás perdido en algún lugar y comienzas a caminar sin rumbo, darás, vueltas y vueltas y siempre regresarás al mismo lugar. Solo podrás encontrar tu camino si te detienes, miras a tu alrededor con atención. Así es con la vida.

- Eso es fácil de decir, pero cuando los problemas son muchos, no puedes pensar con claridad y mucho menos detenerte.

- Por lo tanto, es necesario dejar de lado la ansiedad, confiar en Dios y continuar La vida siempre dará todas las oportunidades para encontrar su camino, el resto debe ser realizado por la persona. Hay que aprender a confiar...

- Sigo pensando que es muy difícil, Guzmán...

- Sí, es difícil, Pedro Henrique, pero no imposible. Por mucho tiempo que tome, siempre se puede encontrar el camino.

- ¿Qué pasará ahora con Sofía y Stela?

- Tendrán que quedarse aquí por mucho tiempo. El tiempo suficiente para que reflexionen sobre lo que están haciendo y, si Dios quiere, cuando salgan de ese agujero, regresarán y no harán lo que pretenden.

– ¿Crees que eso puede pasar? Sabes que Sofía siempre ha sido muy obstinada.

– Es otra oportunidad que más que se le está dando. Está sucediendo lo que les dije. Hay un dicho muy antiguo que dice: *"La vida, cuando el camino es el incorrecto, coloca obstáculos, pero cuando es el correcto, hace que todo funcione, pero siempre respetando el libre albedrío de cada uno."* No podemos hacer nada más a menos que ella decida.

Tiene tiempo para reflexionar. Esperemos, porque pase lo que pase, como dice el refrán, la vida enseña.

Stela miró hacia afuera y vio que el agua estaba hasta la mitad del neumático. Dijo:

– Doña Sofía, no podemos bajar, el agua está hasta la mitad del neumático. Necesitamos quedarnos adentro.

Sofía, muy irritada, dijo:

– Ya me di cuenta de eso, ¿qué vamos a hacer Stela?

– No podemos nada excepto esperar a que alguien aparezca y nos ayude a salir de aquí. No lo sé, doña Sofía. Sabes que no soy muy religiosa, pero estoy impresionada por todo lo que está sucediendo. ¿Dios no nos estará tratando de mostrarnos algo? ¿No estará tratando de decirnos que será mejor, volver a casa, tan pronto como alguien nos ayude?

– ¡Nada de lo que estaba sucediendo estaba en mis planes y me enoja mucho! Siempre conduje mi vida como quise y nunca permití que nada me alejaría de mis planes. ¡Los incidentes de hoy no me harán cambiar de opinión! ¡Incluso si es a la medianoche, iré a la casa del hombre y haré lo que tenga que hacer!

Stela, conociendo a Sofía, se calló. Miró hacia atrás y había algunos libros en el asiento. Tomó uno de ellos y dijo:

– Como tenemos que esperar, veré si puedo terminar de leer este libro. Es muy interesante y ya casi lo termino. Si quieres leer, hay algunos más y todos son muy buenos.

Al decir esto, abrió el libro en la página que estaba marcada y comenzó a leer. Sofía miró los libros, eligió uno y comenzó a leer también, pero desde las primeras páginas se dio cuenta que no podía seguir el ritmo de la lectura. Su pensamiento, aun bajo la influencia de Guzmán, seguían volviendo al pasado. Guzmán y otros que siguieron todos sus movimientos los miraron y sonrieron. Guzmán dijo:

– Ahora puedo continuar, porque se quedarán aquí por mucho tiempo. Al día siguiente, después de esa primera noche en la nueva casa, tú, Pedro Henrique, te despertaste temprano. Miraste hacia un lado y viste que Sofía dormía profundamente. Sonreíste, te levantaste y saliste lentamente de la habitación. Ella, aunque parecía estar dormida, escuchó que te ibas, pero tenía mucho sueño, se dio la vuelta en la cama y volvió a dormir. Fuiste a la sala donde la mesa del desayuno ya estaba servida. Tomaste tu café y fuiste a encontrarte con Josías, el capataz de la hacienda.

Una hora después, Sofía se despertó. El cuarto estaba oscuro.

Miró el reloj que estaba en la mesita de noche y se sorprendió al ver que eran casi las nueve de la mañana. Se sentó en la cama y pensó: "¡Caramba, son casi las nueve! ¡Cómo dormí! Siempre me despertaba muy temprano para poder encargarme de todo en casa. Mi vida definitivamente ha cambiado mucho. Me alegro que fuera para mejor."

– Se levantó, se cambió y salió de la habitación. Cuando llegó, se dio cuenta que la mesa estaba puesta, pero, aun así, fue a la cocina. Vio a Delzira en la estufa.

– Buenos días, Delzira.

– Delzira se volvió y cuando vio a Sofía, sonrió y dijo:

– Buenos días señora. Puede sentarse allí en la sala, yo le llevaré el café.

– Sofía se echó a reír. Delzira, sin comprender, preguntó:

– ¿Por qué se ríe?

Sofía quería responder, pero no pudo. Delzira, aun sin comprender, continuó mirándola, quien después de un rato dejó de reír y dijo:

– De eso me estoy riendo. Una señora de tu edad que me llama señora. ¿Cómo puede?

– Ah, es eso. Usted es la esposa del jefe y la dueña de la casa...

– Sé que debe ser así, pero para mí es muy extraño...

– Delzira, silenciosa, la miró sin saber qué decir. Lo sabía, pero no podía decir nada, solo pensó: "tiene razón, todavía es una niña y ya es dueña de todo aquí y mucho más. Esta chica afortunada..."

– Sofía salió de la cocina y fue a la sala de estar. Se sentó y esperó a que Delzira trajera café y leche, ya que el pan y los pasteles ya estaban sobre la mesa.

Delzira entró de inmediato y puso lo que faltaba sobre la mesa, luego se fue. Sofía mientras comía, pensó: "todo lo que está sucediendo es muy extraño. Todavía no puedo creer que realmente sea dueña de todo. Pensar que, hasta hace poco, vivía en toda esa pobreza. Tengo mucha suerte..."

Terminó de tomar café, salió al balcón y miró el inmenso *pai*saje. Por lo que pudo ver, todo pertenecía a la hacienda y, por lo tanto, a ella.

Caminó por el porche y pronto estuvo al otro lado, donde podía ver su casa. La miró, aquella que le había servido de refugio durante tanto tiempo. Pequeña, simple, muy diferente a la suya ahora: deben estar en el campo... qué vida llevan. Me alegro que la mía haya cambiado.

Doña María Rita quiere que invite a todos a almorzar, pero ¿cómo puedo hacer eso? Definitivamente me avergonzarán. Necesito ir allí para hablar con mi madre. Ella debe tener curiosidad por saber cómo estuvo el viaje. Iré para allá, pero no diré nada sobre el almuerzo. Ahora mi vida ha cambiado y no puedo arriesgarme a perderlo todo por culpa de ellos. No pueden ser parte de mis amistades, ahora soy otra persona.

- Entró a la casa. Tomó uno de los sombreros que había comprado en el viaje, se lo puso en la cabeza y fue a la cocina. Entró, diciendo:

- Delzira, voy a ir a mi casa, si llega Pedro Henrique, díselo.

- Está bien, señora.

Sofía salió, montó en un caballo que Pedro Henrique le había regalado y cabalgó hacia la casa de sus padres. Como había predicho, la casa estaba vacía, pero no cerrada. Entró y miró todo. Fue a su antigua habitación, la observó y salió. Todo lo que ahora era su pasado. Salió y fue hacia el campo, donde sabía que estarían su padre y su madre. Gustavo debía estar en la escuela en ese momento. Sus padres, tan pronto como la vieron venir, corrieron a su encuentro. Se abrazaron y Nadir, abrazada a su madre, se dirigió a su casa. Romeo las observó hasta que desaparecieron y volvió a su trabajo.

Tan pronto como llegaron a la cocina, Nadir comenzó a preparar el almuerzo y a hacer preguntas sobre el viaje.

- Haré un poco de jugo. Sofía, necesitas contarme todo, cómo fue el viaje y los lugares que viste. Puedes imaginar lo curiosa que estoy. Yo, que nunca me fui de aquí.

- De acuerdo, mamá, para eso vine.

Nadir tomó un frasco y lo llenó con el jugo de naranja que había exprimido. Sofía comenzó a contarle. Habló sobre el viaje y los lugares que visitó. Terminó diciendo:

- Río de Janeiro es muy hermoso. Por mucho que trato de describir cómo es, no puedo conseguirlo, mamá. ¡Tiene hermosas montañas... y el mar! ¡Es hermoso! No sabía que el agua era salada. ¡Me encantó todo!

– ¿Vas a llevarnos a conocer todo eso, Sofía?

Se tomó un tiempo para responder, luego dijo:

– ¡Claro que lo haré! Quiero que tú, papá y Gustavo conozcan todo lo que vi. Pero ahora me tengo que ir. Pedro Henrique debe estar llegando para almorzar. Regreso después.

Volvió a montar el caballo, agitó la mano y se alejó. Mientras cabalgaba, pensó: "nunca me di cuenta de lo ignorantes que son. No saben hablar. ¿Cómo puedo dejar que participen en mi nueva vida? No hay manera. Intentaré ayudar de alguna manera, pero no viviré con ellos. Soy una persona diferente ahora. Mi vida cambió y la vida que tuve aquí con ellos, se quedó atrás y necesito olvidarla..."

El domingo llegó – continuó Guzmán –. Muy temprano, tú, Pedro Henrique y Sofía, fueron a la ciudad, montados en caballos. A ella le encantaba montar. Cuando salían de la propiedad, encontraron a Romeo que venía del otro lado a caballo y que, tan pronto como los vio, se detuvo y dijo:

– ¡Buenos días! ¿Van a dar un paseo?

– ¡Buenos días, señor Romeo! Vamos a almorzar en la casa de mis padres. Mi madre te invitó a ti y a tu familia a venir también. ¿Sofía no les dijo?

Romeo miró a Sofía y vio desesperación en sus ojos. En ese momento, se dio cuenta de lo que estaba sucediendo. Él sonrió y respondió:

– Sí nos dijo, pero no queríamos ir. Ya sabes como son los jóvenes, además, tenemos mucho trabajo, la familia es grande, no puedes ir, no. Pídele disculpas a tu madre. Otro día iremos.

– Está bien, Sr. Romeo, pero no olvide que nuestra familia ahora es una. Mi madre estará muy feliz de recibirlos.

– Gracias, lo haremos. Hasta luego.

Sonreíste, agitaste el brazo y pusiste el caballo en marcha. Sofía miró a su padre y en silencio también puso su caballo en marcha. Se dirigieron a la ciudad. Romeo los siguió con la mirada, hasta que desaparecieron en el camino. Mientras miraba, pensó: "¿por qué no nos dijo que doña María Rita nos había invitado a almorzar? No sé... esta chica ha cambiado mucho..."

Todavía intrigado, se fue a su casa. Nadir, tan pronto como lo vio venir, fue a su encuentro.

- Romeo, he estado pensando, voy a comprar dos pollos y haré un muy buen almuerzo. Creo que enviaré a uno de los chicos a llamar a Sofía y Pedro Henrique.

- No, Nadir.

- ¿Por qué no?

- Me encontré con ellos hace un momento. Ellos se iban a la ciudad. Almorzarán en la casa de doña María Rita - Dijo, mientras ataba el caballo a un árbol.

- Sofía no me dijo que iba a almorzar en la ciudad.

- Romeo guardó silencio por un momento, solo pensando: "no puedo decirle que Sofía no nos dijo que doña María Rita quería que fuéramos a su casa. Nadir, al igual que yo, no lo entenderá. Es mejor dejarlo así..." - dijo:

- Tal vez ella no lo sabía, Nadir. Quizás Pedro Henrique solo se lo dijo por la noche y no tuvo tiempo de avisarnos. Pero, aun así, ya es hora que hagas el almuerzo. Me está dando hambre.

- Sí, eso debe haber sido lo que pasó. Voy Comenzaré a preparar el almuerzo. Pronto estará listo.

- Recuerdo ese día, Guzmán. No entiendo por qué Sofía pensó de esa manera. Mi familia y yo sabíamos que ella provenía a una familia humilde.

Nunca tuvimos ningún prejuicio. Cuando mi madre los invitó, fue para que se integren.

- Tienes razón, hijo mío. Sin saber qué pensaba Sofía, le pedí que los invitara varias veces.

- Nunca podemos imaginar lo que la otra persona piensa realmente. ¿Te imaginas si esto fuera posible?

Guzmán preguntó, riendo.

Los otros también se rieron, porque si se pudiesen escuchar todos los pensamientos, el mundo se volvería un desastre. Guzmán continuó:

- Mientras Nadir desplumaba a las gallinas, pensó:

"¿Realmente fue eso lo que pasó? ¿Sofía no tuvo tiempo de avisarnos o doña María Rita no nos quiere en su casa?

Creo que debe ser eso... somos muy sencillos... ¿Alguna vez has pensado, almorzar en la casa del alcalde? No funcionaría, no. El otro día, cuando fuimos a la boda, nos costó comer bien. Tal vez Romeo o yo hicimos algo mal y ya no nos quiere en su casa.

Qué pena... quería tanto ir..."

Romeo, después de amarrar al caballo, fue a la cocina. Vio a Nadir preparando el almuerzo. Se dio cuenta que estaba pensativa. Tomó una botella, un vaso y regresó al patio. Abrió la botella, vertió un poco de aguardiente y comenzó a beber muy lentamente y pensando:

- "Creo que Sofía se avergüenza de nosotros, no doña María Rita... ya que dijo que también era de una familia humilde y por eso entendía nuestra situación. No, no era ella, era Sofía quien no quería llevarnos. No puedo decirle a Nadir... ella no lo entendería..."

Siguió bebiendo y pensando. Mientras tanto, Sofía cabalgaba a tu lado, Pedro Henrique.

Cabalgaron a un paso lento. Miraba con orgullo la inmensidad de la tierra que pertenecía a la hacienda. Sofía estaba pensando:

- "Me di cuenta de la mirada de mi padre. ¿Se habría dado cuenta que no quería que fueran a almorzar? Creo que no. Pero si lo hizo, sé que no lo entendería. Siempre he dicho que, a pesar de haber nacido en esa casa, nunca me sentí parte de todo ello.

Siempre supe que algún día sería rica y poderosa. Toda esta tierra ahora es mía. Vivo en una casa maravillosa, con todas las comodidades y tengo un hombre maravilloso a mi lado. No puedo dejarme influenciar por el sentimentalismo. Quiero olvidar el tiempo en que era pobre. Solo cuando podía leer libros prestados. Hoy en día puedo tener tantos libros como quiera leer. No creo que nadie que consiga salir de la pobreza quiera recordar esa época. Solo doña María Rita se empeña en no olvidar y no deja de decir como era su vida antes de juntarse con el alcalde. ¡Creo que ella dice eso solo para humillarme! Ella invitó a mi familia a este almuerzo solo para mostrarles a los demás la poca educación que tienen. Sabe que ellos no saben cómo comportarse. ¡Sé lo que ella tramaba! ¡Quería que todos vieran cómo son tontos para después, cuando nos fuéramos, ella y los invitados se burlaran de nosotros! ¡Pero no lo permitiré! Ella se cree muy inteligente, ¡pero yo lo soy mucho más!"

María Rita, al escuchar a Guzmán decir esto, se horrorizó y dijo:

– No puedo creer que ella pensara eso, Guzmán. Nunca se me pasó por la cabeza humillarlos. Realmente quería que nuestras familias se unieran.

Deseaba que no hubiera ningún obstáculo para que mi hijo fuera feliz...

– Lo sé, pero Sofía no lo sabía y no tampoco sabe que elegiste nacer alguien que la ayudaría en su viaje. Esto sucede mucho, María Rita, no siempre sabemos cómo valorar a las personas que están a nuestro lado.

– Tienes razón, Guzmán. Cuántas personas han pasado por nuestras vidas y nos han ayudado, sin tener mucha o ninguna relación con ellas. Aparecen de la nada, nos ayudan y así como aparecen, desaparecen...

– Sí, María Rita, sabes que todos tenemos una misión, pero algunas veces por momentos, nos alejamos para ayudar a alguien y luego regresamos. La mayoría da y recibe ayuda sin darse cuenta y, por lo tanto, no lo valoran. Eso es lo que pasa con el espíritu en su viaje de aprendizaje.

María Rita sonrió, Guzmán continuó:

– Tú, ajeno a todo lo que Sofía pensaba, dijiste:

– ¿Vamos a hacer una carrera, Sofía?

Sofía volvió de sus pensamientos y te miró, sonrió, apretó las espuelas y salió rápidamente. Tú, feliz, trataste de alcanzarla, pero fallaste. Ella se había criado en la granja y había montado desde que era una niña. Por el contrario, cuando eras niño siempre viviste en la ciudad y cuando creciste te fuiste a estudiar al extranjero. Reían mientras cabalgaban. Sofía estaba viviendo una vida que nunca pensó que podría tener, por mucho que la hubiera imaginado y deseado. Tenía todo para ser feliz y lo era.

– También estaba muy feliz en ese momento, Guzmán. Guzmán sonrió y continuó hablando:

– Siguieron cabalgando y riendo. Cuando se estaban acercando a la ciudad, detuvieron los caballos, bajaron y continuaron el camino abrazados, cada uno guiando a su caballo por las riendas. Besaste a Sofía en la cabeza y la abrazaste aun más fuerte. Cuando llegaron a tu casa, María Rita, el almuerzo estaba listo y las mesas estaban puestas. Una para los adultos y otra para los niños. Tan pronto como entraron, preguntaste:

– ¿Tus padres no vinieron, Sofía?

Tú respondiste, Pedro Henrique:

– No querían venir, mamá. Tú sabes cómo es. El sr. Romeo dijo que se será en otra oportunidad.

– Es una pena. Sé cómo se sienten. No te pongas triste Sofía. Con el tiempo y con mucha paciencia, sé que podrás convencerlos que somos parte de la misma familia y que siempre serán bienvenidos aquí en casa. Ten fe, lo lograrás.

Sofía guardó silencio, solo sonrió. Tus hermanas, Pedro Henrique, llegaron acompañadas de sus esposos e hijos. En poco tiempo, esa casa se convirtió en un alboroto con todos hablando al mismo tiempo. Sofía observaba cada gesto que hacían. Ella se mantuvo en silencio casi todo el tiempo. Tenía miedo de decir una palabra equivocada y que, al irse, se rieran de ella. A la hora de comer, fue igual.

Ella solo se sirvió a sí misma después de los demás, no quería cometer ningún error. Tus hermanas hicieron un gran esfuerzo para que ella participara de la conversación, pero fue en vano, Sofía se limitaba a decir sí o no. Tú, María Rita, la mirabas y pensabas en silencio: "ella es igual que yo cuando tenía su edad y cuando, por primera vez, fui a almorzar con la familia de José Antonio. Sé muy bien lo que estás sintiendo. Pero con el tiempo, comprenderá y aceptará que es parte de nuestra familia y que no hay diferencia entre nosotros. Y dejará de tener prejuicios."

- Eso es exactamente lo que pensé, Guzmán. Lástima que no logré convencerla de eso.

- Sofía siempre fue muy terca, así que no te culpes. Ella tuvo y aun tiene la oportunidad de dejar de lado todos estos sentimientos destructivos.

Esperemos que esta vez lo logre...

13.- EL MENSAJE

Stela y Sofía todavía estaban en el auto, fingiendo leer. Stela, aunque disfrutaba leer, al igual que Sofía no podía concentrarse, terminaba leyendo y releyendo la misma página. Estaba exhausta, irritada con Sofía por prácticamente haberla obligado a acompañarla. Con el libro en sus manos, pensó: "no debería estar aquí, sé que doña Sofía cuando quiere algo lo consigue y es por eso que siempre traté de hacer todo lo que me pidió, pero ahora, en medio de este lugar desconocido, he tenido tiempo para reflexionar en lo que me he convertido Soy su sombra, la que siempre obedece sin quejarse. He hecho muchas cosas en contra de mi voluntad, solo para que no se enoje y no haga conmigo lo que ha estado haciendo con Anita, solo porque nunca ha podido y sabe que no podrá dominarla. Cuando conocí a Maurício y él me presentó a su familia, inmediatamente me di cuenta de la influencia que ella tenía sobre su esposo y especialmente sobre sus hijos. Pensé que era mejor tenerla como amiga, así que me sometí, pero ahora me estoy cansando, esto no puede continuar así. Esta es la última vez que la acompaño en sus fechorías. Lo que quiere hacer con Anita y Ricardo, solo por capricho no está bien, incluso creo que todos estos obstáculos que están apareciendo son para que ella tenga tiempo de reflexionar, pero parece que no está funcionando.

Parece que con cada minuto que pasa, se enoja más con Anita y está más dispuesta a perjudicarla. No sé qué hacer para detenerla, ¡solo sé que esta será la última vez!"

Sofía también fingía leer, pero desde el principio no pudo. Y, como había estado sucediendo desde que se despertó por la mañana, pensaba en cómo había sido su vida.

Guzmán, primero las miró a ellas, luego a los demás, y continuó hablando:

– El tiempo pasaba. Sofía, poco a poco se acostumbró a su nueva vida. Estaba feliz de estar a su lado, Pedro Henrique, hiciste lo imposible para hacer realidad todos sus deseos. Le gustaba sentir que era la dueña de todo eso y, sobre todo, que le sirvieran. No iba a visitar a su familia. Nadir era quien siempre la visitaba. Una mañana, Sofía estaba caminando por el balcón, mirando las flores que había plantado, cuando escuchó una voz:

– Hola Sofía, parece que te va muy bien.

– Se giró y vio a Nadir sonriendo mientras continuaba hablando:

– ¡Tus flores son hermosas!

– Realmente lo son, ¿verdad, madre? Pero, ¿qué te trae por aquí?

– Desde ese día cuando viniste a casa después del viaje, nunca volviste. Estaba preocupada y quería saber cómo estás. ¿Pedro Henrique no te deja venir a casa sola?

Sofía miró a su madre sin saber qué decir. Pero, esa sería una buena excusa. Forzando una sonrisa, respondió:

– No es que no me deje, madre, pero sé que no le gusta que salga de la casa, por eso evito hacerlo. No quiero pelear con él.

– Está bien que ni siquiera debes pelear con tu esposo, ¡pero no está bien que él te prohíba visitar a tu familia! ¡Voy a hablar con él!

- ¡No madre! ¡No puedes hacer eso! Dije que no quiero pelear con mi esposo y que, si hablas con él, ¡eso sucederá! Es un buen esposo, me quiere mucho, solo está un poco celoso.

Siempre que pueda iré a la casa y tú o cualquier otra persona podrán venir cuando quieran. ¡Pero no hables con Pedro Henrique, por favor!

- De acuerdo, no voy a hablar con él, pero eso no está bien, ¿verdad, Sofía?

- Con el tiempo, todo esto pasará mamá. ¿No quieres beber un poco de jugo? Está haciendo mucho calor.

- Sí quiero. ¿Puedo entrar?

- Claro que puedes. ¿Vamos?

- Entraron. Nadir ya había estado allí, pero solo antes de la boda. María Rita había arreglado todo, así que no había visto la habitación ni las cortinas de la habitación, cuando las vio, dijo:

- Las cortinas del salón son hermosas, Sofía. ¿Tú las escogiste?

- No, cuando regresé del viaje ya estaban puestas. Doña María Rita también decoró mi habitación. ¡Ven a ver lo hermosa que está!

Tomó a su madre de la mano y la condujo al dormitorio. Tan pronto como abrió la puerta, Nadir se detuvo, solo observando. Se tapó la boca con la mano y, después de unos segundos, dijo con asombro:

- ¡Es muy hermosa, Sofía! ¡Nunca vi ni imaginé que podría existir una habitación así! ¡Mira la cama! ¡Parece que es muy suave!

- ¡Es muy suave, mamá! ¡Nunca imaginé que un día podría dormir en una habitación como esta y en una cama como esta!

- Sofía, ¿dijiste que fue doña María Rita quien eligió todo?

- Sí, madre. Cuando volví del viaje, todo estaba así.

- ¿Crees que está bien que ella se encargue así de tu vida?

- Al principio estaba un poco incómoda, pero luego lo entendí. Ella sabe que no sé cómo decorar una casa y solo quiso ayudarme.

- Sí, pensándolo bien, tienes razón. Realmente no puedes pelear con tu esposo... Te ha dado tantas cosas que nunca podría haber imaginado... Si no quiere que nos visites, no hay problema. Lo que importa es que seas feliz y, después de todo lo que estoy viendo, creo que eso está sucediendo. Eres feliz, ¿verdad, hija mía?

- Lo soy madre. Es un esposo maravilloso, pero me conoces y sabes que preferiría vivir en la ciudad, de todos modos, ahora estoy mucho mejor de lo que he estado en toda mi vida, ¿verdad?

- Sí, lo estás, Sofía. No estés triste porque no quiera mezclarse con nosotros, cada vez que te extrañe, vendré a ver cómo estás. Tenía tantas ganas de poder ir a la casa del alcalde, de ir a fiestas... Pensé que cuando te casaras podría hacerlo, pero aparentemente no funcionará. Estoy triste, pero no importa. Lo que importa es que seas feliz y que, a tu esposo, además de darte todo esto, te siga queriendo.

- Realmente me quiere, mamá. Yo también lo quiero y estoy muy feliz.

- Eso es lo que importa, Sofía. Solo tu felicidad. Ahora, ¿beberemos el jugo?

- Sí, vamos, madre.

Volvieron a la sala de estar. Sofía llamó a Noélia, pidió el jugo y, en unos minutos, regresó con una bandeja que colocó en una pequeña mesa. Sofía vertió el jugo en los dos vasos. Mientras tomaban el jugo, Nadir dijo:

- He estado pensando en algo, Sofía.

- ¿Qué cosa, mamá?

- ¿Por qué Dios te dio todo esto?

- No entiendo. ¿Por qué dices eso, mamá?

- No sé, solo estoy pensando. Cómo ha cambiado tu vida tan de repente. Ahora eres una chica rica. Tienes una hermosa casa e incluso una criada que te atiende. Después que, hasta hace poco, tú eras la que hacía la comida y cuidabas de la casa... ¿no existirá una razón más importante detrás de esto? ¿Tal vez hacer algo a cambio?

- ¡Dios mío, madre! No me gusta esta conversación No sé por qué mi vida ha cambiado tanto. Y tampoco quiero saberlo, pero si me pongo a pensarlo como tú, creo que debo tener algún mérito. Siempre he sido una buena persona, nunca le he deseado el mal a nadie...

- Tienes razón, hija mía. No sé por qué dije eso...

- Ella no lo sabía, pero Matilde y yo estábamos allí y lo sabíamos. Matilde sonrió mientras retiraba su mano de la garganta de Nadir.

Tan pronto como terminó de beber el jugo, Nadir se puso de pie y dijo:

- Ahora debo irme. Tengo que hacer el almuerzo. Ya sabes que siempre llegan muriéndose de hambre y si la comida no está lista, tu padre se molestará.

- Lo sé muy bien...

Nadir besó a su hija y caminó hacia su casa. Sofía vio a su madre alejarse.

Estaba intrigada: "¿por qué dijo eso? Nunca me detuve a pensar en eso. ¡Ya sé, ella debe estar celosa de mi vida! ¡Sé que siempre soñó con una vida mejor que la que tiene! ¡No me voy a dejar llevar por su palabrería! Si Dios me dio todo esto es porque me lo merezco o porque nunca acepté la vida que tenía.

Miré a Matilde, quien estaba desanimada, sacudió la cabeza, diciendo:

- Será más difícil de lo que pensábamos, Guzmán. A pesar de nuestros esfuerzos, insiste en no escucharnos. Por ahora nos debemos ir, tenemos que acompañar a Nadir. Más tarde volveremos e intentaremos nuevamente.

Eso es lo que hicimos. Nadir siguió caminando, cuando estaba llegando a su casa, miró hacia atrás, no podía ver a Sofía, pero sabía que ella estaba allí y era feliz. No se imaginaba que era Sofía quien no quería tener contacto con ellos era Sofía y que tanto Pedro Henrique como su madre no tenían ningún prejuicio y pensaban exactamente lo contrario.

- No puedo creer que viví tanto tiempo con ella sin imaginar que ella pensaba así, Guzmán. En realidad, ni yo ni mi familia teníamos prejuicios. Fue Sofía quien los tuvo.

María Rita asintió con la cabeza en señal de acuerdo con su hijo. Guzmán dijo:

- Esto sucede mucho, Pedro Henrique. El prejuicio está implícito en el ser humano, pero Sofía no lo hizo por prejuicio, sino por su sentimiento de inferioridad. Quería olvidar quién era y, en su opinión, la presencia de su familia, se lo impedía. Matilde, a través de Nadir, le envió un mensaje diciéndole que pensara bien sobre todo lo que estaba sucediendo en su vida.

Nuestra intención era que, aunque estaba teniendo todo lo que había soñado, no se alejara de la que hasta ahora había sido su familia, que no dejara de apoyarla y que tratara de alguna manera, de devolver todo lo que había recibido de las manos de Dios. Sin embargo, como vieron, ella no entendió el mensaje y, al ver a su madre alejarse, pensó: "¿alguna vez comprenderá que ahora soy otra persona? ¿Entenderá que mi vida ya no tiene nada que ver con la de ellos? No lo sé, pero creo que, en algún momento, tendré que decirle. Mi padre nunca vino aquí. Esa mañana, cuando nos vio yendo a la ciudad, debe haber entendido. Espero que mi madre también lo entienda. Los quiero, solo que nunca se comportarán como deberían. Doña María Rita sigue diciéndome que los lleve a todos a almorzar, ¡pero sé que solo quiere humillarnos! No creo en su amabilidad..." Estaba tan distraída en sus pensamientos que no te vio cuando llegaste, te acercaste y la abrazaste por detrás, preguntando:

- ¿No es tu madre la que está allí, Sofía?

Se giró hacia ti y mientras te besaba en la mejilla, ella respondió:

- Sí. Ella vino a visitarme.

- Que bien. Sé que los extrañas. ¿Le dijiste que mi madre los está invitando para que vengan a casa?

- Le dije, pero dijo que no quiere ir. Cree que no sabrían cómo comportarse en la casa del alcalde.

- ¿Qué tontería es esa? ¡No es la casa del alcalde, es la casa de mis padres! Todos ustedes ahora son parte de mi familia. Después del almuerzo iré allá para hablar con ella y con tu padre. ¡Tienen que olvidarse de esa tontería, Sofía!

Ella se estremeció, no podía permitir que eso sucediera. Forzando una sonrisa, dijo:

- ¡Por favor no hagas eso, Pedro Henrique! ¡Se sentirían aun más humillados! Vamos a dar tiempo al tiempo. Sé que podré convencerlos. Tu madre dijo que solo tenemos que ser pacientes... - sonreíste, la besaste en los labios y dijiste:

- Es verdad. Demos tiempo al tiempo. Mi madre siempre me dijo que a sus padres les tomó mucho tiempo aceptar su nueva vida y que solo la aceptaron cuando yo nací. Ella dice que cuando mi abuela me vio, se quedó tan encantada que incluso olvidó quién era hijo –. Dijiste, guiñando un ojo y riendo a carcajadas. Ella también se rio, diciendo:

- Debes haber sido un bebé hermoso...

- ¡No lo era, lo soy!

- ¡Eres muy engreído! Ahora voy a ir a la cocina para ver cómo está 0el almuerzo.

- Hazlo, me levanté muy temprano y tengo hambre. Cuando me fui, estabas durmiendo y no me viste.

- Por supuesto que te vi. Solo que tenía tanto sueño...

- Entraron abrazados. Mientras se dirigían a la cocina, preguntaste:

- ¿Será que cuando tengamos a nuestro hijo, tu madre hará lo mismo que mi abuela?

- Ella se estremeció. No quería un hijo, al menos no en ese entonces, pero respondió:

- No lo sé creo que sí. ¡Nuestro hijo será hermoso! Al igual que su padre...

Sonreíste, apretaste su hombro con más fuerza. Entraron en la cocina.

- Ella era tan dulce, Guzmán, por eso me cuesta mucho creer que ella pensara de esa manera... - Guzmán volvió a sonreír y comprendió lo que Pedro Henrique sentía, continuó:

Nadir llegó a casa y fue directamente a la cocina. Se retrasó con el almuerzo. Sabía que pronto llegarían su esposo y Gustavo.

Realmente, poco después llegaron. El almuerzo demoró un poco, lo que hizo que Romeo preguntara:

- El almuerzo se está retrasando, Nadir. ¿Qué pasó?

- Me retrasé, pero ya está casi listo. Fui a la granja para visitar a Sofía.

- ¿Por qué hiciste eso?

Ella, preguntándose por el tono de voz de su esposo, preguntó:

- ¡Fui a ver a mi hija! ¿Por qué estás tan alterado?

- No estoy alterado. Solo creo que no deberías haber ido allí.

- ¿Por qué no? ¡Ella es mi hija!

– ¿Cuántas veces ha venido aquí después de la boda? Somos su familia, pero a ella no parece importarle. Tu hija ha cambiado, Nadir. Ella ya no quiere saber de nosotros.

– ¡Qué tontería estás diciendo, Romeo! Ella sigue siendo nuestra hija, pero a Pedro Henrique no le gusta que salga de casa y para no discutir él, ella obedece.

Romeo recordó el día en que se encontró con Sofía y Pedro Henrique yendo a la ciudad a almorzar a la casa de María Rita y cómo se puso Sofía cuando él le preguntó si había invitado a sus padres a almorzar. Se dio cuenta en ese momento que ella no quería unir a las familias. No entendía por qué, pero sabía que debía quedarse lo más lejos posible de ella.

Pensó: "debería decirle a Nadir lo que sucedió ese día, pero ella no lo creerá. Parece que Sofía encontró una buena excusa para mantenernos alejados."

Nadir, enojada porque Romeo había dicho esas cosas sobre su hija, dijo:

– ¿Cómo puedes decir algo así, Romeo? ¡Ella es ¡nuestra hija! Me sentí tan feliz de haber ido allí. ¡Su casa es hermosa! ¡Pedro Henrique la quiere mucho! Cuando estuve allí, estaba pensando. ¿Recuerdas el día en que ella nació? Éramos muy jóvenes... Yo tenía diecisiete años y tú diecinueve. No sabíamos nada sobre la vida.

– Por supuesto que lo recuerdo, Nadir. Nos conocimos en ese baile que teníamos todos los fines de semana y nos casamos poco después. Cuando me dijiste que estabas esperando un bebé, me asusté. Éramos muy pobres. Trabajaba como albañil y vivíamos en la casa de mi madre. No tenía forma de llevarte a otro lugar.

– Yo también estaba asustada, pero también muy feliz. Afortunadamente en ese momento vivíamos en la ciudad. Fue muy difícil. Estuviste muy enferma todo el tiempo que la estaba esperando. ¿Cuántas veces nos dijo el médico que quizás no podría nacer...?

- ¡Pero ella nació, Nadir! Ella siempre fue una niña muy enfermiza. Cuántas noches pasamos cuidando de ella, temiendo que muriera...

- Ella no murió, Romeo. Ella siempre fue una luchadora. Creo que tenía mucho por hacer en esta Tierra.

Por eso Dios no se la llevó. Ahora ella está allí, casada y muy bien. Vive en una hermosa casa y tiene todo lo que alguna vez pudo imaginar.

- Es verdad. Ella siempre fue una luchadora. Incluso cuando no podía estudiar porque necesitaba ayudar aquí en casa, pedía prestados libros e incluso le enseñó a su hermano.

- ¿Ves, Romeo? Ella es muy buena y merece todo lo que Dios le está dando...

- Creo que tienes razón. Pero ahora ella tiene otra vida. Ya no somos parte de su mundo. Déjala vivir su vida y nosotros seguiremos viviendo la nuestra...

- ¿Cómo puedes decir eso? Ella es rica, pero sigue siendo nuestra hija. Incluso si su esposo no quiere que venga aquí, yo siempre iré allí. Necesito asegurarme que ella siga siendo feliz.

- Romeo, sintiéndose impotente y sin querer contar lo que había sucedido para que su esposa no se sintiera triste, se calló y preguntó:

- Está bien, pero ¿el almuerzo estará listo o no?

- Sí, ya está listo. Puedes sentarte. Voy al patio a llamar a Gustavo. Debe estar trepado en el árbol.

Romeo se sentó, ella salió y regresó poco después acompañada de Gustavo y luego almorzaron.

14.- NOTICIA INESPERADA

Sofía levantó la vista del libro que intentaba leer y vio frente a ella un caballo que se acercaba y un hombre en él. ¡Eufórica dijo!

- Mira, Stela, se acerca un hombre. Stela, al oírla, levantó la vista y vio al caballo también y dijo:

- Gracias a Dios, doña Sofía, pero está a caballo, ¿cómo puede ayudarnos?

- No lo sé, pero ya es algo. Si tiene una cuerda, tal vez el caballo pueda sacarnos de este agujero.

- Esperemos que llegue. Solo entonces podremos saberlo.

Después de unos minutos, el hombre se acercó, miró el agua que estaba en todas partes, entró con cuidado e hizo que el caballo se detuviera junto a la ventana del lado de Stela. Preguntó:

- Buenos días señorita. ¿Se estancó, señorita?

Stela, aunque vivía en la ciudad, se había criado en la capital y no tenía mucho contacto con las personas que vivían en el área rural, por lo que estaba un poco sorprendida por la forma en que hablaba. Miró a Sofía y luego al hombre y respondió:

- Buenos días, no sé cómo sucedió, cuando llegué vi el agua, tenía miedo de entrar, temiendo que esto pasara, pero como necesitamos continuar, me arriesgué y parece que no funcionó.

¿Puedes ayudarnos?

- No lo creo, muchacha. Mi caballo no podrá tirar del carro. Lo único que puedo hacer es ir a la ciudad y buscar ayuda. Mi amigo tiene un jeep, veré si puede ayudarte.

- Hazlo por favor. Nos estamos desesperando. El hombre miró a Sofía, que también lo estaba mirando, él sonrió e hizo un movimiento en el caballo que se puso en marcha. Sofía y Stela lo vieron irse. Cuando ya no pudieron ver al hombre, Sofía preguntó:

- ¿Realmente nos ayudará, Stela? - Guzmán levantó su mano hacia la garganta de Stela y respondió:

- No lo sé, doña Sofía, pero por ahora es la única esperanza que tenemos. Cuanto más tiempo pasa, más me arrepiento de haber venido contigo.

- ¡Pues no debería ser! Ya casi llegamos, iremos a la casa del hombre y luego regresamos.

- Qué bueno que le dije a Maurício que iba a salir contigo y que no sabía si volvería a almorzar.

- ¿Le dijiste a dónde íbamos?

- Por supuesto que no, doña Sofía. No lo permitiría. Ya sabes que quiere mucho a su hermano y a Anita. Él siempre dice que ellos se aman y que merecen la felicidad que muestran.

- ¡Maurício no sabe nada! ¡No sé cómo aun no sospechaste cuán disfrazada y mentirosa está esta mujer!

- No lo sé, doña Sofía. Creo que estás enojado con ella sin ninguna razón. Ella nunca hizo nada para hacerme pensar así. Ella sabe que no tenemos mucho contacto, pero cada vez que nos conocimos, siempre fue amable y servicial conmigo y con los niños.

- ¿Tú también, Stela? No me dirás que ella te agrada...

- No me agrada o ni me desagrada. Creo que, gracias a ti, nunca me le acerqué lo suficiente como para conocerla mejor.

- ¿Crees que podría ser diferente? ¡Claro que no! Ya te dije, está fingiendo. Puedes estar segura de que, mientras sonríe, está imaginando una forma de lastimarme.

- Creo que esto ya se ha convertido en paranoia, doña Sofía.

Guzmán sonrió y dijo:

- Con nuestra ayuda, Stela está comenzando a ver lo que ha estado haciendo con su vida desde que comenzó a hacer todo lo que Sofía le dijo que hiciera.

Este viaje, a pesar de haber comenzado con la intención de dañar a Anita, se está convirtiendo en una fuente de aprendizaje para ambas. Sofía acusa a Anita de lo que ella siempre ha disimulado y mentido. Como una vez hizo un trabajo y pensó que eso fue lo que hizo que tú te casaras con ella y, por consiguiente, su vida cambió radicalmente, por eso ahora piensa y asegura que Anita hizo lo mismo. Es como ese viejo dicho: "quien lo usa, acusa". Ella sabe que, si ella tuvo el coraje de hacer cualquier cosa para tenerte, Anita también podría hacer lo mismo si lo necesitara. Esperamos que durante el viaje y antes que lleguen, cambies de opinión.

- ¿Crees que esto pueda suceder, Guzmán? Parece que ella está realmente decidida y que nada cambiará de opinión.

- Estamos aquí justamente por eso. Ese es nuestro trabajo, Pedro Henrique.

- El cambio en el pensamiento de Stela está sucediendo porque estamos aquí, pero ¿y si no lo estuviéramos? ¿Crees que el resultado sería el mismo, Guzmán?

- El resultado no lo sé, pero el intento de María Rita, porque si no lo estuviéramos, otros lo estarían. Cada decisión, cuando está mal y eso puede traer arrepentimiento, siempre está acompañada por el plano espiritual en un intento de evitar un mal mayor.

– Espero que podamos.

Sofía estaba aun más irritada, cuando comenzó a notar que Stela estaba cambiando su actitud. Para evitar que se dijeran más palabras y se pelearan, volvió su mirada hacia el libro. Stela se dio cuenta e hizo lo mismo. Sabía que no tenían nada más de qué hablar.

Sofía comenzó de nuevo a recordar su pasado. Guzmán continuó contando:

– El tiempo pasaba. Llevabas casado casi un año. Ella, que siempre había estado acostumbrada a una vida de trabajo duro, gradualmente se aburrió de todo aquello. El deslumbramiento inicial estaba desapareciendo y ya no encontraba la casa tan hermosa, y mucho menos su habitación. Pasó el día sin nada que hacer más que leer, pero incluso eso la hartaba.

Nadir venía dos o tres veces por semana a visitar a su hija, pero Sofía nunca regresó a su antigua casa. Odiaba todo eso, así que ni siquiera quería acercarse. Siempre se sentaba en un sillón de mimbre en el porche y pensaba: "ahora, soy otra persona, ya no pertenezco. a ese mundo! Si no fuera porque mi madre viene tanto aquí, lo habría olvidado. Podría pedirle a Pedro Henrique que renueve la casa. Sé que no le importaría; pero no puedo hacer eso, ¡mi madre descubriría que él no es el que no me deja ir allí y no quiero eso! Es mejor que las cosas continúen como están."

Los almuerzos de los domingos en la casa de María Rita continuaron y cada vez que Sofía estaba allí, las hermanas de Pedro Henrique y tú, María Rita, comentaron sobre la última fiesta a la que habían asistido, los tés de la tarde en compañía de otras señoras y la ropa nueva que habían comprado, Sofía escuchaba todo y pensaba: "¿por qué no puedo tener la misma vida que ellos? ¡Soy la esposa de Pedro Henrique! ¡Yo pertenezco a esta familia!"

Ella lo pensaba, pero no lo decía. Sabía que no le dabas mucha importancia a esas cosas. Eras simple y disfrutabas de la vida en la hacienda. Poco a poco, se fue sintiendo triste y ya no encontraba nada divertido en la hacienda. Dormía mucho y no estaba de humor para nada. Una mañana, cuando estaba sentada en su sillón de mimbre mirando el horizonte, vio que su madre se acercaba. De nuevo sintió ese malestar que siempre sentía cuando su madre la visitaba. Tenía miedo que te encontrara, Pedro Henrique, y que la regañaras por no querer visitar a su madre. Pero eso difícilmente sucedería, ya que Nadir solo venía a una hora cuando sabía que estabas trabajando. Nadir se acercó.

Estaba cansada, porque, aunque su casa no estaba lejos de la de Sofía, era una gran caminata.

Subió los escalones y se sentó en otro sillón al lado del que ocupaba Sofía.

Respirando profundamente, dijo:

– Buenos días, Sofía. ¿Está todo bien contigo?

– Sí, madre. Todo igual que el otro día que viniste aquí...

– Caramba, Sofía, ¿qué cara es esa? ¿Qué pasó? ¿Pedro Henrique te maltrató?

– ¡No madre! ¡Claro que no! ¡Es un esposo perfecto! ¡Demasiado perfecto!

– Entonces, ¿por qué tienes esa cara? ¡Tienes todo para ser feliz!

– Debería tenerlo, pero no es así...

– ¿Cómo que no? ¡Tienes esta hermosa casa! Las personas que te sirven y creo que Pedro Henrique cumple todos tus deseos. ¿Qué más puedes querer?

- Es cierto que en este momento tengo lo que nunca imaginé, pero ahora que llegué aquí, quería y sé que puedo hacer realidad otros sueños.

- ¿Qué sueños? ¿Qué te falta?

- Quería ser una dama de la sociedad, asistir a fiestas y ser admirada por todos. ¡Esa debe ser una vida feliz! ¡No la que estoy teniendo aquí en la granja, en este fin del mundo! ¡No sé cómo a Pedro Henrique le puede gustar tanto estar aquí! Es un esposo perfecto, lástima que no le gusten las fiestas o la ropa bonita. Cuando me quejo, él dice:

- No necesitas tener más ropa bonita, ¡eres hermosa por naturaleza!

- En eso tiene razón, ¡eres realmente hermosa!

- Sé que soy hermosa, pero puedo ser aun más hermosa con ropa bonita. Si viviera en la ciudad, siempre podría caminar con tacones altos, con el cabello peinado y con maquillaje. Sé que eso es casi imposible que suceda. Pedro Henrique nunca querrá vivir en la ciudad. Él ama todo aquí.

Nadir no podía creer lo que estaba escuchando. Ella dijo alterada:

- ¡No puedes estar hablando en serio, Sofía! ¡No lo puedo creer! Siempre quise ser una mujer rica, tal como lo eres ahora y si hubiera tenido tanta suerte como tú, ¡nunca me quejaría!

¡Nunca!

- Quizás tengas razón, pero eres más fuerte que yo. Estoy cansada de esta vida.

- ¿Cómo puedes decir eso, Sofía? Tienes una hermosa casa, vives como una princesa y, además, tienes un esposo que, a pesar de no quererte cerca de nosotros, ¡te trata muy bien! No puedo entender... Realmente no puedo...

- Yo tampoco lo entiendo algunas veces, pero eso es lo que siento ahora.

- Pedro Henrique es demasiado bueno, madre. Quería que me diera una razón para pelear, ¡pero no lo hace! ¡Esto me hace enojar!

- ¡Debes estar volviéndote loca, Sofía! ¡Creo que necesitas ir a una iglesia para que te bendigan! ¿Dónde has visto algo así? ¿Una mujer quejándose porque su esposo la trata con afecto?

- Lo sé, mamá, yo tampoco lo entiendo, pero, aunque me trata con cariño, insiste en seguir viviendo aquí y ¡eso no es lo que quería para mi vida! ¡Siempre quise dejar este lugar! ¡Siempre quise estudiar, ser alguien!

- ¿Has hablado con él al respecto?

- No...

- ¿Por qué no?

- No sirve de nada, ¡sé que no quiere vivir en la ciudad! Realmente le gusta este lugar, esta vida...

- Habla con él, Sofía, dile lo que sientes, tal vez él lo entienda y cambie de opinión.

- Lo intentaré, pero sé que no funcionará, madre.

- ¿María Rita sabe lo que está pasando?

- No, ella no ha venido aquí desde que regresamos del viaje y solo la veo los domingos, cuando vamos a almorzar allí.

- ¿Ya no se involucra en tu vida? ¿O elige cosas para tu casa, como lo hizo antes de la boda?

- No, nunca dijo nada más. Solo dijo que como Pedro Henrique está feliz, todo está bien para ella.

- ¿Cómo te trata?

- Muy bien, madre. Cuando estoy en su casa, no puedo hablar. Ella y las hermanas de Pedro Henrique hablan sobre las fiestas y los vestidos que compraron.

Me mantengo callada junto a ellas, temerosa de decir alguna palabra equivocada. Ellas, al principio, insistieron en que hablara, pero como solo respondía con un sí o un no, dejaron de hablarme y solo hablan lo necesario. Tengo mucho miedo de avergonzar a Pedro Henrique...

– ¡Eso no está bien, Sofía! ¡Ahora eres parte de la familia! ¡Todos saben quién eres y te han aceptado!

¡Tienes que esforzarte para demostrar que no te sientes inferior!

– ¡Sé que soy inferior, mamá!

– ¡No eres inferior, Sofía! A pesar de no tener mucha educación, siempre leías mucho y sabías hablar bien. Además de la ¡además, él la eligió a ti para ser su esposa! ¡Olvídate de lo demás! A lo largo de nuestra vida siempre tenemos dos caminos a seguir; el correcto y el incorrecto. No existen otros. Debes elegir qué camino deseas tomar.

– No lo sé, mamá. Sé que debería estar feliz. Siempre supe que mi vida sería diferente a la que tú tuviste, pero nunca imaginé que sería así. No entiendo por qué no soy feliz. No sé cuál es el camino correcto...

– ¿Cómo no lo sabes, Sofía? ¿No quieres a Pedro Henrique?

– No sé...

– ¿Qué estás diciendo? ¿Cómo que no sabes?

– Al principio pensé que lo quería. Luego, cuando descubrí quién era, me di cuenta que sería rica si me casaba con él. Ahora que lo tengo, no sé si mi sacrificio valió la pena...

– ¿Estás diciendo que vivir en una casa como esta, con un esposo que te adora, es un sacrificio? ¡Estás realmente loca, Sofía! ¡Tienes que ir al médico o a la iglesia para que ten la bendición!

– ¡No estoy loca, mamá! ¡Solo estoy aburrida!

– ¿Aburrida? ¿Aburrida? ¡Necesitas encontrar algo que hacer! ¡Has estado casada durante casi un año y hasta ahora no has tenido un hijo! ¡Eso es lo que falta en tu vida! ¡Cuando tengas que cuidar a un niño, no tendrás tiempo para pensar en esas tonterías!

- ¿Niños? - Sofía preguntó, indignada -. ¡Tú eres la loca! ¡No quiero arruinar mi cuerpo, y mucho menos quedar atrapada, cuidando a un niño!

- Bueno, creo que eso es lo que le falta a tu vida. ¡Algo que hacer, alguien de quien preocuparte, pero que no sea tu misma!

- ¡De ninguna manera, mamá! ¡De ninguna manera!

- Bueno, sé que ya no puedo interferir en tu vida. Ahora eres una mujer casada y debes resolver tus problemas con tu esposo. Si no fuera tan orgulloso y no quisiera alejarte de nosotros, yo hablaría con él, pero como no nos acepta como familia, no tengo nada que hacer más que rezar para que recuperes tu juicio.

- No te preocupes, mamá, estoy bien. Lo que siento, pasará. Voy a hablar con Pedro Henrique y ver si puedo convencerlo que vayamos a vivir a la ciudad. Por favor no hables con él. Solo se empeoraría.

- De acuerdo, espero que puedas superar todo esto. Piensa en la vida que tienes y en la que tuviste. No dejes que todo se esfume.

- Mantén la calma. Todo se arreglará.

- Ojalá sea así. Vine aquí para decirte algo y cuando te vi así, lo olvidé.

- ¿Decirme qué?

- ¡No te imaginas quién nos invitó a su boda!

- ¿Quién, madre?

- Osmar vino a la casa para invitarnos a su boda.

- ¿Osmar se va a casar? - Sofía preguntó, gritando.

- Sí lo hará. Imagínate, parecía que te quería tanto.

- ¡No puede hacer eso, mamá!

- ¿Por qué no puede?

- Siempre dijo que me amaba y que nunca se casaría con nadie.

- ¡Te casaste, Sofía! ¿Qué querías que hiciera, permanecer soltero por el resto de su vida?

- Me casé porque quería cambiar mi vida, ¡pero nunca dije que no quería a Osmar, mamá! ¡Nunca pensé que me olvidaría tan rápido! ¡No pudo haber hecho eso!

- Tal vez pensó lo mismo que tú, también quiere cambiar su vida.

- ¿Por qué estás diciendo eso?

- Se va a casar con Beatriz Lins de Souza e Souza.

Sofía se puso pálida y preguntó, aun fuera de control -. Continuó Guzmán.

- La hija del dueño de todas esas tiendas? ¡Su familia es muy rica!

- Ella misma. Tu padre y yo también estábamos sorprendidos. Nunca pensamos que podría casarse con una chica así. ¡Su familia es muy rica! Es verdad, Sofía, si no eres más rico que el alcalde, ¡casi igual de rica! La familia, además de tener todas esas tiendas, tiene varias haciendas y establos lecheros y ganado de carne. Osmar, casándose con ella, será igual o incluso más rico que tú.

- ¡No puede ser, mamá! ¿Cómo la conoció?

- No lo sé, solo sé que la boda será el día veinticinco del próximo mes.

- Sofía estaba desesperada. Como siempre, solo pensó en sí misma, no podía aceptar que Osmar hubiese tenido tanta suerte. No quería casarse con él, pero tampoco quería que él se casara con otra, y mucho menos con una chica tan rica y hermosa- dijo Guzmán -. Nadir no entendió la reacción de Sofía y después de un rato, se fue. Sofía estaba enojada y pensó:

- "Estoy muy triste, nunca pensé que haría eso."

- Al igual que Nadir, tampoco entiendo esa reacción, Guzmán. Estábamos casados y me pareció que todo estaba yendo bien. Nunca imaginé que ella estaba aburrida o que todavía pensaba en Osmar. Sabía cómo había cambiado su vida y pensaba que en ese momento, al vivir mucho mejor, estaría feliz.

- Estabas equivocado, Pedro Henrique, ella estaba aburrida, triste y ahora con la noticia que Nadir le había traído, estaba decepcionada y muy enojada.

- Guzmán, no entiendo por qué me cuentas todo esto. Confieso que me estoy enojando mucho con Sofía y este es un sentimiento que no había sentido desde que llegué al plano espiritual.

- Yo también lo siento, Guzmán. Cuando Sofía se casó, estaba feliz, nunca pude imaginar que ella fuera infeliz y que pensara en otro hombre.

Pedro Henrique siempre ha sido el mejor esposo del mundo, solo su padre puede compararse con él. No quiero sentir lo que siento – dijo María Rita, también muy enojada.

- Sabía que ese sentimiento podría surgir en ustedes, pero ya le dije que estamos aquí para ayudar a Sofía a cambiar su comportamiento. No sería justo ayudarla sin saber lo que realmente hizo, lo correcto e incorrecto. Como puede ver, todas las dificultades que enfrenta en este viaje son una oportunidad para que repiense su vida, lamente los muchos errores que ha tenido y que cambie su forma de pensar. Solo entonces podrá acompañarnos a esferas superiores, para misiones de socorro. De lo contrario, tendrá que continuar el viaje sin nuestra compañía.

- Ya habíamos acordado no dejarla sola.

- Sí, María Rita, eso es cierto, pero no pueden retrasar su caminata sin saber si realmente ella merece que se haga este sacrificio. Otros vendrán aquí para acompañarnos en esos recuerdos. Al final, después que todo esté claro, decidiremos qué hacer.

– De acuerdo, Guzmán. Creo que sabes lo que estás haciendo. ¿Qué más hizo Sofía?

– Seguiré contando, pero creo que es mejor que antes de continuar, hagamos una oración para calmarnos, porque lo que viene es mucho peor y es algo que nunca se lo imaginaron.

– También creo que es lo mejor. Siento que todos necesitamos ayuda para no desviarnos del rango de pensamiento en el que nos encontramos.

Entraron en oración.

15.- REVELACIONES

Después de terminar la oración y Guzmán se dio cuenta que ellos estaban tranquilos, miraron a Sofía, que en el automóvil todavía estaba tratando de leer. Recordó el día en que escuchó que Osmar se iba a casar, se puso más nerviosa de lo que ella estaba. Dijo:

- Stela, ha pasado mucho tiempo desde que vino ese hombre. ¿Traerá ayuda?

- Espero que sí, doña Sofía, porque si no regresa, no sé cuánto tiempo estaremos aquí. Impotente con esa situación, Sofía volvió a mirar la página del libro que estaba leyendo, pero a pesar que no quería y bajo la influencia de Guzmán, continuó pensando:

- "¡No podía aceptar eso! Osmar no podía casarse con nadie, y mucho menos con una chica rica como Beatriz. ¡Necesitaba hacer algo y lo hice!"

- ¡¿Qué hizo ella, Guzmán?!

- Todo esto sucedió cuando tu padre se enfermó, ¿recuerdas, Pedro Henrique?

- Sí, tenía un problema cardíaco muy serio. En la ciudad no había recursos para el tratamiento, así que lo acompañé a la capital.

- Sí, eso sucedió y te quedaste allí más de dos meses, ¿no? Después de ese día, cuando Nadir le contó sobre la boda de Osmar, Sofía no podía pensar en otra cosa. El mismo día que, por la mañana, te fuiste con tu padre, ella fue a la granja de Osmar por la tarde. No sabía si todavía estaba trabajando, pero, aun así, fue de todas maneras. Cuando llegó y miró hacia la plantación, no vio a nadie. Se dirigió a la casa que sería suya cuando ellos se casaran.

Cuando vio la casa se emocionó, pues estaba lista, pintada de blanco y era muy hermosa. Ella se acercó, llamó a la puerta que estaba abierta. Osmar salió de la cocina donde estaba tomando café y se sorprendió al verla allí. Preguntó:

– ¿Qué haces aquí, Sofía?

– Tenemos que hablar, Osmar.

– No tenemos nada de qué hablar.

– ¡Sí! – Ella dijo, molesta.

– ¡No, Sofía, no tenemos nada de qué hablar!

– Mi mamá me dijo que te vas a casar. ¿Quiero saber si es verdad?

– Es verdad, simplemente no entiendo qué tienes que ver con eso.

– ¡No puedes casarte, Osmar!

– No puedo, ¿por qué?

– ¡Siempre me dijiste que me quería y que no te casarías con nadie más que conmigo! – Osmar, al principio, la miró sin comprender lo que estaba sucediendo. Entonces se echó a reír. Ella, enojada al ver su reacción, gritó:

– ¿Por qué te estás riendo, Osmar?

– No te entiendo, Sofía. Tienes razón, siempre te dije que te quería y que quería casarme contigo, tanto que construí esta casa, pero no quisiste, me abandonaste y me pusiste en una situación muy difícil ante mis amigos y familiares. Ahora, vienes con esta conversación. No entiendo, ¿no estás contenta con tu esposo rico? ¿No estás feliz con la vida que llevas?

- Sé que me equivoqué, debería haberme quedado contigo, solo me di cuenta cuando mi madre me dijo que te ibas a casar. ¡No quiero que te cases, Osmar!

- ¿Y qué quieres? ¿Que me quede soltero por el resto de mi vida, esperando que muera tu esposo? No, Sofía, desde pequeño estaba enamorado de ti, siempre pensé que nos casaríamos y seríamos felices, pero me equivoqué. Ahora que conocí a Beatriz, descubrí lo que es el verdadero amor. Me voy a casar y sé que seré muy feliz.

- Acabo de descubrir que he estado equivocado todo este tiempo – dijo Pedro Henrique.

- Si hubieras tenido algún aprendizaje, cuando llegaste a este lado, todo te habría sido más fácil. Sabrías que la situación es momentánea, ya que todos, incluida Sofía, también llegarían algún día.

- Eso es cierto, cuando llegó le tomó mucho tiempo aceptarlo. Tuvimos mucho trabajo por hacer convencerte que todo estaba bien y correcto. Hoy, después de tanto tiempo, estaba muy bien y feliz de poder acompañarnos. En ese momento estaba sufriendo y puede volver a rebelarse. No necesitabas haberte dicho, Guzmán. Él estaba preparado para, junto a nosotros, para pasar a otra esfera de espiritualidad. Ahora no lo sé...

- Como dijiste, lo seguí todo el camino y pensé que estaba preparado para continuar la caminata, pero ¿de verdad lo estaba, María Rita? ¿Ha dejado de lado todos los sentimientos de odio y apego? No lo sé. Es por eso que necesitaba saber cómo sucedieron las cosas realmente.

Debía conocer a la verdadera Sofía para poder decidir si quiere quedarse a su lado o seguir su camino. Por eso, él también, en este momento, necesita estar solo y decidir qué camino quiere tomar. Él tiene ese derecho y no podemos evitarlo ni interferir. Solo él puede decidir qué hacer.

- Es muy difícil, Guzmán. Yo mismo, que pensaba que ya había superado todos estos sentimientos, confieso que también me enojé con Sofía. Sé que eso no debería suceder, pero sucedió.

- Estas revelaciones están sirviendo de prueba para todos nosotros, María Rita. Veremos si nosotros estamos preparados y esperemos que Pedro Henrique reflexione bien y cuando regrese sabremos si está listo para escuchar el resto.

- ¿Aun hay más, Guzmán?

- Sí, mucho más, María Rita y prepárate, porque lo que escucharás puede hacer que tus sentimientos surjan con más fuerza.

- Me estoy asustando, Guzmán...

- ¿Asustando de qué, María Rita?

- De no estar preparada para seguir adelante, aun así, tener que renacer muchas veces para superar los sentimientos destructivos del espíritu.

- Es un riesgo que tomamos; María Rita. Por ahora, recemos pidiendo ayuda para todos nosotros...

Entonces lo hicieron. Comenzaron a orar.

16.- CRIMEN PLANIFICADO

Pedro Henrique corrió mucho. No pudo evitar las lágrimas que corrían por su rostro. Por su mente pasó toda la vida que había compartido al lado de Sofía. Lloró mucho, trató de ordenar sus pensamientos. Cuando murió, no sabía nada sobre la vida espiritual, pero ahora sí. Sabía que todos los espíritus tienen muchas oportunidades para comprender y redimirse lo que ellos consideran una equivocación. Aprendió que, para Dios, el error no existe, lo que existe solo es el aprendizaje. Sabía todo eso, pero en ese momento después de esas revelaciones, estaba siendo muy difícil de aceptar. Permaneció allí, mirando la inmensa plantación de caña de azúcar. El sol era fuerte y sus rayos le daban a la plantación un brillo deslumbrante y maravilloso, mostrando una de las maravillas de la creación.

Mientras tanto, Sofía, sin imaginar lo que estaba sucediendo, todavía estaba dentro del automóvil esperando ayuda para poder salir del agujero donde el automóvil se había estancado. Levantó la vista del libro que estaba tratando de leer y dijo:

– Stela, el hombre está tardando demasiado. No creo que nos ayude.

Stela también levantó la vista del libro, miró a Sofía y respondió:

– Espero que regrese, doña Sofía. Aun no ha pasado tanto tiempo. No han pasado ni quince minutos. Sabes cuánto tiempo estuvimos en la carretera después de conducir por el centro de la ciudad y eso que estamos en carro. ¡Imagínate cuánto tiempo le llevará yendo a caballo! Seamos pacientes. Lo único que debemos hacer es esperar y rezar para que regrese.

Al escuchar eso, Sofía pensó: "¿rezar? ¿Cuánto tiempo ha pasado desde la última vez que oré? Creo que la última vez fue cuando era niña y mi perrito se enfermó. Incluso después de orar mucho, murió y nunca más volví a rezar. Nunca pensé o tuve tiempo de rezar. Mi vida ocupaba todo mi tiempo.

Además, después de todo lo que he hecho, ¿escucharía Dios mis oraciones? No lo creo. No me escuchó cuando murió mi perrito, ¿por qué me escucharía ahora?"

Volvió a mirar el libro.

Pedro Henrique, después de llorar y pensar mucho, regresó al auto y se sentó. Miró a su madre y a Guzmán y dijo:

– Perdón por mi comportamiento, pero no pude evitarlo. Todo lo que escuché me molestó. Sé que no debería haber pasado, pero sucedió.

– De acuerdo, Pedro Henrique, pero ¿cómo estás ahora?

– Más tranquilo, pero siento que no puedo ir a una esfera más alta de espiritualidad, todavía no estoy listo.

– ¿Por qué estás diciendo eso?

– Bueno, Guzmán, ¿cómo puedo proceder si todavía estoy atrapado con sentimientos destructivos?

– Eso ha sucedido y sucederá muchas veces con todos los espíritus camino a la Luz. El espíritu, por cuanto más haya aprendido y recibido la luz, siempre encontrará problemas frente a él con otras personas que ama y, muchas veces, se dejará involucrar. Por eso, es necesario estar alerta y observando en todo momento. Jesús nos enseñó que hace mucho, mucho tiempo, ¿no?

– Es verdad... es verdad...

— Como puedes ver, Pedro Henrique, lo que te sucedió fue planeado. Vinimos aquí para tratar de asegurarnos que Sofía, que ha pertenecido a nuestro grupo durante mucho tiempo, pueda acompañarnos a esferas más altas, pero para que esto sea posible, es necesario estar a la altura de la tarea.

Sé que tú, hace muchas encarnaciones, estuviste a su lado dándole el apoyo que nunca reconoció, pero esta vez, tal vez sea la última y tú, solo tú, debes decidir lo que quieres hacer.

— Confieso que estoy confundido, Guzmán y me gustaría pedir, si fuera posible, que lo dejemos para otro día. Sé que no debería, pero no puedo perdonar y entender por qué me engañó de esa manera.

— Está bien, dejemos el resto para otro día. Te pido que te prepares, a través de mucha oración, porque lo que tienes que escuchar es muy serio, mucho más de lo que puedes imaginar.

— Estoy preocupado, Guzmán.

— ¿Por qué, Pedro Henrique?

— Creí haber escuchado todo y no puedo imaginar nada peor.

— Lamentablemente, así es. Pero necesitas saber toda la verdad, porque solo entonces podrás tomar una decisión de la que no te arrepientas más adelante.

— Si es así, creo que no debemos esperar. Como debo tomar una decisión, es mejor que todo se aclare lo antes posible. Estoy listo para saber el resto. Confieso que después de lo que escuché, ya nada más puede afectarme.

— Me temo que te equivocas, pero como debe hacerse, que así sea. Voy a continuar.

María Rita y Pedro Henrique se acomodaron en el asiento del automóvil. Guzmán comenzó a hablar:

— Esa tarde, cuando salió de la casa de Osmar, Sofía estaba feliz y desesperada. Feliz de saber que todavía Osma la amaba y triste porque sabía que había hecho algo malo.

Osmar, por su parte, no entendía lo que había sucedido. Estaba feliz de ver a Sofía en sus brazos y triste de haber engañado a la novia que creía amar. Sus sentimientos estaban confusos. Ambos se prometieron a sí mismos que eso no volvería a suceder.

– ¿No se repitió, Guzmán?

– Esa era la voluntad, pero el deseo era mayor. A partir de ese día, Sofía, todas las noches, montaba su caballo e iba a encontrarse con Osmar, quien al principio intentó evitarlo, pero falló.

Aunque no quería admitirlo, amaba a Sofía con todo su corazón.

– ¿Se volvió a repetir, Guzmán? – preguntó Pedro Henrique, con lágrimas en los ojos.

– Sí, hasta el día que regresaste y habían pasado casi dos meses. En una de esas ocasiones, después que terminaron de amarse, Osmar dijo:

– No podemos seguir viéndonos, Sofía.

– ¿Por qué, Osmar?

– Se acerca el día de mi boda y estás casada. Esto está mal, tenemos que parar... – No puedes casarte, Osmar. ¡Todavía me amas y no serás feliz!

– Tienes razón hasta cierto punto, pero no hay alternativa. Tal vez no ame a Beatriz como te amo a ti, pero siento un inmenso afecto por ella y sé que, si me esfuerzo mucho, puedo ser muy feliz. Lo que no está bien es que seguimos engañándonos a nosotros mismos y engañándonos a los dos. Esta será la última vez.

– ¡Te equivocas, Osmar! Podemos estar juntos, podemos ser felices. Cuando Pedro Henrique regrese, ¡le diré que ya no lo quiero y que quiero el divorcio!

– ¿Vas a hacer eso, Sofía?

– Lo haré, Osmar. No podré vivir junto a él sabiendo que ya no lo quiero. ¡Necesito hacer esto y lo haré!

– Piensa bien, Sofía. A mi lado, tendrás que vivir aquí para siempre y vivir en esta casa sencilla. No habrá nadie para servirte y, por el contrario, tendrás que hacer todo el trabajo de la casa. No sé si te acostumbrarás a eso.

– Nada de eso importa, ya me di cuenta que el dinero, la buena casa y la buena vida no traen felicidad.

Nunca me he sentido tan feliz en los brazos de Pedro Henrique como me siento contigo y eso no tiene precio. Te quiero y quiero vivir a tu lado para siempre.

– Eso no sucedió, Guzmán. Cuando regresé, ella me recibió con besos y abrazos que, para mí, eran de nostalgia.

Tenía muchas ganas de volver. Mi padre, después de un largo tratamiento, mejoró y es por eso que los médicos que lo atendieron le dieron de alta y pudimos regresar. Lo recuerdo como si fuera hoy, la felicidad que sentí al estar en casa y junto a Sofía nuevamente.

– Sí, eso fue lo que pasó. Sofía, aunque estaba contenta con tu regreso, también estaba preocupada, ya que ya no podía reunirse con Osmar. Aun así, te recibió con mucho cariño. Tanto que nunca podrías imaginar lo que había sucedido.

– Realmente no lo imaginé.

– El día antes que regresaras, cuando regresaba de la casa de Osmar, se encontró con Gustavo viniendo del río con una caña de pescar. Ella sabía que para que él regresara del río, tendría que pasar por la casa de Osmar. Preocupada, detuvo al caballo y le preguntó al niño:

– ¿Estabas pescando, Gustavo?

– Sí, Sofía, mira cuántos pescados pesqué. Hoy mamá los podrá freír y comeremos muy bien.

– Me alegra que hayas pescado mucho.

– ¿Qué estabas haciendo en casa de Osmar, Sofía?

– Yo no estaba allí...

– Por supuesto que sí, vi tu caballo parado frente a la puerta. No estaba seguro de si era tu caballo, pero ahora puedo ver que era ese mismo.

– Te equivocas, Gustavo. Debe haber sido un caballo como el mío. Yo no estaba allí.

– El niño la miró a ella y al caballo varias veces. Luego, pasándose una mano por la frente, dijo:

– No lo sé... pero creo que era tu caballo...

– No, no lo era, Gustavo.

Sofía, muy nerviosa dijo eso y con la espuela hizo que el caballo se escapara. Gustavo, sin entender por qué estaba tan nerviosa, continuó caminando hacia su casa.

– Guzmán, por favor dime que lo que estoy pensando no sucedió...

– Desafortunadamente, creo que no podré hacer lo que me pides, Pedro Henrique.

– No puede ser, Guzmán, ¡no puede haber hecho algo así!

– Ella lo hizo, Pedro Henrique... lo hizo...

– ¿De qué estás hablando? – preguntó María Rita, sorprendida al ver la tristeza en sus ojos.

– Pronto lo sabrás, María Rita. Esa misma noche, sabiendo que llegarías al día siguiente, Sofía se fue a la cama, pero no pudo dormir. Sabía que, con tu regreso, tenía que tomar una decisión.

Sabía que la decisión más segura era decirte toda la verdad, y pedir la separación para poder estar con Osmar, a quien sabía que amaba realmente. No pudo dormir por mucho tiempo. Pensó en las consecuencias de sus actos. Sabía, que le como Osmar había dicho, que, si se separaba habría un costo a pagar. Tendría que volver a la misma vida de la que insistía en escapar. Tendría que vivir en la pobreza y esperar que algún día

Osmar pudiera establecer la distribución de frutas y verduras que tanto había soñado. ¿Cuánto tiempo podría ser feliz a su lado? ¿Sería feliz incluso sin dinero, después de haber conocido una vida de riqueza?

Desesperada, pensó: "¡no puedo hacer esto! Sé que mi amor por Osmar no resistirá la pobreza y una vida de sacrificio. No puedo abandonar a Pedro Henrique y todo lo que él me puede dar. Nunca volveré a buscar a Osmar. Dejaré que se case y sea feliz. El precio es demasiado alto y no estoy dispuesto a pagarlo. Continuaré con Pedro Henrique..."

Guzmán sonrió y con voz triste continuó:

– Después de tomar esa decisión, recordó que Gustavo la había visto en la casa de Osmar. Tenía miedo y por la tarde, cuando saliste a ver cómo estaba todo en la granja, se subió a su caballo y fue a la casa de Romeo. Sabía que en ese momento Gustavo estaría solo en casa, porque Nadir debería estar en el campo junto a su esposo. Así fue. Tan pronto como llegó, encontró a Gustavo, que estaba tomando la caña de pescar. Cuando la vio, preguntó con asombro:

– ¿Qué haces aquí, Sofía?

– Vine a ver cómo estás. ¿Mamá está en casa?

– No, ella está allí en el campo con papá.

– Se acercó al niño y le preguntó con voz amorosa:

– Gustavo, ¿le dijiste a mamá que viste mi caballo en la casa de Osmar?

– No, incluso lo olvidé, pero ¿por qué preguntas eso?

– Por nada. No le cuentes, estoy organizando con Osmar una fiesta sorpresa para el cumpleaños de su mamá. Ella no puede saberlo. ¿Prometes que no arruinarás la sorpresa?

– Si vas a hacer una fiesta, no lo diré. Realmente no iba a contarlo. Lo que realmente quiero es ir a pescar.

– Como no arruinarás la fiesta, te daré una nueva caña de pescar. Como el que usa Pedro Henrique, ¿la quieres?

– ¡Por supuesto que sí, Sofía!

– Mañana volveré con la caña, ¿de acuerdo?

– ¡No te imaginas lo feliz que estoy! Gracias Sofia.

Sofía sonrió y dijo:

– Ahora voy a la granja para hablar con mi padre y mi madre. ¿Quieres ir también?

– ¡No, voy a pescar! Adiós Sofía.

– Adiós, Gustavo, ¡espero que pesques mucho! Te traje un pedazo de pastel de chocolate, ¡sé que te gusta mucho!

– Ahora no tengo ganas de comer.

– Tómalo y sé que tendrás hambre mientras estás pescando.

– Creo que lo haré. Ahora necesito irme. Hay muchos peces en el río.

– Gustavo se fue llevando la caña de pescar. Sofía, con sus ojos, lo siguió hasta que desapareció. Luego fue a la granja a encontrarse con sus padres, que se sorprendieron al verla allí. Nadir, al verla, preguntó intrigada:

– ¿Qué haces aquí, Sofía?

– ¡Pedro Henrique está de vuelta, mamá!

– Bien, ¿cómo está tu padre?

– Parece que está fuera de peligro, solo tendrá que seguir tomando su medicina.

– Yo también estoy un poco sorprendido, desde que te casaste, nunca volviste a visitarnos. ¿Qué está pasando, Sofía?

– No pasa nada, padre. Pedro Henrique quiere hacer un asado el domingo y me pidió que viniera aquí para invitarte a ti, a mamá y a Gustavo, será una fiesta muy buena.

– ¿Él hizo eso? ¿Realmente quiere que vayamos?

- Por supuesto que sí, madre. Está muy feliz que su padre esté bien y de haber vuelto a casa. Él quiere que todos los familiares y amigos vayan a la fiesta.

- No sé, eso es raro. Nunca quiso mezclarse con nosotros...

- Se acabó, mamá. Ahora él, después de casi perder a su padre, entendió lo que siento por estar lejos de mi familia y quiere arreglar todo lo que hizo mal. Él realmente quiere que tú, mi padre y Gustavo vayan a la fiesta.

- De acuerdo, lo pensaré, hablaré con tu madre y veremos qué vamos a hacer.

- ¡No hay nada en qué pensar, papá! ¡Solo tienes que ir, comer y beber mucho! Romeo guardó silencio. Sofía los besó a ambos y regresó a casa, donde había dejado su caballo, miró hacia el río y se fue.

María Rita abrió mucho los ojos y dijo:

- Ahora entiendo por qué sospechaste, Pedro Henrique. ¡Ella no podría haber hecho eso!

- Lo hizo, mamá, lo hizo...

- Desafortunadamente lo hizo. ¿Recuerdas esa noche, Pedro Henrique?

- ¿Cómo podría olvidarlo, Guzmán? Estábamos cenando cuando Romeo llegó a casa desesperado. Estaba muy cansado, ya que había venido corriendo de su casa a la nuestra y apenas podía hablar. Cuando lo vi en ese estado, pregunté, asustado:

- ¿Qué pasó, señor Romeo?

- Gustavo no volvió a cenar. Fui a buscarlo y lo encontré cerca del río. Está muy mal, necesito ir a la ciudad, pero no puede ser a caballo, ¡vine a ver si puedes llevarme en tu jeep!

- Yo estaba aterrorizado y en ese mismo instante, fui acompañado por él al garaje, cogí mi jeep y fuimos a su casa.

– Así sucedió. Ni siquiera preguntaste qué creía Romeo que había sucedido y salieron muy rápido. Sofía, aterrorizada, se quedó en casa, muerta de miedo que Gustavo le dijera que ella había estado allí y le había dado el pastel de chocolate, porque fue ella quien lo preparó y le había puesto un veneno muy fuerte que usaban en la granja. Estaba tan aterrorizada que no tuve el coraje de pedir ir con ellos.

– Ahora recuerdo esa noche. Vi que estaba llorando mucho, pero pensé que era por su hermano, no por miedo.

– Pero sí, fue por miedo. Miedo que descubrieran su traición con Osmar, así que decidió matar al niño.

– ¡No puede ser, Guzmán!

– No debería haber sido así, pero lo fue, María Rita.

– Cuando el Sr. Romeo y yo llegamos a su casa, me di cuenta que no había nada más que hacer. El chico estaba muerto. Fue una gran desesperación. Nadir lloró mucho abrazada a su hijo. Romeo salió de la casa, fue al patio y también comenzó a llorar sin parar. Poco después, Sofía llegó a caballo, se bajó y, corriendo, entró a la casa. Necesitaba ver si Gustavo había dicho algo. Cuando vio que estaba muerto, respiró hondo y comenzó a gritar, mostrando un gran dolor. La abracé, diciendo:

– No te pongas así, Sofía.

– ¿Qué pasó, Pedro Henrique? ¿Él no dijo nada?

– No lo sé, Sofía. Cuando llegamos, ya estaba muerto. No tengo la menor idea.

– Sofía se acercó a su madre para ver si sabía algo. La abrazó y le preguntó:

– ¿Qué pasó, madre?

– Nadir, llorando desesperadamente, respondió:

– No lo sé, Sofía. A la hora del almuerzo estaba muy bien. Dijo que iba a pescar y que traería mucho pescado para freír a la hora de la cena.

- ¿Él no dijo nada?

- No, cuando tu padre lo encontró, aunque estaba vivo, ya estaba desmayado. Tu padre lo recogió, vino aquí y fue a tu casa a pedir ayuda. Cuando regresaron con el jeep, Gustavo ya estaba muerto.

- ¿Qué crees que pasó?

- No lo sé, puede haber sido picado por algún animal o pudo haber comido alguna hierba venenosa. No sé.

- Sofía siguió llorando, no por el dolor de la muerte de su hermano, sino temiendo que descubrieran que ella era la culpable de haberle dado el veneno al niño.

Guzmán continuó hablando.

- Estaba aterrorizada. Tú estuviste consolándola todo el tiempo, Pedro Henrique.

- Sí, entendí todo ese sufrimiento. No sabía, hasta hoy, que Gustavo no era su hermano legítimo, para mí él era el único hermano que tenía y, por lo tanto, pensé que debía haberlo querido mucho.

- A mí también me avisaron y, como todos los demás, me impresionó la tragedia y también me sentí muy mal por Sofía y por su familia. Nunca podría haber imaginado que Sofía hubiera sido la responsable de esa tragedia.

- Ni tú ni nadie, María Rita. La ciudad era pequeña, no había historias de crímenes, por lo que solo había dos soldados y un solo médico que se encargaba de cuidar a todos. Como nadie sospechaba del crimen, el médico dio el certificado de defunción y dijo que Gustavo había muerto por la mordedura de un animal. El cuerpo fue velado en tu casa, Pedro Henrique.

- Sí, durante todo el tiempo Sofía permaneció despierta, lo que para todos fue considerado como un acto de amor, pero en realidad no lo fue. Ella quería asegurarse que nadie descubriera lo que realmente había sucedido.

Osmar y toda su familia asistieron al funeral. Tan pronto como llegó, saludó a Romeo, Nadir y Sofía, quienes lo recibieron fríamente y en ese momento se dio cuenta de que, a tu regreso, todo lo que había entre él y Sofía había terminado. Se dio cuenta que ella no dejaría la seguridad que tenía al lado de Pedro Henrique, por una vida incierta a su lado. Se fue con la certeza que toda esa locura había terminado y que debía casarse con Beatriz y tratar de ser feliz. El entierro se llevó a cabo y luego, todos regresaron a sus hogares. Sofía entró en la casa y se bañó. Todo el tiempo estuvo bajo una tensión muy fuerte, ahora podía descansar aliviada.

- Guzmán, esa no es la Sofía que conocí y con la que estuve casado durante tanto tiempo. Nunca podría haber imaginado que ella fuera capaz de cometer un crimen tan bárbaro. Lo peor es que se salió con la suya. Nadie sospechó nada. ¡Eso no puede ser, Guzmán! ¡Necesita ser desenmascarada! ¡Tiene que pagar por todo lo que hizo!

- Aunque, según las leyes de los hombres, no fue descubierta y quedó impune, por las leyes de Dios será condenada y tendrá que pagar.

- ¿Qué le pasó a Gustavo después de su muerte?

- Fue apoyado por amigos espirituales y lo llevaron con seguridad a una de las colonias que existen dispersas por la Tierra. Le está yendo muy bien, preparándose para una nueva encarnación. Cuando renació como el hermano de Sofía, fue para que ambos pudiesen redimir los errores del pasado. Sofía tendría la oportunidad de enmendar todo el mal que le había hecho en encarnaciones pasadas. Siempre existía el riesgo que ella no lo hiciera, pero era necesario que se intentara. Pero ella falló nuevamente.

- No entiendo, Guzmán, ¿por qué después de todo lo que hizo, estamos tratando de hacerla arrepentirse y poder acompañarnos? Ella no está lista para ir a una esfera superior de espiritualidad, mucho menos para ser parte de un equipo y brindar ayuda.

– Sí, tienes razón, María Rita. No está lista, pero estaban dispuestos a quedarse aquí, porque no querían dejarla atrás, es por eso que estoy aquí para mostrarles a la verdadera Sofía y solo así puedan tomar esa decisión que influirá en sus vidas espirituales. Recuerden que todos, buenos o malos, somos hijos del mismo Dios y que Él nos ama a todos de la misma manera y con el mismo amor, por lo tanto, siempre nos dará todas las oportunidades para encontrar Su Luz. Sofía tiene una oportunidad más, esperemos que la reciba con cariño.

Pedro Henrique y María Rita se miraron, bajaron los ojos y rezaron, agradeciendo a Dios por toda su bondad.

17.- EL ERROR MÁS GRANDE

En ese momento, sin saber por qué, Sofía recordó a Gustavo y el día de su muerte. Un escalofrío recorrió su cuerpo. Aunque no quisiera, lo recordaba todos los días.

Recordaba el día en que Romeo lo llevó a casa y la felicidad que sintió Nadir cuando tomó a ese niño en sus brazos. Recordaba cómo le había enseñado a leer y a escribir y el odio que sintió el día que Romeo la abofeteó por decir que no era su hermano. Cada vez que recordaba el día de su muerte, hacía un enorme esfuerzo por cambiar de opinión. En su opinión, un animal lo había mordido. Si todos hubieran creído eso, ¿por qué no lo haría ella? Su alma enferma trataba de engañarse a sí misma.

No quería ser ni se sentía responsable de la muerte del niño. Aun así, mientras caminaba por la casa, veía formas y por las noches, soñaba con la cara deforme de Gustavo, con la apariencia de un monstruo que la atacaba y la acusaba. Despertaba sudando mucho y aterrorizada.

– ¿Era él, Guzmán?

– No, Gustavo estaba protegido por amigos espirituales. Lo que hizo aparecer esas imágenes fue el sentimiento de culpa, la conciencia culpable, porque nadie puede escapar de ella. Por esa razón, aunque quisiera olvidar, las imágenes la perseguían todo el tiempo.

En ese momento, bajo la influencia de Guzmán, Stela preguntó:

– Doña Sofía, escuché que tenías un hermano. ¿Por qué no hablas de él?

Sofía respiró hondo, se sentó mejor en el asiento del automóvil y, sabiendo que no había forma de evitar la respuesta, respondió:

– Sí, tuve un hermano que murió de niño.

– ¿De qué murió?

Sofía, visiblemente molesta, respondió:

– Fue mordido por un animal, no sabemos cuál.

Stela iba a hacer otra pregunta, pero Sofía la interrumpió:

– Por favor, Stela, no quiero continuar con ese tema. Me trae recuerdos dolorosos y me duele mucho.

Stela conocía a Sofía lo suficiente como para saber que la conversación debía terminar. Volvió a mirar a la carretera. Al darse cuenta que no había ninguna novedad, comenzó a leer de nuevo. Sofía hizo lo mismo y, como lo había estado haciendo desde que el auto se atascó, también volvió a leer, pero no pudo. Stela, con esa pregunta, le había hecho recordar por completo al día en que Gustavo murió y comenzó a pensar: "en los días posteriores a la muerte de Gustavo, tuve que ser muy fuerte para no contarle a Pedro Henrique lo que realmente había sucedido. La única forma que encontré para resistir fue permaneciendo dentro de mi habitación, esperando que pasara el tiempo. Sabía que él estaba preocupado por mí y, por lo tanto, evitaría hablar del tema."

– Realmente, ella tenía razón, Guzmán. Quería acercarme, pero pensé que no estaba en condiciones y que estaba sufriendo mucho. Dejé que pasaran los días.

– Yo también sentí todo tu sufrimiento, hijo mío. Nosotros, aunque no éramos parte de la familia, también lamentamos toda la tragedia que afectó a la familia de Sofía. Ni por un minuto pensamos que ella podría haber sido responsable de todo ese sufrimiento y tanta maldad. Guzmán, ni sé cómo decir lo que estoy pensando. Estoy muy conmocionada por todas estas revelaciones que nos estás haciendo.

– Entiendo cómo te sientes, pero aun no ha terminado, hay mucho más, María Rita.

– ¿Aun hay más, Guzmán? ¡No puedo creer que me haya engañado tanto!

– Estabas enamorado, Pedro Henrique y la pasión a menudo te hace no ver la realidad.

Además, Sofía lo planeó muy bien, para que nunca fuese desenmascarada ¿Recuerdas qué más pasó en ese momento?

– Sí, estaba muy preocupado, porque Sofía no dormía bien ni comía y, a menudo, se sentía enferma y casi se desmayaba, así que le propuse llevarla al médico. Al principio ella no quería ir, pero ante mi insistencia, fuimos a la ciudad. El doctor, después de examinarla, dijo:

– Bueno, tendré que hacer algunos exámenes, pero en este momento, puedo decir que estás embarazada, doña Sofía.

– Sofía parecía asustada. Yo, sin darme cuenta, pensé que era porque ella no quería tener un hijo. Aunque sabía eso, no pude ocultar mi felicidad.

– Sofía, ¡tendremos un hijo! ¿Alguna vez imaginaste lo bueno que será esto? ¡La hacienda tiene una gran necesidad de un niño! Estoy muy feliz mi amor.

– Sofía comenzó a llorar, pensé que estaba feliz, pero por todo lo que nos has contado, seguro que la razón fue otra, ¿no es así, Guzmán?

– Sí, Pedro Henrique, las lágrimas que dejó caer por su rostro fueron por saber que el niño que esperaba no era tuyo, sino de Osmar. Estuviste fuera de la casa durante casi dos meses y en ese tiempo, se encontró con Osmar casi todos los días. Lloró por miedo a que sospecharas de ella y la descubrieras. ¿Recuerdas lo que dijo llorando?

– Lo sospechaba incluso antes que te fueras de viaje, simplemente no estaba segura.

– ¡Le creí, Guzmán! Ahora acabo de descubrir que Maurício no es mi hijo, pero eso no me importa.

– No podía esperar nada más de ti, Pedro Henrique. Siempre fuiste un padre dedicado. Los amabas a ambos de la misma manera, pero Sofía no; cada vez que miraba y aun mira a Maurício, recuerda la traición que practicó, pero como no puede ser de otra manera, culpaba a Osmar por eso. Ella se consideraba una víctima suya, cuando en realidad sabemos que, fue todo lo contrario, él era el menos culpable.

– Es verdad. Pero por mucho que quiera, no puedo olvidar la felicidad que sentí cuando supe que iba a tener un hijo. Maurício fue y sigue siendo un excelente hijo, dedicado y amigo, tal vez toda esta amabilidad y dedicación la heredó de su padre, porque, aunque no haya conocido a Osmar, me estoy dando cuenta de que, como yo, también fue una víctima de Sofía.

– Yo también, hijo mío, nunca imaginé que Maurício no fuera mi verdadero nieto y siempre lo amé de la misma manera que amaba a Ricardo. Sin embargo, ahora que nos has dicho la verdad, Guzmán, entiendo muchas cosas que no entendía en la actitud de Sofía.

– ¿Qué cosas, mamá?

– Ella nunca se molestó en ocultar la diferencia con la que trataba a ambos. Todo su cariño y dedicación siempre fueron para Ricardo. Con Maurício, ella me pareció fría y distante. No entendía cuál era la razón. Ahora lo entiendo.

– Tienes razón, María Rita. La presencia de Maurício era un recordatorio de su traición y de todos los crímenes que había cometido.

— Además de matar a su hermano, ¿cometió otros crímenes, Guzmán?

— Desafortunadamente sí, Pedro Henrique. Después de la muerte de Gustavo, Sofía se quedó en su habitación durante muchos días y solo comenzó a salir después de darse cuenta que su crimen no sería descubierto. El niño fue enterrado, se celebró la misa del séptimo día y pasó casi un mes. Después de eso, volviste al trabajo y todo volvió a ser como antes. Todos tenían sus obligaciones que cumplir. Tú, en particular, tenías mucho trabajo, porque estabas empezando a criar terneros y es por eso que tenías que ser muy cuidadoso con sus madres y eso te tomaba mucho tiempo. Pero, después de la muerte de Gustavo te preocupabas tanto por Sofía, que tratabas de llegar temprano para poder estar a su lado.

— Sí, Guzmán, recuerdo esos tiempos a, estaba realmente preocupado.

— ¿Recuerdas una tarde cuando estabas con Sofía sentada en el porche y viste a Romeo acercarse?

Pedro Henrique cerró los ojos para poder recordar ese día. Después de unos segundos, él respondió:

— Sí, lo recuerdo, Guzmán. Se acercó y pronto me di cuenta que estaba muy preocupado. En cuanto se acercó, le dije:

— ¿Cómo está, señor Romeo? ¡Qué sorpresa!

Él, muy alterado, respondió:

— No estoy bien, no.

— ¿Por qué? ¿Pasó algo?

— Nadir no está bien, estoy muy preocupado, por eso vine aquí. Necesito llevarla a la ciudad para ver al médico, pero creo que el carro demorará mucho tiempo y será agotador, así que vine aquí para ver si puedes llevarnos en tu jeep.

Sofía cuando vio a su padre, comenzó a temblar, temiendo que él hubiese ido allí porque había descubierto algo. Forzó y logró que algunas lágrimas cayeran de su rostro.

Mostrando una preocupación de que, en realidad, no sentía, preguntó:

– ¿Qué tiene ella, papá?

– Desde que Gustavo murió, ha estado muy triste, ya no quiere volver al campo, está acostada todo el tiempo, no come y está muy débil. Cuando llegué a casa hace un rato, se había desmayado al lado de la estufa, así que estoy aquí. Necesito tu ayuda para llevarla al médico.

– ¡Por supuesto, señor Romeo! ¡Debería haber venido antes!

– Vi que estaba triste por causa de Gustavo, pero creí que se le pasaría pronto, pero no fue así...

– ¡Bueno, vamos ahora mismo! Sofía, ¿quieres ir?

Sofía, aun preocupada, no quería dejarte a solas con él. Respondió:

– ¡Por supuesto que sí, Pedro Henrique!

– Bien, voy a la parte de atrás de la casa a buscar el jeep.

– Te fuiste y ella estaba sola con tu padre. Él, triste y preocupado, preguntó:

– ¿Estás bien, Sofía?

Ella, queriendo saber si su padre sospechaba algo, respondió con voz temblorosa:

– Estoy tratando de continuar mi vida, padre, pero ha sido difícil, hasta ahora no entiendo cómo Gustavo pudo morir. Solo era un niño...

– Yo tampoco lo entiendo, pero fue la voluntad de Dios y en contra de eso, no podemos nada que hacer, ¿verdad?

– También estaba muy triste por la muerte de Gustavo, pero Pedro Henrique me mostró que es inútil. Como dijiste, debe haber sido la voluntad de Dios.

– Ella, con su mano, se limpió las lágrimas y aliviada al darse cuenta que su padre no sospechaba lo que realmente había sucedido, dijo:

– Debes tener razón...

– Regresaste, Pedro Henrique, y juntos fueron a la casa de Romeo. Encontraron a Nadir acostada en la cama. Lo que menos quería Sofía era regresar a esa casa donde había cometido el crimen, pero como siempre, pensaba en todo, y sabía que, si se negaba, podría levantar sospechas, decidió ir. Cuando llegaron y entraron a la casa, todo su cuerpo se estremeció cuando recordó a su hermano, pero se controló rápidamente. Nadir estaba muy abatida, Sofía se le acercó. Al verla, Nadir comenzó a llorar. Sofía preguntó:

– ¿Qué tienes, madre?

– Nadir la miró y con gran dificultad para hablar, respondió:

– Tu padre no preocupó por nada, Sofía... No tengo nada, solo estoy muy triste...

– ¿Por la muerte de Gustavo?

– También...

– ¿Cómo que también, Nadir? ¿Hay algo más?

Nadir la miró y respondió:

– No sé, Sofía... Ni siquiera sé lo que estoy pensando...

Tú, Pedro Henrique, que seguiste toda la conversación pensando que Nadir decía eso porque estaba muy débil y, por lo tanto, incapaz de pensar con claridad, dijiste:

– No perdamos el tiempo hablando, ¡vamos a la ciudad ahora mismo! Sofía, prepara a tu madre, cámbiala de ropa. Tu padre y yo esperaremos afuera. Sr. Romeo, ¿todavía tiene el brandy?

Necesito tomar un trago.

- Dije eso no porque me gustara beber, sino porque sabía que a él le gustaba y yo necesitaba calmarlo de alguna manera.

- Te fuiste, Sofía se sentó en la cama donde estaba acostado Nadir y dijo:

- Madre, tienes que levantarte, ducharte y cambiarte de ropa. Luego, debemos ir al médico, él te dará un medicamento y estarás bien nuevamente. Sé lo que estás sufriendo por Gustavo, pero no se puede hacer nada más. Él se ha ido. Nosotros estamos aquí y debemos continuar.

- Sí, estoy muy triste, Sofía. Gustavo era todo lo que tenía. Sigo esperando que en cualquier momento él venga, feliz, trayendo el pescado que tanto le gustaba pescar

- Sé que piensas mucho en él, pero ahora necesitas seguir tu vida y deberías estar muy feliz. ¡Estoy embarazada, voy a tener un bebé, mamá!

Nadir, sin que Sofía lo esperase, le sostuvo el brazo con fuerza y dijo llorando - continuó Guzmán:

- Eso era lo que temía, ¡Sofía!

- ¿Temerle a qué, madre?

- ¿Cuánto tiempo tienes de embarazo, Sofía?

Sofía no esperaba esa pregunta y no sabía qué responder. Entonces dijo:

- No sé, mamá, no estoy segura... No sé, mamá y no entiendo por qué me haces esa pregunta.

- Tú lo sabes, Sofía. Toda mujer sabe cuándo está esperando un hijo.

- No lo sé, pero ¿qué tiene esto que ver con mi felicidad al esperar un hijo? Pedro Henrique también está muy feliz. ¿Por qué haces esto, mamá? ¿No estás contento de tener un nieto?

- Cuando Gustavo me dijo que vio tu caballo en la casa de Osmar, en la que iban a vivir después de casarse, temí que se difundiera y que todos lo supieran, especialmente tu esposo y le pedí que no se lo dijera a nadie. Ni siquiera a ti.

– ¡No entiendo, madre! ¿De qué estás hablando?

– Sé que mientras tu esposo viajaba, te encontraste con Osmar varias veces. Por el tiempo que estuvo fuera, si tienes poco más de un mes, estoy segura que este niño que va a nacer no es su hijo, Sofía...

– Sofía comenzó a desesperarse cuando se dio cuenta que había sido descubierta y que Gustavo le había dicho a su madre. Sin embargo, se controló rápidamente y dijo:

– ¡Mamá, eso no es cierto! ¡Gustavo mintió!

– No, Sofía, no mintió. Era un niño y habló con toda su inocencia. Sé que estaba diciendo la verdad.

– ¿Cómo puedes saberlo? ¡Gustavo mintió!

– Después que me dijo que siempre veía tu caballo allí, yo misma fui allí una tarde y también lo vi. Te encontraste con Osmar varias veces.

– Al escuchar eso, Sofía se desesperó aun más y llorando mucho, dijo:

– ¡Mamá, por favor olvida todo eso, se acabó! ¡No hables de eso con nadie! Sabes, que, si Pedro Henrique se entera de lo que pasó, ¡no sé lo que pueda hacer! ¡Fue una locura, pero prometo que no volverá a suceder! ¡Por favor mamá!

– Nadir, desolada, miró a Sofía y también llorando, preguntó:

– ¿Por qué hiciste eso, Sofía? Sé que tu esposo no te cae bien, pero te quiere mucho y hace todo lo posible para hacerte feliz. No merecía que lo traicionaras...

– Ya lo sé, mamá, ¡pero no sé me qué pasó! Cuando escuché que Osmar se iba a casar con una chica que tenía mucho dinero, ¡me desesperé e hice esta locura!

- Siempre el dinero, Sofía... siempre el dinero. Gracias a él, abandonaste a Osmar y ahora, para no perder todo lo que has conseguido, ¿continuarás mintiendo y engañando?

- ¡Se acabó, mamá! ¡Terminó! - dijo Sofía, llorando desesperadamente.

- No ha terminado, Sofía. Está empezando...

- ¡Se acabó, mamá! ¡Nunca volveré a ver a Osmar!

- Quizás eso sea cierto, pero cada vez que mires a este niño que va a nacer, también, aunque no quieras, lo recordarás a él y a tu traición. Lo mejor que puedes hacer es decirle la verdad a tu esposo. Es un buen hombre, te quiere mucho y lo entenderá...

- ¡No puedo hacer eso, mamá! ¡No puedo, él nunca lo entenderá y me abandonará con el niño! ¡No puedo hacer eso, mamá!

- Debes hacerlo, hija mía, porque solo así podrás vivir en paz. Si no se lo cuentas, tendré que hacerlo yo misma...

- Sofía, desesperada y sin saber qué hacer, guardó silencio un momento. Después de pensar por un momento, dijo:

- Tienes razón, madre. Necesito decirle y lo haré, pero no ahora. Debes estar bien para que, si Pedro Henrique me abandona, puedas ayudarme a criar a este niño que pronto nacerá.

Nadir sonrió y dijo:

- Soy tu madre, Sofía y siempre estaré dispuesta a ayudarte. Por eso, puedes contarle todo a tu esposo. Sé que él te perdonará lo que hiciste, entenderá que eres muy joven y que por eso te dejaste llevar, pero si no lo entiende y te abandona, puedes volver a casa. Tu padre y yo te ayudaremos a criar a este niño - Sofía respiró hondo. Abrazó a su madre, diciendo:

- Gracias mama. Como siempre, tienes razón, haré todo lo que dijiste, pero no puede ser hoy. Debes ir al doctor. Estás muy débil, debes tomar alguna vitamina para volver a ser fuerte. Pedro Henrique y mi padre están esperando afuera. Irás al médico y cuando volvamos por la noche, hablaré con Pedro Henrique y solo entonces veremos qué pasará. ¿Está bien así?

– De acuerdo, hija mía. Esperaremos con mucho cariño a este niño y haremos todo lo posible para que sea muy feliz.

Sofía estaba tranquila, sabía que había logrado convencer a su madre que hablaría contigo. Ella la ayudó a vestirse y antes que se fueran, le preguntaste:

– ¿Tú también quieres ir, Sofía, o prefieres quedarte en casa?

– Ella, mostrando preocupación, respondió:

– ¡Por supuesto que iré, Pedro Henrique! ¡Solo estaré tranquila cuando sepa que mi madre está bien!

– Sí, eso es lo que pasó Guzmán. Hablando así, ella me convenció que estaba realmente preocupada por su madre.

– En realidad, lo que ella no quería que tú y tu madre estuvieran solos. Temía que su madre, aun sin darse cuenta, dijera algo que despertara sospechas. Fueron a la ciudad. Después que el médico examinó a Nadir, dijo:

– Doña Nadir, estás muy débil, te recetaré algunas vitaminas y un calmante para que puedas reaccionar. Recuerda que puedo cuidar de tu cuerpo, pero eres tú quien tiene que cuidar de tu alma. Ya es tarde, pero, aun así, voy a hablar con Mauro, el farmacéutico.

Él vive cerca de mi casa. Le pediré que prescriba la receta. Mañana temprano, puedes venir a recogerla.

– Miré a Nadir y luego a Sofía y dije:

– Por favor, haga esto, doctor, y no se preocupe que mañana, muy temprano, estaré aquí y esperaré a que el medicamento esté listo. Luego, se lo llevaré a doña Nadir.

– De acuerdo, Pedro Henrique, pero necesito decirte, doña Nadir, que este medicamento es muy fuerte, por lo que solo puede tomar veinte gotas con las comidas. Le ayudará a deshacerse de esa depresión, pero eso solo sucederá si comprende que todo en la vida pasa por alguna razón. Su hijo murió, sé que el dolor y la nostalgia son muy fuertes, pero la vida continúa. La señora tiene a su esposo e hija que necesitan mucho cariño, además, Sofía está esperando un hijo que llenará su vida de felicidad. Piénselo, doña Nadir...

Regresaste a casa, dejaste a Nadir y Romeo en casa y luego fuiste a la tuya. Sofía estaba inquieta, pensaste que estaba preocupada porque su madre estaba enferma, cuando en realidad lo que temía era perder todo lo que había conseguido.

- Nunca podría imaginar que ella estaba actuando de esa manera extraña por eso, Guzmán. Pensé que estaba realmente preocupada por su madre. ¿No pensaba seguir el consejo de su madre y contarme todo lo que había sucedido?

- Ni por un minuto, eso era lo que más temía. Durante toda la noche, apenas durmió y se preguntó cómo podría evitar que esto sucediera. En la mañana, mientras tomaba café, ella dijo:

- Pedro Henrique, el doctor le dio la receta a Mauro por la noche, así que creo que la medicina no estará lista hasta las diez u once. Estarás mucho tiempo esperando. Creo que es mejor que envíes a Tiago. Él puede quedarse el tiempo que sea necesario. Dile que luego traiga la medicina aquí a casa, e iré con él en el carrito para llevársela a mi madre.

- No necesitas hacer eso Sofía, él puede ir solo.

- Quiero ir a ver cómo está mi madre.

- De acuerdo, si así lo quieres, hablaré con él.

Eso fue lo que hice, Guzmán, hablé con Tiago y él fue a la ciudad.

- Cuando regresó, era casi mediodía. Tan pronto como llegó, Sofía le pidió que le mostrara la medicina. Le dio dos botellas, una con un líquido oscuro y la otra con un líquido blanco. Ella tomó los frascos y dijo:

- Traeré un pedazo de carne para que mi mamá o mi papá preparen el almuerzo.

Tiago, sin sospechar, sonrió y mientras ella entraba con los frascos, él esperó. Poco después regresó con un paquete y dos frascos en sus manos. Fueron a la casa de Romeo, quien, cuando llegaron, no estaba allí. Sofía entró y habló con su madre.

- Mamá, traje un trozo de carne para el almuerzo y la medicina que me recetó el doctor Xavier. Debes tomarla correctamente. No olvides que no puedes tomar más de veinte gotas de cada vez.

- No lo olvidaré, Sofía.

- ¿Quieres que prepare el almuerzo?

- No es necesario, tu esposo ya debe estar llegando para almorzar. Estoy bien y voy a preparar la comida de tu padre.

- Está bien, entonces me iré.

Sofía estaba saliendo de casa cuando Nadir preguntó:

- ¿Has hablado con tu esposo, Sofía?

- Sofía quería evitar esa pregunta, por eso se iba a toda prisa, pero ante la insistencia de su madre, ella respondió:

- Todavía no, mamá. Ayer, cuando llegamos, estaba muy cansado, se duchó y se durmió de inmediato. Esta mañana, se fue antes que despertara, pero no te preocupes, hablaré con él. Me convenciste que esta es la mejor manera.

- Hazlo, Sofía, será bueno para ti y tu matrimonio.

- Lo haré, mamá... tengo miedo, pero lo haré...

- Nadir sonrió, Sofía se subió al carro donde estaba Tiago y se fueron. Cuando llegaste a almorzar, lo primero que preguntaste fue:

- ¿Tiago te trajo la medicina, Sofía?

- Sí, la trajo y fui con él a la casa de mi madre.

- ¿Cómo está ella?

- Ella, con un aire de tristeza y preocupación, respondió:
- No muy bien, Pedro Henrique. Estaba llorando mucho y no quería salir de la cama, tuve que discutir con ella.
- ¿Ella se levantó?
- Después hablar mucho con ella. Quería prepararle el almuerzo, pero ella no me dejaba. Dijo que lo iba a preparar ella.
- Prometió que tomaría el medicamento correctamente, como lo ordenó el Dr. Xavier.
- Ella estará bien, Sofía. Lo que ella siente es normal. Después de todo, perdió un hijo y eso debe ser muy duro...

Con los ojos llenos de agua, dijo:
- Sí, Pedro Henrique, tengo fe en que ella estará bien pronto...

Pasaron tres días, estabas tomando café cuando Romeo, por la mañana, llegó desesperado y llorando mucho. Cuando lo viste venir, te levantaste y preocupado, le preguntaste:
- ¿Qué pasó, señor Romeo?
- Él lloraba mucho, tanto que tenía problemas para responder. Te acercaste a él y pusiste tu brazo alrededor de su espalda y dijiste:
- Trata de calmarte para que puedas contarnos lo que pasó, parece que ha sido algo muy serio.

Respiró hondo y dijo:
- Esta mañana, cuando desperté, me sorprendió que Nadir aun no estuviera despierta. La toqué y me di cuenta que estaba muerta...
- ¿Muerta? ¿Cómo? - Preguntaste, aturdido.
- No sé, ella, incluso tomando el medicamento, no mejoró...
- Sofía comenzó a llorar y preguntó:
- ¿Estás seguro que ella realmente tomó la medicina, padre?
- Sí, me aseguré de dárselo yo mismo. Pero creo que no pudo librarse de la tristeza que sentía. ¿Recuerdas que el doctor Xavier dijo que los medicamentos no funcionarían si ella no reaccionaba? Ella no reaccionó. Dios mío, ¿qué voy a hacer con

mi vida ahora? Perdí a mi hijo de una manera estúpida, ni siquiera sé cómo fue y ahora, mi esposa...

Recuerdo ese día, Guzmán y cómo Sofía seguía llorando. No sabía a cuál consolar primero, porque al igual que ellos, no podía creer cómo había sucedido todo eso. ¿Cómo podría caer tanta desgracia sobre una familia?

Estaba aterrorizado y te tomó un tiempo decir:

- Necesitamos llevarla a la ciudad. El doctor Xavier necesita verla y descubrir qué le pasó.

Sofía se estremeció y aun llorando, preguntó:

- ¿Será realmente necesario, Pedro Henrique?

- Claro, Sofía. Necesita darnos el certificado de defunción.

- No puedo ir, quiero ver a mi madre - gritó desesperadamente y estabas preocupado por ella. Pensaste que ella estaba así debido a la conmoción por la muerte de su madre, cuando en realidad no era así.

- ¿Cómo que no, Guzmán? ¿Por qué ella estaba actuando así?

- Por miedo, Pedro Henrique, por miedo...

- ¿Miedo de qué, Guzmán?

- Cuando Tiago le entregó los dos frascos y ella le dijo que iba a conseguir un trozo de carne, pero en realidad fue a buscar el veneno, el mismo que había puesto en el pastel de chocolate que le dio a Gustavo. Puso un poco de la medicina en el lavabo del baño y agregó el veneno. No sabía cuánto tardaría, pero se arriesgó. Sabía que el veneno funcionaría.

Su único temor era que fuera descubierta.

- ¡Ella no hizo eso, Guzmán! ¡Ella no mató a su propia madre!

- Desafortunadamente, lo hizo, María Rita. Tenía mucho miedo que su madre le dijera a su padre lo que sabía.

- ¡Dios mío, Guzmán! Conociendo a Sofía, me cuesta creerlo. Parecía una persona humilde y siempre estuvo muy dedicada a Pedro Henrique...

- Ella siempre supo lo que estaba haciendo. Planeaba hacer cualquier cosa para no perder lo que había conseguido...

- Sabemos que no fue descubierta. ¿Cómo pudo pasar esto? ¿Nadie sospechó que Gustavo y Nadir murieron de una manera extraña?

- Pedro Henrique, ¿recuerdas que decidiste ir a la ciudad para pedirle al médico y al ayudante que vinieran a la casa de Romeo?

- Sí, me pareció mejor así, para que pudieran descubrir de qué habían muerto y para que pudiéramos enterrarla.

- Ellos fueron. La ciudad era muy pequeña y no había muchos recursos. El doctor Xavier, sabiendo que Nadir estaba muy débil y en una depresión profunda, no se sorprendió al saber que había muerto e incluso pensó que había sido de hambre.

- ¿Cómo pudo pasar esto, Guzmán?

- Todavía hay ciudades así en la actualidad. Pequeñas, sin recursos y sin malicia, con dos soldados y un solo médico para atender a la población.

- Ese día, después que se confirmó la muerte de Nadir, Sofía lloró todo el tiempo hasta el momento en que enterraron a su madre. La consolaron por muchas personas. Yo mismo estaba muy preocupado y porque estaba esperando un hijo, intenté calmarla varias veces. Insistí en que se fuera a la cama, pero ella se negaba...

- Ella no podía alejarse. Necesitaba estar segura que nadie sospechara. Después del funeral, fue a su casa, comió, se duchó y durmió toda la noche.

- ¡No sé lo que estamos haciendo aquí, Guzmán! - dijo Pedro Henrique, muy alterado.

- Estamos aquí para intentar hacerla cambiar de opinión, arrepentirse y confesar todos sus crímenes.

- ¡Ella no va a hacer eso, nunca! ¡Es un espíritu empedernido! Incluso si confiesa, no está lista para acompañarnos, tendrá que rescatar todo lo que hizo...

— Sí, María Rita, eso es cierto, pero cuando nos acercamos a ella, fue porque sabían que necesitaba ayuda. Querían sacrificarse y permanecer a su lado. Por lo tanto, es necesario que sepan toda la verdad para que, al final, si aun lo desean, puedan continuar con ese propósito.

— No lo sé, Guzmán, sigo pensando que estamos perdiendo el tiempo. Ella no cambiará...

— Recuerda, Pedro Henrique, que cada espíritu tendrá su momento de lucidez. Y no importa cuántos crímenes haya cometido, Sofía sigue siendo la hija de un Padre amoroso que siempre está dispuesto a perdonar y para eso le dará todas las oportunidades que necesite. Entonces, lo repetiré, nos quedaremos aquí hasta que se agoten todos los recursos y no quede ninguna esperanza...

— ¿Incluso con un espíritu como Sofía?

— Especialmente con un espíritu como el de ella. ¿No recuerdas la parábola del hijo pródigo o el pastor que abandonó a sus ovejas para ir a buscar una descarriada? Dios es así, perdona a sus hijos mucho más que un padre aquí en la Tierra, perdona muchas veces más y, aunque pueda corregirlos, siempre estará listo para recibir, con mucho cariño a un hijo suyo perdido.

Pedro Henrique y María Rita levantaron la cabeza y rezaron en silencio.

18.- OTRA OPORTUNIDAD PARA REPENSAR

Sofía, sentada en el automóvil, recordando el día en que murió Nadir, comenzó a temblar. Su rostro palideció e inclinó su cabeza hacia adelante. Tenía dificultad para respirar. Con esfuerzo, tocó el brazo de Stela. Ella, cuando la vio así, muy nerviosa, dijo:

– ¿Qué tienes, doña Sofía?

Casi incapaz de hablar, respondió con voz débil y baja:

– No sé, de repente comencé a sentirme enfermo. Me siento muy débil. Stela, desesperada y sin saber qué hacer, miró de un lado a otro, esperando ver a alguien acercarse, pero no había nadie. María Rita y Pedro Henrique también lo encontraron extraño. María Rita preguntó:

– ¿Qué tiene ella, Guzmán?

– Todo lo que hablamos sucedió hace mucho tiempo. Sofía, al principio, tenía miedo de ser descubierta, pero con el tiempo se dio cuenta que nadie había sospechado. Se sintió segura y siguió viviendo. Ella nunca lo supo, pero las fuertes energías se aferraron a su cuerpo. Siempre sintió una que otra dolencia, pero nunca le prestó atención. Hoy, desde la madrugada, recordando el pasado y todos sus crímenes. Su energía se ha debilitado y las fuertes energías que la acompañan se han fortalecido y la están atacando.

– ¿Por qué solo ha sucedió ahora?

– El cuerpo es una extensión del espíritu. Si el espíritu no está bien, el cuerpo tampoco lo estará. Sofía, al recordar, tuvo una sensación que desde hacía mucho tiempo no tenía. Un sentimiento de culpa que contiene la mayor fuerza de destrucción.

– ¿No puede luchar contra eso?

– Tiene y puede deshacerse de esas energías, pero le tomará mucho tiempo comprenderlo. El sentimiento de culpa acompaña a un espíritu que ha cometido un delito o cree que lo ha hecho.

– No estoy entendiendo.

– A menudo un espíritu cree hace algo que está mal, pero en realidad no lo está. El mero hecho de pensarlo ya lo hace realidad. La única forma de reparar el daño que ese sentimiento puede causar es tratando de remediar lo que se ha hecho. Algunas veces se puede remediar; otros, como en el caso de Sofía, no hay forma de remediarlo, ya que Gustavo y Nadir no volverán a la vida.

– ¿Entonces ella no tiene ninguna oportunidad?

– Sí, la tiene, sería suficiente que ella confesara todo lo que practicó y se arrepintiese sinceramente, pero sabe que tendría que pagar aquí, en la Tierra, por sus crímenes y esto es muy difícil que suceda.

– ¿Y si no lo hace hasta el día de su muerte física?

– Desafortunadamente, Pedro Henrique, esas pesadas energías que la acompañan rondarán su espíritu y la atormentarán durante mucho tiempo, hasta el día en que el plano espiritual comprenda que debe detenerse. Entonces será rescatada y preparada para una nueva encarnación que, como puedes imaginar, no será la más fácil.

– La ley es justa, ¿no es así, Guzmán?

– Sí, Pedro Henrique. En la Tierra o en otro lugar donde vive el espíritu, puede haber impunidad, pero no en el plano espiritual. La Ley se encargará de hacer justicia y de cuánto debe durar, sin olvidar que el espíritu siempre puede encontrar la Luz.

– Dijiste que está rodeada de fuertes energías, pero no las estamos viendo.

– Esto se debe a que nuestras energías son diferentes. Si queremos ver, necesitamos reducir nuestras energías.

– ¿Esto se puede hacer?

– Sí, lo haré para que puedas ver.

Guzmán cerró los ojos y, en cuestión de minutos, comenzaron a ver las energías que rodeaban todo el cuerpo de Sofía. Algunas parecían porciones de nubes oscuras en forma de flechas. Otras parecían ser lanzadas con mucha fuerza y se enterraban en el corazón de Sofía. La escena era grotesca. María Rita se cubrió los ojos con las manos y preguntó:

– Guzmán, ¿cómo ella soporta esto? ¡Parece que duele!

– En este momento, ella tiene mucho dolor y si es hora de morir, no se puede hacer nada para evitarlo, pero miren de cerca y vean esa pequeña luz blanca casi completamente apagada.

Los dos miraron más de cerca y la vieron. Pedro Henrique preguntó, curioso:

– ¿Qué luz es esa, Guzmán?

– Cada espíritu, encarnado o no, tiene en algún lugar a alguien a quien ama y por quien es amado. Por increíble que parezca, esta luz es el resultado de las plegarias de Nadir, que ama a Sofía con todos sus defectos. Hace tiempo que la ha perdonado y quiere que sea rescatada.

– ¡No puede ser, Guzmán! ¿Nadir?

– ¡Sí, Pedro Henrique, Nadir! Ella está muy bien y tiene luz que nos puede iluminar a todos. Obtuvo esa luz a través de mucho esfuerzo, perdón y amor. Esa pequeña luz evita que las fuertes energías permanezcan en Sofía por mucho tiempo. Ellas, a través del amor de Nadir, se alejan por un tiempo, pero regresan tan pronto como Sofía recuerda lo que hizo y no se arrepiente, como está sucediendo ahora, pero, aun así, Nadir no se rinde. Presten atención a medida que la luz blanca va aumentando y las pequeñas flechas desaparecen. Esto es resultado del amor y el perdón de Nadir.

Pedro Henrique, asintió con la cabeza, entendiendo lo que pasaba y miró a Sofía, que todavía estaba muy blanca y tenía dificultad para respirar.

Preguntó:

– ¿Ella va a morir, Guzmán?

– No, Pedro Henrique, si eso sucediera después de todo lo que ella ha hecho, no estaríamos aquí, y en nuestro lugar estarían otras personas que ella atrajo a su lado, durante toda su vida aquí en la Tierra. Entonces, si todavía estamos aquí, significa que aun tiene una oportunidad. Este malestar pasará en un momento.

Miraron a Sofía, que parecía estar mejorando. Poco a poco, el color de su rostro comenzó a regresar y sintió que podía respirar más fácilmente.

Stela, muy preocupada por no saber qué hacer, la miró y se dio cuenta de lo que estaba sucediendo. Dijo:

– ¡Gracias a Dios! Parece que estás mejorando, doña Sofía...

– Sí, lo estoy, el malestar que sentía ya pasó.

– ¿Qué pasó?

– Debe ser la tensión, este viaje está siendo muy complicado. Han pasado muchas cosas, debo haber estado nerviosa. Pero ahora estoy bien. Esperemos que el hombre regrese pronto, si es que vuelve...

- Sí regresará, Sofía, pero si no regresa, alguien debe venir y ayudarnos. Lo importante es que estés bien, estaba muy preocupada...

Sofía, todavía débil, comenzó a reír. Stela no entendió y preguntó:

- ¿Por qué se ríe? ¿Qué sucedió?

- Dijiste que estabas preocupada, supongo que sí, pero lo que realmente querías era que muriera...

- ¿Qué? No sabes lo que estás diciendo. ¿Por qué crees que querría tu muerte?

- Vamos, Stela. ¿Crees que no sé la inmensa fortuna que poseo? ¿Crees que no soy consciente que, si muero, heredarán todo lo que es mío?

- Doña Sofía, ¡no puedo creer que estés pensando en algo así! ¡Sabes muy bien que ni Maurício ni Ricardo necesitan tu dinero! Estaba preocupada, porque estamos aquí en este fin del mundo y no sabemos qué hacer... nada más...

Sofía, con ironía en su voz, dijo:

- De acuerdo, Stela. Creo que estás diciendo la verdad -. Stela, mostrando mucha ira, se calló, pero pensó: "siempre supe que esta mujer era una serpiente, pero nunca pensé que lo fuera tanto, aunque tiene un poco de razón. Si muriera, Maurício heredaría mucho dinero que serviría para muchas cosas, además podríamos comprar esa casa de playa que tanto deseo.

Cuando muera, no se le extrañará, simplemente no quiero que sea cuando esté sola conmigo, aquí en este fin del mundo. Porque, si eso sucede, voy a tener que explicar lo que estábamos haciendo aquí y no quiero..."

En cuestión de minutos, Sofía estaba bien. Ni siquiera parecía que hubiese sido algo tan grave. Guzmán señaló la luz proveniente de Nadir y dijo:

– Miren la fuerza del amor. De todos nosotros, Nadir es el que más se preocupa por Sofía.

– Es difícil de creer, pero veo que sucede, Guzmán...

– Tienes razón, María Rita. Amar a los que nos aman es fácil, lo difícil es amar a un enemigo. Sabiendo esto, Jesús ya nos lo dijo: perdona setenta veces siete, ¿no?

– Sí, lo hizo, Guzmán. Sabía lo que decía...

– El amor, aunque no lo crean, tiene mucha fuerza. Esta luz, cuando llega, cambia cualquier situación. Lo mismo es cierto con alguien que muere. Normalmente, cuando esto sucede y ella vuelve al plano, está asustada y preocupada por aquellos que se quedaron aquí y sufren mucho cuando descubren que éstos están sufriendo. Se sienten insatisfechos, quieren regresar y estar con ellos, lo que puede traer muchos trastornos a la vida del encarnado. Es por eso que a menudo se les impide regresar, pero cuando esta prohibición se convierte en un problema para los recién desencarnados, se les permite regresar, incluso por un período muy corto. La simple presencia al lado de los que se fueron, causa muchos problemas, porque sus energías son muy diferentes. Muchas enfermedades que son difíciles de diagnosticar o incluso bien diagnosticadas son causado por la presencia de estos espíritus que, aunque son amigos, sin saberlo ni comprenderlo, causan mucho mal. La mayoría de las depresiones que existen son causadas por estos espíritus. Como saben, cuando desencarnamos, llevamos con nosotros todas nuestras cualidades y nuestros defectos. Si, cuando desencarnamos, no aceptamos la muerte y, por eso, entramos en depresión, continuaremos así y afectaremos a aquellos a quienes nos acercamos también, sin saberlo o sin tener una razón aparente, ellos también entrarán en depresión, lo que puede causar problemas muy graves, que a veces conducen a hasta la desencarnación.

– ¿Eso realmente puede suceder, Guzmán?

– Sí, muchas veces más de lo que puedes imaginar. El espíritu desencarnado sufre mucho por el sufrimiento de quienes se quedan aquí.

– ¿No se puede hacer nada para evitar que esto suceda?

– El aprendizaje es largo, pero poco a poco, todos los espíritus encarnados comprenderán que la muerte no es un final, porque tarde o temprano, todos tendrán que morir. Cuando eso suceda, se encontrarán con los que te precedieron. Aprenderán que la muerte es a menudo una ventaja.

– ¿Cuándo?

– Cuando la persona sufre de una enfermedad que le causa mucho dolor o sufrimiento. Dios, que es un Padre amoroso, envía la muerte para que el espíritu pueda deshacerse del dolor y continuar evolucionando. Cuando esto sucede, el cuerpo que sirvió como refugio para el espíritu durante mucho o poco tiempo desaparece, pero el espíritu no, continúa en su evolución, en su aprendizaje.

– ¿Estás diciendo que cuando alguien muere, no deberíamos llorar o desesperarnos?

– Más o menos. Por supuesto, cuando alguien muere, sentimos mucho dolor y sufrimiento, porque estamos acostumbrados a tener a esa persona siempre a nuestro lado, pero si creemos que la vida continúa, este dolor, poco a poco, desaparece, dejando solo un anhelo que sabemos, un día pasará, porque estaremos nuevamente al lado de los que se han ido.

– Eso es fácil de decir, pero cuando sucede, no es tan fácil. Recuerdo lo triste que estaba cuando tú, mamá, moriste.

– Tienes razón, Pedro Henrique. Tan pronto como me di cuenta que había muerto, sentí mucho dolor en el pecho, como si una lanza lo atravesara.

Cuando pregunté cuál era la razón, me dijeron que esas pequeñas flechas provenían de los corazones de aquellos que había dejado en la Tierra. Después de un tiempo, me permitieron volver a visitarte y con tristeza me di cuenta de cuánto estabas sufriendo. Estaba muy triste, no sabía qué hacer, pero Isaura, que me acompañaba, dijo:

– No te pongas así, María Rita, la vida se encargará que todos estén bien.

– ¿Cómo así?

– La vida viene con situaciones difíciles. El ser humano necesita continuar viviendo o sobreviviendo, por lo que los problemas con el tiempo harán que tu imagen o presencia se vuelva más y más distante.

– Si lo pensamos, mamá, es verdad. Después que tú y papá murieron, estaba triste y sufrí mucho, pero los niños eran pequeños, Sofía insistió en que me metiera en política, algo que nunca quise. Eso me tomó mucho tiempo y me preocupaba mucho. Sin darme cuenta, creo que olvidé ambos. Olvidé no, lo recordaba con menos frecuencia.

– Eso es lo que trato de decir, Pedro Henrique, la vida siempre nos ayuda, tanto en nuestra evolución como en nuestro aprendizaje, por eso, cuando el espíritu se desencarna, se siente tan dispuesto a renacer para que pueda suceder.

– ¿Qué puede hacer el encarnado para ayudar a aquellos que se han ido?

– Aunque este no puedas olvidarlo para siempre, cada vez que recuerdes quién era, y aunque lo extrañes, no debes sentir dolor. Debes tratar de recordar los buenos momentos que pasaron juntos, las cosas buenas, cerrar los ojos e imaginar que rayos de luz salen de tu cuerpo y se envían a aquellos que se han ido. Estos rayos de luz encontrarán a la persona a la que estaban destinadas donde sea que estén y les causarán un gran bien, porque en lugar de flechas que les causen dolor, se convertirán en rayos de luz que solo les darán mucha paz y felicidad.

– La espiritualidad es realmente sabia.

– Así es, Pedro Henrique. Todo está bajo control y se darán todas las oportunidades para que el espíritu evolucione en paz.

Stela no tenía ganas de hablar. Al ver que Sofía estaba bien, continuó mirando a ambos lados, esperando que alguien apareciera para ayudarla. Sofía, aunque estaba bien, todavía estaba preocupada por lo que había sucedido y también miraba a ambos lados de la carretera con el mismo pensamiento de Stela.

Necesitaban salir de ese lugar. Era casi la una de la tarde, el tiempo pasaba y pronto llegaría la tarde y cuando eso sucediera ya deberían estar en casa. En el instante en que voltearon a mirar, vieron que, delante de ellas, el hombre que les había dicho que volvería con ayuda se acercaba a ellas. Stela dijo, eufórica:

– ¡Mira, doña Sofía, el hombre ha regresado y está acompañado!

– Ya veo, Stela, ya era hora. Estoy cansada de quedarme aquí y tenemos una cita que no se puede posponer. Stela iba a decir algo, pero el hombre se acercó. Estaba montando su caballo, pero un jeep estaba justo detrás de él. Se acercó a la ventana donde estaba Stela y dijo:

– Les dije que volvería. Me tomó un tiempo porque tenía que ir a la granja de mi amigo y está un poco distante, pero aceptó ayudar a las señoras.

Las dos se miraron y Stela dijo:

– Solo puedo agradecerte por ser tan amable, realmente estábamos muy preocupadas y tenemos que salir de aquí.

– No hay nada qué agradecer, estamos en este mundo para ayudarnos los unos a los otros, ¿verdad?

– Stela sonrió. Nunca había pensado en eso, quizás si ella hubiera estado en su lugar, habría pasado de largo sin siquiera pensar en ayudar. Se habría ido y olvidado de él y de su problema. Él miró a su compadre y dijo:

– Creo que necesitamos poner las cadenas en el chasis del automóvil y tirar, no será difícil, ¿verdad, compadre?

El compadre sonrió, salió del jeep, fue hacia el auto, tomó algunas cadenas y se metió al agua. Él y el hombre llevaban botas altas, por lo que no había peligro de mojarse. Antes de atar las cadenas, el hombre dijo:

– Sé que ustedes no son de aquí, así que necesito preguntarles hacia qué lado quieren que saquemos el auto.

– ¿Por qué? Stela preguntó.

– Si siguen adelante, tendrán que volver por este mismo camino y se quedarán atascadas nuevamente, así que creo que es mejor que retrocedan, entonces las señoras podrán regresar por donde vinieron.

Al escuchar eso, Sofía se puso muy nerviosa y dijo:

– ¡No podemos regresar, Stela! Tenemos una cita. ¡Tenemos que avanzar!

– No lo sé, doña Sofía, este viaje ya ha tenido tantos problemas, creo que es una señal para que regresemos. Además, como dijo este caballero, si seguimos adelante tendremos que regresar por este camino y encontraremos este tramo nuevamente, donde nos quedaremos atrapadas otra vez...

– ¡No podemos regresar, Stela! ¡Debemos continuar!

Señor, ¿no hay otro camino por el que podamos regresar?

– Sí, pero alarga el camino en más de una hora.

– ¿Está en buenas condiciones?

– Sí, está completamente pavimentado.

– Ves, Stela, ¡podemos volver por allí! Puede tirar del auto hacia adelante, señor.

– Tú eres la que sabe, solo estamos aquí para ayudarte. Si tienen tiempo, ese camino es realmente bueno.

Sofía, impaciente con toda la conversación, sonrió. Los dos hombres ataron las cadenas y en unos instantes el coche, aunque estuviera todo sucio de barro, estaba libre. Sofía y Stela sonrieron aliviadas. Los hombres, también felices, sonrieron.

Stela dijo:

– Muchas gracias, no saben lo mucho que nos han ayudado. ¿Cuánto nos cobrarán por el servicio?

El primer hombre, mostrando nerviosismo, respondió:

– No te cobraremos nada, niña. Solo estamos ayudándote, nada más. Ahora que están libre, continúen su viaje y que Dios las acompañe.

Al escuchar eso, Sofía dijo, mostrando nerviosismo:

– ¿Cómo que no cobrarán nada? Tuvieron mucho trabajo, fuiste a buscar a tu amigo, quien perdió tiempo y gastó gasolina para venir aquí, ¡necesitan aceptar que les paguemos!

– No tenemos que hacerlo, señora. Lo que mi compadre gastó en gasolina no es casi nada y tenemos mucho tiempo. Solo las ayudamos porque ustedes lo necesitaban. Dios ya nos ha dado tanto, ¿no es verdad, compadre?

El otro hombre sonrió y asintió con la cabeza, diciendo que sí y agitando el brazo, uno se subió al jeep, el otro se subió a su caballo y sonriendo se fueron.

Stela y Sofía los vieron irse. Cuando desaparecieron por completo, Stela, bajo la influencia de Guzmán, dijo:

– Doña Sofía, sigo pensando que deberíamos regresar y dejar esta historia para otro día. Hemos tenido muchas advertencias. Creo que lo que estamos haciendo está mal y de alguna manera, Dios está tratando de advertirnos y detenernos.

– Stela, ¿qué te pasa?

– ¿Por qué preguntas eso?

– Desde que comenzamos este viaje, noté que estás cambiando.

– ¿Cambiando por qué?

– Me estás contradiciendo todo el tiempo. ¡Nunca fuiste así, Stela! Siempre hacía todo lo que pedía y quería, sin preguntar ni pestañar. ¡No me está gustando tu actitud!

– No sé qué pasa, debes estar viendo cosas. No he cambiado, solo creo que esta vez estás haciendo algo que no está bien.

– ¿Qué no está bien?

– Quieres separar a Anita de Ricardo, creo que eso no está bien. Ambos se quieren mucho, cualquiera puede verlo. Estás enojado con Anita, que, en mi opinión, no tiene razón de ser. Usted no parece estar preocupado por su hijo, sino por un odio que parece personal. ¿Cuál es realmente la razón de tanto odio hacia Anita?

– No entiendo lo que dices, Stela, pero te responderé: no me gustó Anita desde el primer día que la vi. ¡Es astuta, pedante y solo hace sufrir a mi hijo! ¡Ella no es la mujer que quiero para él! ¡Ricardo se merece mucho más!

– ¡Pero fue él quien la eligió, doña Sofía! ¡Ni usted ni nadie tiene derecho a interferir en esa elección!

Sofía se molestó y dijo, casi gritando:

– ¡Tú eres quien no tiene derecho a interferir en mis decisiones! Solo tienes que hacer lo que quiero y ¡yo ordeno! ¡Sabes que la buena vida que llevas se debe a que te casaste con Maurício, porque si no fuera por eso, vivirías en la misma casa donde viven tus padres hoy! ¡En toda esa pobreza!

Entonces, continuemos este viaje y hagamos lo que hay que hacer. En cuanto a ti, solo tienes que acompañarme y no decirle a nadie, ni mucho menos a Maurício, lo que vinimos a hacer en este viaje.

– Él preguntará por qué nos tardamos tanto tiempo.

– Inventa cualquier cosa, di que vinimos a esta ciudad a comprar. Él lo creerá. Dile que estuviste conmigo, él sabe que, si estás conmigo, ¡estás con Dios! – Sofía, diciendo eso, se echó a reír.

Stela estaba sin palabras. Siempre supo que nunca debía enfrentarse a Sofía, porque era seguro que ella usaría, como solía, su origen humilde y su vida lujosa ahora. Por eso siempre hizo lo que ella quería, pero ahora se estaba cansando.

Necesitaba detener aquello. Ella guardó silencio, encendió el automóvil, aceleró y continuó por el camino hacia la casa del hombre.

Pedro Henrique, que siguió toda la conversación, sacudió la cabeza con desaliento y dijo:

– No tiene sentido insistir, Guzmán. ¡Sofía está completamente perdida y nunca cambiará! ¡Ella es muy mala!

– Estoy de acuerdo contigo, Pedro Henrique. A pesar de todas las advertencias que tenía en forma de obstáculos, no entendió y no quiso cambiar su actitud. Pero si todavía estamos aquí, si no hemos recibido ningún aviso para regresar, es porque todavía hay esperanza. Continuaremos junto a ellas y veremos hasta dónde llega esta locura.

– Creo que estamos perdiendo el tiempo, pero si crees que deberíamos quedarnos, nos quedaremos, ¿verdad, mamá?

– Sí, hijo mío. Como Guzmán ha dicho varias veces, tenemos que agotar hasta el último recurso. Se quedaron callados, mirando la carretera.

19.- EL TRABAJO

Stela continuó conduciendo en silencio, pero ahora sus pensamientos eran diferentes de los que tenía cuando comenzó el viaje: "no debería haber, desde el principio, intentado agradarle a doña Sofía. Hoy me estoy dando cuenta como ella es mala. ¡Esto tiene que terminar! Pero tengo que tener cuidado, o podría hacerme lo mismo que está haciendo con Anita. Ella tiene razón, mi familia es humilde y solo tengo las condiciones de hoy en día por haberme casado con Maurício, pero cuando me casé, lo amaba y aun lo amo. Necesito alejarme de ella, pero tendrá que ser gradualmente, sin que se dé cuenta, si es posible. ¡Ella me sofoca!"

Sofía, por otro lado, solo quería llegar lo más antes posible y resolver aquello que era, para ella, un tormento: ver a su hijo casado con esta mujer. Veinte minutos después, entraron en una pequeña calle. Tan pronto como entraron, se dieron cuenta que había tres o cuatro calles sin pavimentar. Las casas eran simples y pequeñas, aunque la mayoría de los terrenos parecían ser grandes. La calle en la que estaban parecía ser la principal porque había algunas tiendas. Preguntaron y luego fueron informadas de la dirección del hombre. Siguieron las indicaciones y llegaron a una de las calles transversales. Sofía miró el nombre de la calle y el número de la casa. Detuvieron el automóvil frente a una casa que, como las demás, vistas desde afuera, parecía ser pequeña. Estaba cercada de alambre donde se habían plantado varias vides.

Salieron del auto. Sofía buscó algún timbre, pero no lo encontró. Aplaudió muy fuerte. Pronto apareció una señora. Estaba vestida con una falda larga y colorida. Se acercó lentamente. Tan pronto como llegó a la verja, preguntó:

– ¿Puedo ayudarles?

Sofía, muy nerviosa, respondió:

– Sí, tenemos una cita con el *pai* Jorge.

– No creo que tenga a nadie programado para esta hora.

– Tienes razón, la hora estaba fijada para antes del almuerzo, pero solo pudimos llegar ahora.

– Un momento por favor.

Diciendo eso, se volteó y caminó hacia la casa. Sofía y Stela la observaron. Unos minutos más tarde regresó, abrió la puerta y señaló con la mano para que entraran. Stela tenía miedo, aunque la apariencia de la casa era buena, no sabía por qué, pero no se sentía bien.

Continuaron caminando con la mujer al frente. Llegaron a la puerta principal de la casa, la mujer abrió la puerta y se hizo a un lado para que entraran. Sofía estaba ansiosa por hablar con el hombre. Tenía prisa, habían llegado tarde y estaban lejos de casa. Para entonces, ya deberían estar de regreso en casa.

Stela también estaba preocupada, sabía que Maurício notaría su demora y que tendría que mentir. Ya había hecho eso muchas veces, mentir por Sofía, pero ahora ya no quería hacer eso. Estaba cansada de haber actuado así por tanto tiempo. Debía y quería cambiar, simplemente no sabía si lograría hacerlo.

Entraron en una habitación que solo tenía dos sofás pequeños. La mujer, con su mano, les pidió que se sentaran y esperaran. Luego abrió una puerta y entró por ella. Unos minutos más tarde, ella regresó y aun en silencio, señaló la puerta y les pidió que entraran. Sofía y Stela se levantaron y entraron a otra habitación. Esta era diferente de la primera. No había muebles, solo unas pocas almohadas esparcidas por el suelo. Había una pequeña mesa cubierta con un mantel rojo con velas de varios colores y una especie de tamiz sobre ella. A ambos lados de la mesa había pequeños bancos, también cubiertos con tela roja. El hombre, tan pronto como entraron, en voz baja y hablando muy lentamente, dijo:

– Tardaron mucho en llegar... – Stela sonrió y dijo:

– Lo siento, pero no fue nuestra culpa. Tuvimos muchos problemas para llegar aquí, casi nos rendimos.

El hombre se echó a reír y todavía en voz baja y hablando lentamente, dijo:

– Así es con casi todos los que vienen a verme. Tienen muchos problemas

– ¿Por qué sucede?

Él sonrió con picardía y, guiñando un ojo, respondió:

– Algunos espíritus que no tienen nada que hacer intentan impedirlo.

Pedro Henrique, Guzmán y María Rita, que también estaban allí, sonrieron. Guzmán dijo:

– En eso tiene razón, siempre tratamos de evitarlo, pero casi nunca lo logramos.

– Las energías que están aquí, aunque no podemos ver, parecen muy pesadas, Guzmán. No me siento bien...

– Tienes razón, María Rita. Haré que puedas ver lo que está pasando aquí.

Diciendo esto, levantó las manos en el aire y rezó. En unos minutos toda la sala se iluminó. Perplejos, vieron varias figuras negras moviéndose de un lado a otro sin detenerse. Pedro Henrique y María Rita se asustaron.

Guzmán sonrió y dijo:

– No hay de qué preocuparse, no nos están viendo. Estamos en otro nivel de energía.

– ¿Quiénes son ellos?

– Son las compañías que se sintieron atraídas aquí, pero luego hablaremos de eso. Ahora, prestemos atención a lo que sucederá aquí.

Los tres se voltearon hacia el hombre y Sofía, que estaban hablando. El hombre dijo:

– Aparentemente fue usted quien hizo la cita.

– Sí, tengo un gran problema y necesito ayuda. Por lo que me han dicho, solo tú puedes hacer eso.

– Depende de lo que quieras, puedo hacer de todo.

– Sé que lo que necesito lo puedes hacer.

El hombre sonrió. Estaba acostumbrado a gente como Sofía. Sabía que ciertamente estaba allí para pedirle hacerle daño a alguien y que, por eso, haría y pagaría lo que fuera necesario. Sonriendo, le dijo a Stela:

– Si no te importa, me gustaría que esperara afuera. Necesito hablar con esta señora.

Stela, al escuchar eso, se asustó. Estaba allí en ese lugar que no conocía, sabiendo lo que Sofía tenía la intención de hacer y, por eso, no quería irse de allí y quedarse sola afuera. Nerviosa, miró a Sofía y preguntó:

– ¿Tengo que irme, doña Sofía? – Sofía, que estaba ansiosa por hablar con el hombre, no notó el nerviosismo y el miedo de Stela. Respondió:

– Si dijo que lo necesita, creo que está bien que salgas. No te preocupes, no creo que se tome mucho tiempo, ¿verdad, *pai* Jorge?

El hombre sonrió y, hablando aun más suavemente, respondió:

- No tomará mucho tiempo, señora. La chica puede descansar tranquila, no le pasará nada malo. Puedes quedarte en la otra habitación. Mi esposa te preparará un jugo.

Lo que menos quería Stela era estar sola en la otra habitación y menos aun, tomar un jugo hecho en esa casa, pero bajo la mirada de Sofía, sin otra alternativa que se fue, fue a la otra habitación y se sentó en el sofá. La mujer se fue y regresó poco después, trayendo un vaso de jugo. Stela, además de tener sed, también tenía mucha hambre. Había desayunado en la mañana antes de salir de la casa, pero con todo el retraso y el deseo de Sofía por llegar allí, no comieron nada durante el viaje. Aun así, dijo:

- Gracias, señora, pero no tengo sed. La mujer, entendiendo que tenía miedo, dijo:

- No hay de qué preocuparse, en este jugo solo hay agua, limón y azúcar. Puedes tomarlo sin miedo, hace calor y sé que tienes sed –. Avergonzada Stela dijo:

- No tengo miedo ni sed, pero, aun así, para que no te ofendas, beberé el jugo.

Tomó el vaso que la mujer le estaba ofreciendo y lo tomó con miedo. - La mujer sonrió, retiró el vaso y salió por la puerta por la que había entrado. Tan pronto como se fue, Stela respiró hondo y miró la puerta que conducía a la habitación donde estaba Sofía.

Dentro, Sofía y el hombre estaban hablando. Éste le preguntó:

- ¿Puedo saber cómo puedo ayudarte? - Sofía sonrió y comenzó a hablar:

- Mi hijo está casado con una mujer que no lo merece. Él sufre mucho a su lado, pero no puede separarse. ¡Necesito que hagas un trabajo para que eso suceda! Sé que puedes hacer eso. He escuchado mucho sobre ti y tu trabajo.

- Si has oído hablar de mi trabajo, sabes que, puedo hacerlo sin ningún problema y si eso es lo que quieres, tu hijo se separará de esta mujer muy rápidamente.

Sofía sonrió y dijo ansiosamente:

- ¡Claro que lo es! ¡No te imaginas lo difícil que fue llegar hasta aquí! ¡Solo llegué aquí porque tengo un gran deseo de ver a mi hijo librarse de esa mujer!

- Vamos a hacer eso...

- La persona que me habló de ti dijo que tú también haces el bien y el mal.

- Ella tiene razón, pero depende de lo que pienses que es malo.

- No sé, no entiendo nada de eso.

- El mal y el bien van de la mano. Eso lo podrás confirmar tú misma.

- No estoy entendiendo. ¿Cómo lo comprobaré?

- A petición suya, trataré de separar a su hijo de su esposa, ¿verdad?

- Sí, ese es mi deseo.

- Bueno, para muchas personas separar a una pareja puede considerarse un mal, pero para ti esta separación será buena, ¿verdad?

- ¡Puedes estar seguro de eso! ¡Cuando eso suceda, seré la mujer más feliz del mundo!

- Lo ves, ¿no te dije que el mal y el bien van de la mano?

- Tienes razón, pero lo que realmente me interesa saber es cómo se hará este trabajo.

- Si es así, consultaré a los Orixás, ellos dirán lo que quieran.

Dicho esto, recogió algunas conchas que estaban al lado del tamiz, comenzó a hablar un idioma que Sofía no conocía y a tirar las conchas en el tamiz. Lo hizo varias veces y luego dijo:

– Ya sé todo lo que hay que hacer. Los Orixás me dieron la respuesta.

Sofía no entendía nada de lo que estaba sucediendo, pero preguntó:

– ¿Qué es lo que hay que hacer?

El hombre abrió un cajón en la mesa, sacó un cuaderno, un bolígrafo y dijo:

– Mientras hablo, tomas notas.

Dicho esto, arrojó las conchas al tamiz y habló de esa manera extraña. Con cada movimiento, decía lo que se necesitaba y Sofía tomaba notas. Lo hizo varias veces. Luego dejó de tirar las conchas y dijo:

– Todo lo que necesitaré está ahí. Usted me trae todo y yo haréf el trabajo.

La lista era enorme. Había pedidos de flores, velas de todos los colores, cigarros, cigarrillos, aguardiente, champán, harina para hacer *farofa*, pimiento rojo, varios cuencos, pollos negros y de angola y, por último, una cabra. Sofía lo leyó detenidamente y preguntó:

– ¿Qué es un cuenco? Nunca antes lo había escuchado.

– Es un plato de arcilla para colocar las ofrendas.

Sofía continuó leyendo la lista.

– Con todo esto, espero que el trabajo salga bien y que mi hijo esté libre de esa mujer.

– Así será, puedes estar segura, solo necesitas traerme todo lo que está allí.

– ¿En cuánto tiempo?

– Verá el resultado entre siete a veintiún días.

– ¿Estás seguro?

– Por supuesto que sí, lo he hecho varias veces.

- Nunca hice un trabajo como este, no sé dónde comprar estas cosas y, además, vivo lejos. Si te doy el dinero, ¿no podrías conseguirlo todo?

- Te iba a decir eso. Como siempre compro este material y hay un granjero amigo mío que se dedica a la cría de cabras, puedo comprarlo todo y usted solo esperaría el resultado. Si no funciona, puede regresar, pero sé que no será necesario, mis "trabajos" siempre funcionan.

- Eso espero, porque si logro separar a mi hijo de esa mujer, ¡seré la persona más feliz del mundo!

- Puedes estar segura que obtendrás lo que quieres...

- ¿Sabes cuánto tengo que pagar?

El hombre retiró el cuaderno de la mano de Sofía y, al lado de cada artículo, fue escribiendo un valor. Cuando terminó, sumó todo y le devolvió el cuaderno a Sofía, quien, al ver el resultado, dijo:

- ¿Todo eso? ¡Es mucho dinero!

- Puede parecerlo, pero no olvides que, para un trabajo como este, se necesitan muchas cosas. Lo más caro de todo, como puedes ver, son los animales.

Sofía leyó el valor nuevamente y dijo:

- De acuerdo, el dinero no es un problema para mí, pero me doy cuenta que no agregaste el valor de tu trabajo, ¿cuánto más te tengo que dar?

El hombre, ofendido, respondió:

- Señora, ¡no cobro por mi trabajo! Fue un regalo que Dios me dio, así que no puedo cobrar. Solo necesito las cosas en la lista, fueron solicitadas por los Orixás, lo viste cuando lo pidieron, ¿verdad?

Sofía en realidad no entendía nada cuando hablaba el idioma extranjero, pero ante su reacción, dijo:

- De acuerdo, le dejaré el dinero. Qué bueno que ayer fui al banco. La persona que me habló de usted me dijo más o menos cuánto costaba su trabajo.

- Entonces, ¿por qué te sorprendiste cuando viste el valor?

- Pensé que lo mío era más simple y que sería más barato.

- Su trabajo, aunque no lo parezca, es muy complicado, después de todo, estamos lidiando con dos vidas, la de su nuera y la de su hijo. Por lo tanto, debe hacerse con mucho cuidado y con mucha fe, y el dinero debe darse voluntariamente; de lo contrario, el trabajo no funcionará...

- Está bien. Diciendo eso, abrió su bolso, sacó varios billetes y se los entregó al hombre que, en serio, los puso en el cajón y luego sonriendo, dijo:

- Ahora, puedes irte. Tan pronto como salga, buscaré todo en la lista e iré a la granja para recoger a los animales. Hoy, después de la medianoche, haré el trabajo.

- Eso espero.

- Solo espera, estoy seguro que serás muy feliz. Espera hasta los veintiún días.

- Si eso sucede, estaré muy feliz y volveré y te traeré más dinero. ¡Ver a mi hijo separado de esa mujer no tiene precio!

- Puedes estar segura, tu deseo se cumplirá. Durante todos los años que he trabajado con esto, fueron pocas las veces que mi trabajo no funcionó.

Él sonrió, se levantó y caminó hacia la puerta. Sofía lo acompañó hasta la habitación donde Stela estaba esperando. Tan pronto como entraron, dijo:

- Lourdes, escolta a las señoras hasta la puerta.

Se despidieron. La mujer dejó que ellas caminaran al frente y las siguió.

Pedro Henrique y María Rita, sorprendidos con todo lo que habían presenciado, también estaban saliendo, pero Guzmán los detuvo, quien dijo:

– Esperen, nuestra presencia aquí no está completa.

No entendieron, pero esperaron.

El hombre, tan pronto como Stela y Sofía salieron de la casa, regresó a la habitación donde había atendido a Sofía.

Abrió el cajón y sacó el dinero, contó para ver si estaba completo. Después de despedirse de ellas, la mujer regresó a la casa y fue a encontrarse con su esposo, quien, al verla, comenzó a tirar los billetes y a decir, eufórica:

– ¡Tan pronto como vi entrar a esa mujer, no me imaginé que esto fuese tan fácil, Lourdes!

– ¿Te dio todo ese dinero?

– Sí, el deseo de hacerle daño a su nuera era tan fuerte que a pesar de haberse quejado un poco, no le importó y si se lo hubiera pedido, ¡habría dado mucho más! ¡La mujer es una zorra, Lourdes!

– ¿Le dijiste cómo ibas a hacer el trabajo?

– Ella no quería saber, le dije que necesitaba el dinero para comprar el material. ¡Ella abrió su bolso y me dio todo esto!

– ¿Vas a comprar el material?

– ¡Claro que no! Iré a la ciudad a comprar algo de comida y gastaré todo lo demás en aguardiente, luego invitaré a algunas personas. ¡Esta noche, habrá una gran fiesta aquí en casa!

Lourdes sonrió, tomó algunos billetes esparcidos por el suelo y dijo:

– Antes, separaré algo de dinero para mí, quiero comprar unos hermosos zapatos que vi en la tienda.

– Tómalo, hay mucho y de donde vino esto, ¡hay mucho más! ¡Esta mujer nos mantendrá por mucho tiempo!

Pedro Henrique miró a su madre, quien sin entender lo que estaba sucediendo, preguntó:

— ¿No hará el trabajo, Guzmán? Guzmán sonrió y respondió:

— No, María Rita, él nunca hizo ningún trabajo.

— ¿Por qué no?

— Porque no sabe. Nunca aprendió a hacerlo.

— No estoy entendiendo. ¿No representa él esa religión que es respetada por muchos?

— Sí, pero como en toda actividad humana hay buenas personas, quienes ejercen sus funciones con cuidado y seriedad, pero también hay quienes solo explotan el nombre de actividad que ejercen. Toda religión es buena. Todas ellas enseñan una forma de alcanzar a Dios, el único problema son las personas que las dirigen, los que enseñan sus doctrinas. Por supuesto, hay personas honestas que practican su religión con amor y fe, pero este caso, es un claro ejemplo de lo que generalmente llamarse un mal carácter.

— No estoy entendiendo ¿cómo puede ser posible?

— Este hombre fue a un terreiro por algún tiempo, aprendió algunas cosas y luego se llamó a sí mismo *pai*-de-santo.

— ¿Él no lo es?

— No. Esta religión fue traída de África por esclavos. Consiste en rituales, obligaciones, bailes y ofrendas. Sus seguidores dedican su fe a los Orixás, que representan las fuerzas de la naturaleza. Se necesitan muchos años para que una persona se convierta en padre o madre santa. Realiza sus labores, hace sus ofrendas y necesita estar confinado durante varios días, aprendiendo a usar la magia. Esto no se aprende simplemente presenciándolo o reconociéndose a sí mismo como un experto.

– Dijo que iba a consultar al Orixás, pero no vi ninguna luz mientras hablaba ese extraño idioma. ¿Qué idioma era ese, Guzmán?

– No viste luz a su lado porque allí no había nada, así como los Orixás, uno y el otro están lejos de él. Lo que escucharon decir tampoco representa nada. Estas son algunas palabras que él inventó, pero en realidad no significan nada. Las usa para engañar a las personas.

– Pero la gente le cree...

– Sí, porque piensan que es una lengua muerta y desconocida. Además, ¿cómo pueden saber si es o no, si no la conoces? ¿De qué sirve hablar un idioma que nadie conoce? ¿Cuáles son las enseñanzas que él puede transmitir?

– Tienes razón, es una pérdida de tiempo... Simplemente no entiendo una cosa...

– ¿Qué, María Rita?

– ¿Cómo puede seguir engañando a la gente, diciendo que sus trabajos siempre funcionan y que obtiene todo lo que quiere?

– Los trabajos solo funcionarán si están programados para eso.

– No entiendo.

– Trataré de explicarlo. En el caso de Anita y Ricardo, el trabajo que Sofía cree que se va a hacer, incluso puede funcionar si su separación fue planeada antes que renacieran y si pidieron que sucediera, pero si eso no se hizo, nada podrá separarlos... Por eso, en algunos casos, los trabajos que dijo que haría dieron el resultado esperado y su fama creció entre aquellos que lo buscaron. Estos comenzaron a recomendarlo a otras personas.

– Incluso al usar la fe de la gente, ¿no le pasa nada? ¿Nunca será descubierto?

– Tal vez no por la ley humana, pues cada vez que las personas vuelven para quejarse que lo que pidieron y por lo que pagaron no funcionó, él les dice que la culpa fue de ellos mismos, por su falta de fe o porque no le dieron el dinero voluntariamente. Siempre es culpa de otros, nunca de él. No podemos olvidar que la mayoría de las personas que lo buscan son como Sofía, ella viene en busca del mal y, por lo tanto, no tienen a quién recurrir. No pueden llegar a la estación de policía y decir que el daño por el que pagaron no tuvo el resultado deseado. Por eso, él sigue engañando a las personas que merecen ser engañadas.

– Nunca pensé que eso podría existir.

– Pero, por otro lado, no es necesario que todo este trabajo se haga para que la persona pueda conectarse con el mal y traer espíritus perdidos o malvados a su compañía.

– No entiendo.

– Él pidió una gran cantidad de materiales para poder quedarse con el dinero, pero cuando realmente quieres hacer el mal, no necesitas nada de eso, solo tienes que tener la intención de que ocurra el mal. El pensamiento y el deseo de maldad, aunque no puedan llegar a quienes están dirigidos, se han hecho y, de acuerdo con la Ley de Acción y Reacción, volverán a aquellos que lo desearon.

– ¿Es así como sucede? ¿No tienes que hacer todas estas ofrendas, encender velas?

– No, María Rita, no hay necesidad, solo hace falta la voluntad de hacer el mal y luego eso regresará a ti. Cuando les pedí que miraran la casa fue para mostrarles que todas estas manchas negras que vieron eran el resultado de lo que este hombre había hecho a lo largo del tiempo y lo que ha estado atrayendo a su lado. Aunque no seas castigado por la ley humana, ciertamente serás castigado por la Ley Divina. Esas compañías que tiene ahora lo estarán esperando el día de su muerte física y le cobrarán por su trabajo.

No solo porque los usaron para el mal, sino principalmente porque usaron el nombre de una Doctrina que enseña el camino del bien y que es respetada por muchos que viven en el cuerpo físico y otros tantos que viven en el reino espiritual.

- Entiendo, Guzmán. ¿Dijiste que no es necesario que el trabajo se haga?

- Así es, Pedro Henrique, todo este material que se le pidió a Sofía, podría usarse para que se hagan ofrendas para el bien, para curar una enfermedad o para sacar a alguien de la desesperación momentánea, pero todo esto se puede lograr si existe una fe segura en Dios, nuestro creador y Padre amoroso.

- ¿Estás diciendo que las personas que siguen esta religión están perdiendo el tiempo, haciendo todo de forma incorrecta?

- No, estoy diciendo que el que quiere hacer el mal no necesita encender una vela ni preparar *farofa* o aguardiente para ningún espíritu. Basta con que piense en hacer el mal que el mal y éste se hará, no contra el que desea, sino contra sí mismo. Para esto, existe la Ley de Acción y Reacción, que dice: "todo lo que se hace para bien o para mal, regresará en la misma cantidad a quienes lo hicieron." Hoy hemos sido testigos aquí, de cómo Sofía ha deseado que se haga un trabajo para que Anita y Ricardo se separen. Como hemos visto, este trabajo no se realizará, pero Sofía está en deuda, porque ella lo deseaba fervientemente y este trabajo, incluso sin haberse realizado, se le cobrará. A lo largo de su vida, ante los crímenes que cometió, atrajo compañías que cobrarán por esos trabajos, ya sea que se hayan realizado o no.

- Siempre supe que nosotros mismos atraemos a nuestro lado las compañías que queremos y elegimos de nuestro lado.

- Eso es cierto, Pedro Henrique. Como sabemos, cuando el espíritu regresa al plano espiritual, regresa con todos sus defectos y virtudes.

Los que fueron buenos siguen siendo buenos. Los que eran malos siguen siendo malos, los que estaban deprimidos seguirán deprimidos. Como sabemos que los iguales se juntan, podemos deducir que, si somos buenos, atraeremos igualmente espíritus buenos a nuestro lado y así sucesivamente.

Cuando una persona se siente triste y deprimida, atrae espíritus en la misma situación. Por lo tanto, cada espíritu que vive en el plano espiritual o en el cuerpo físico siempre debe estar alerta a los pensamientos que tiene, para atraer solo a los buenos espíritus que siempre estarán dispuestos a ayudarlo cuando lo necesite.

- Siempre lo supe, incluso cuando estaba en el cuerpo físico y sabía muy poco sobre espiritualidad. Siempre he tenido cuidado para no ser injusto o hacer cualquier cosa que sea perjudicial para los demás.

- Cada espíritu cuando nace lleva estos valores consigo, todos saben lo que está bien y lo que está mal, esto se puede ver en hogares disfuncionales en los que incluso sin una buena educación familiar, algunos se convierten en buenas personas.

- Con todo lo que dices, Sofía debe estar totalmente rodeada de espíritus malignos. ¿Por qué no los podemos ver?

- Como dije en otra ocasión, estamos en una banda de energía diferente y si queremos, podemos verlos, pero ellos también si queremos, no pueden vernos.

- Desafortunadamente esto es lo que le está pasando...

- Sí, María Rita, lamentablemente eligió las compañías que quería tener a su lado. Ahora, volvamos con Sofía y Stela...

20.- ELIGIENDO COMPAÑÍAS

Tan pronto como se despidieron de la mujer, Stela y Sofía subieron al auto. Stela arrancó el motor y salió rápidamente. Sintió un fuerte deseo de huir de ese lugar. Tenía curiosidad por saber qué había sucedido y si Sofía realmente le había pedido al hombre que hiciera el trabajo y si él le había dicho que podía hacerlo. Condujo por un tiempo, en silencio.

Quería que Sofía comenzara la conversación, pero cuando se dio cuenta que no iba a suceder, le preguntó:

– ¿Cómo estuvo todo, doña Sofía?

– ¿Qué cosa, Stela?

– ¿Qué le dijiste a ese hombre?

– Lo que vinimos a hacer. Le pedí que hiciera el trabajo.

– ¿Y lo hará?

– Por supuesto que sí y me aseguró que, entre siete y veintiún días, Ricardo estará separado de esa mujer.

– ¿Él lo aseguró?

– Sí.

– ¿Cuánto cobró por el trabajo?

– No cobró nada...

– ¿Como nada?

– Nada, Stela, dijo que recibió un don de Dios y, por lo tanto, no puede cobrar por ello.

– Estoy impresionado. Siempre escuché que por este tipo de trabajo se cobraba.

– Siempre he escuchado eso también, pero nos equivocamos. No cobró, solo me pidió que comprara algunas cosas para poder hacer el trabajo.

– ¿Vas a comprar?

– No, le dije que vivo lejos y que tendría problemas para regresar. Le di el dinero para que compre todo lo que necesita.

– Hiciste lo correcto, ¿has pensado si alguna vez tuviésemos que volver?

– Espero no tener que hacerlo. Espero que haya dicho la verdad y que, en un máximo de veintiún días, todo se resolverá, pero si es necesario, volveremos tantas veces como sea necesario.

Stela sintió un escalofrío en el cuerpo y guardó silencio.

Aunque el camino que tomaron fue más largo, llegaron a casa en menos tiempo, porque esta vez no hubo ningún problema. Eran casi las cuatro de la tarde cuando Stela dejó a Sofía en casa y fue a la suya. Estaba cansada. Ese viaje le dio tiempo para pensar en cómo había sido su vida hasta el momento. Sofía también estaba cansada y, aunque no salió del auto mientras estaba estancado, pudo oler un hedor insoportable. Lo que más quería en ese momento era ducharse y acostarse, aunque fuera hasta la hora de la cena.

Entró en la casa, arrojó su bolso en un sofá y se dirigía a su habitación cuando fue interrumpida por Edit, su criada, quien dijo:

– Qué bueno que vino, doña Sofía? Se tardó demasiado. Estaba preocupada.

– ¿Preocupada por qué, Edit?

– Usualmente no sale y se queda fuera de la casa por tanto tiempo.

Sofía estaba demasiado cansada para decir algo. Comenzó a subir las escaleras que conducían al piso superior y a los dormitorios. Edit, viendo que ella se iba, dijo:

– El doctor Ricardo volvió a casa.

Sofía se detuvo, se volteó y perpleja, preguntó:

– ¿Qué dijiste, Edit?

– El doctor Ricardo volvió a casa.

– ¿Cómo que llegó a casa?

– Llegó hoy a la hora del almuerzo, no dijo nada, solo almorzó y subió a su habitación.

– ¿Cómo sabes que regresó?

– Vino con una maleta de ropa. Al escuchar eso, Sofía se estremeció y pensó:

"El trabajo ya ha valido la pena. ¡No tuve necesidad de esperar ni un día! ¡Ese hombre es realmente bueno!

Emocionada, ella preguntó:

– ¿Todavía está en su habitación?

– Sí. Almorzó, fue allí y no ha salido hasta ahora.

Sofía sonrió y rápidamente subió las escaleras. Llegó a un pasillo con varias puertas, tocó y entró en una de ellas. Entró, preguntando:

– ¿Qué haces aquí, Ricardo?

– No estaba muy bien con Anita, tuvimos una pelea y decidí volver a casa. Necesito tiempo para pensar en lo que quiero de mi vida.

– No estaban bien, ¿por qué?

– Siempre se quejaba mucho de la forma como la tratabas y la gota que colmó el vaso fue tu actitud en la cena. Ella estaba furiosa.

Sofía, vibrando feliz por dentro y fingiendo estar muy preocupada, preguntó:

– ¿Por mi culpa? ¿Qué hice en la cena para hacerla sentir tan molesta e incómoda?

– Ahora mamá, sabes lo que hiciste. Intentabas todo el tiempo poner a Anita en una situación difícil frente a los invitados.

Sofía puso una expresión de sorpresa en su rostro y preguntó:

– ¿Hice eso, Ricardo?

– Lo hiciste, mamá. Anita se esforzó por asegurarse que todo saliera bien para la cena. Tú y yo sabemos que todo fue perfecto, pero cómo siempre, necesitabas encontrar una manera de humillarla.

– Te equivocas, Ricardo. Me agrada tu esposa, solo que todavía es muy joven y necesita aprender algunas cosas. Cuando le llamo la atención de vez en cuando, es con la intención de ayudarla

– Pero no has ayudado. Desde que nos casamos, has hecho todo lo posible para hacer que nos separemos.

– ¡En absoluto, hijo! Solo quiero tu felicidad, eso es todo...

– Lo sé, mamá, pero a veces no entiendo tu forma de actuar. Hasta el día de hoy no entiendo por qué tratas a Anita de una manera tan diferente de como tratas a Stela. Parece que sientes un odio incontrolable hacia ella. Parece algo personal...

– Trato a las dos de la misma manera. Lo que pasa es que Stela sabe que tengo más experiencia de vida y obedecer todo lo que digo. Anita no. Ella siempre está dispuesta a enfrentarme.

– Anita es una mujer con carácter, tuvo una buena educación, tanto familiar como académica. Por eso sabe muy bien quién es y qué es lo que quiere. A menudo has intentado e intentas involucrarte en nuestras vidas sin importarte si hieres nuestros sentimientos. Y como es de esperar, Anita reacciona.

- Bueno, ahora todo esto terminó y todo está bien. Estás aquí en casa y todo volverá a ser como antes... - Dijo Sofía, tratando de ocultar su felicidad.

- Nada está bien, mamá. Anita debe estar sufriendo. Esta mañana, cuando desperté, pensé que ya no quería discutir. Esto ha estado pasando desde que nos casamos y solo se detuvo en el tiempo que vivimos en Portugal. Allí, nuestra vida era pacífica. Decidí venir aquí para pensar un poco. Anita quiere terminar nuestro matrimonio, no sé si tiene razón, porque sé que nos amamos y que nos extrañaremos mucho.

- Con el tiempo, eso pasará, me alegro que hayas decidido irte de casa, pero no te preocupes, sé que pronto estarás bien y todo volverá a ser como antes.

Sofía dijo eso, poniendo las manos hacia atrás y cruzando los dedos. Aunque su rostro mostraba preocupación y tristeza, por dentro estaba feliz. Pensando así, dijo:

- Ahora me voy a duchar e intentar dormir hasta la hora de la cena. Estoy muy cansada. El viaje que Stela y yo hicimos fue muy agotador.

- ¿A dónde fueron?

- Stela descubrió que había una tienda de prendas de punto en un pueblo cercano y que se estaban vendiendo y me convenció de ir con ella. Acepté y fui. Solo que se pinchó un neumático del automóvil y nos quedamos varadas. El camino en el que estábamos no tenía asfalto y pasaban pocas personas. Pasamos horas esperando ayuda.

- ¿Al menos el viaje valió la pena?

Sofía, recordando a Pai Jorge, feliz que Ricardo estuviera allí, respondió:

- ¡Sí, gracias, hijo mío! ¡Valió mucho la pena!

Besó a Ricardo en la mejilla y salió alegremente hacia su habitación.

Ricardo se quedó en la habitación recordando todo lo que había hablado con Anita y ahora, con su madre.

Guzmán, Pedro Henrique y María Rita siguieron toda la conversación. Pedro Henrique dijo:

– No entiendo a Sofía, ella no está para nada preocupada por su hijo, solo hace esto por el odio que siente por Anita. Y ese odio es lo que no entiendo...

– Yo tampoco entiendo, hijo mío. Aunque solo conocí a Anita por un corto tiempo, porque cuando Ricardo la trajo a mi casa para presentarnos, yo ya estaba enferma, siempre la encontré muy amable y cariñosa, no solo con Ricardo sino también conmigo.

– Yo pienso lo mismo, mamá. Es una chica educada, tiene una familia con condiciones económicas envidiables, tiene un título. Realmente no entiendo, mamá...

Guzmán escuchó lo que dijeron, pero permaneció en silencio.

Tan pronto como Sofía entró en la habitación, sintió con más fuerza el olor desagradable que salía de su ropa. Pensó: "aunque no salí del auto, el olor de esa agua se impregnó en mi ropa. Se quitó la ropa y la arrojó a una canasta de ropa en una esquina de la habitación. Fue al baño y abrió la ducha."

Volvió a la habitación, abrió un cajón, sacó dos toallas y abrió otro para sacar su ropa interior.

Volvió al baño y se duchó. El baño fue largo y relajante. Mientras se bañaba, continuó pensando: "parece que todo está bien ahora. Lo mejor que hice fue ir a *pai* Jorge. Ya lo había mencionado, ¡pero nunca pensé que fuera tan bueno! Mi hijo ha vuelto y esa mujer pronto desaparecerá de nuestra familia para siempre... Estoy feliz porque sé que, a partir de ahora, ya no estaré sola. Desde que los niños se casaron y después de la muerte de Pedro Henrique, he vivido aquí en esta gran casa, completamente solo. Pero todo cambiará ahora. Realmente soy una mujer muy afortunada. ¡Suerte, no!

¡Elegí mi destino y supe cómo luchar por él!"

Salió del baño, se vistió, iba a acostarse cuando pensó: "Stela ya debe estar en casa, debo decirle que Ricardo está aquí en casa."

Se sentó en la cama, levantó el teléfono de la mesita de noche y marcó el número de Stela, que respondió.

– ¡Stela! ¡No vas a creer lo que pasó!

Stela, irritada por haber pasado todo el día fuera de casa y haber tenido tantos problemas, de mala gana preguntó:

– ¿Qué, doña Sofía?

– ¡Ricardo!

– ¿Qué tiene él?

– Ha regresado definitivamente...

– ¿Cómo, definitivamente?

– Abandonó a esa mujer, vino con una maleta y dijo que iba a tomar un descanso de su matrimonio, pero aparentemente, ¡no creo que vaya a regresar!

Stela hizo una mueca de preocupación y preguntó:

– ¿Por qué lo hizo?

– ¿Aun no lo entiendes, Stela?

– ¿Entender qué?

– ¡Fue el *pai* Jorge! Dijo que debía esperar hasta veintiún días, ¡pero parece que el trabajo ya ha funcionado!

– ¡No puede ser, doña Sofía! No tuvo tiempo para hacer el trabajo... Simplemente acabamos de venir de allí...

– No puedo explicar lo que pasó, ¡pero el trabajo funcionó! ¡Mi hijo está aquí en casa!

Stela acababa de llegar a casa. También se sentía sucia y quería darse una ducha. Así que no estaba en condiciones de hablar y dijo:

– Como crees que el trabajo salió bien y estás contenta, entonces yo también lo estoy. Ahora necesito ducharme, estoy muy cansada...

– Bien, Stela, ya me di una ducha y me voy a la cama hasta la hora de la cena. Hablaremos más tarde.

Colgaron el teléfono. Sofía, felizmente, se acostó en la cama. Acomodó la almohada y cerró los ojos. Lo que más quería en ese momento era dormir.

Pedro Henrique, quien había seguido todos sus movimientos, dijo:

– No entiendo, Guzmán, como ella se las arregla para acostarse y dormir tranquila después de haber pasado todo el día recordando toda su vida y todos los crímenes que cometió.

– Se acuesta y tiene la intención de dormir, pero como no ha terminado de recordar todos los crímenes que cometió, pronto se dará cuenta que dormir no será tan fácil como imaginaba...

– ¿Más crímenes? ¿Ella cometió otros?

– Si, María Rita. Presta atención a las figuras a su lado.

Miraron y vieron figuras negras girando alrededor de Sofía, quien, aunque ella quisiera, no podía dormir. En su mente, con la ayuda de Guzmán, apareció a imagen de Romeo, su padre.

Su cuerpo se estremeció y, de un salto, se sentó en la cama.

Pedro Henrique y María Rita se sorprendieron. Temeroso de la respuesta que Guzmán le daría, Pedro Henrique preguntó:

– ¿Ella también le hizo algo al sr. Romeo?

– Ella misma te dará la respuesta, Pedro Henrique.

Volvieron a mirar a Sofía, que, sentada en la cama, comenzó a sacudir la cabeza en un intento por disipar los recuerdos que insistían en permanecer y que ella no quería tener.

Pedro Henrique, descontento con lo que veía, dijo:

– A pesar de haber estado sorprendido durante todo el día con todo lo que nos has contado, nunca pensé que podría haber ido más lejos.

Que podría dañar a su propio padre. ¿Por qué, Guzmán? Ella ya había eliminado a su madre y a su hermano, quienes representaban una amenaza.

– Tienes razón, pero ella necesitaba asegurarse que nada ni nadie la perjudicaran. Les diré cómo pasó todo. Nadir había muerto hacía seis meses. Desde el día del entierro, Sofía nunca volvió a estar con su padre y ni se preocupó por él.

Esa mañana, tú, Pedro Henrique, te levantaste temprano, tomaste un café y fuiste a ver el nacimiento de un ternero. Sofía se quedó en la cama un rato más, luego se levantó, bebió café y salió al jardín que estaba en la parte delantera de la casa. Ella estaba bastante perezosa, ya que faltaba poco tiempo para el nacimiento de Maurício. Estaba quitando algunas hojas quemadas de las plantas cuando vio a un jinete que venía en dirección a su casa. Lo observó y cuando se acercó, reconoció al sr. Antonio, un vecino de la granja de su padre. Esperó a que él llegara y tan pronto como desmontó, le preguntó con preocupación:

– ¿Qué pasó, señor Antonio? Nunca antes había venido por aquí.

– Me preocupa tu padre, Sofía.

– ¿Preocupa por qué?

– Me di cuenta que su granja está abandonada y que durante varios días no lo he visto trabajando. Me preocupé y fui a tu casa a ver qué estaba pasando. Cuando llegué allí, me asusté.

- Asustado, ¿por qué?

- Él está muy abatido, creo que no ha estado comiendo bien. Está acostado y muy débil, ni siquiera puede levantarse. Cuando le pregunté por qué estaba así, respondió:

- Perdí a mi esposa y a mi hijo. Sofía está casada y bueno, no tengo motivos para seguir viviendo. Trabajé muy duro en mi vida, pero siempre fue muy difícil. Luché mucho para qué Antonio, si al final terminé aquí solo. Creo que es hora que muera y me encuentre con Nadir y Gustavo.

- ¿Él dijo eso?

- Sí, por eso estoy aquí. Creo que deberías ir allí e intentar traerlo a vivir aquí.

- ¿Vivir aquí?

- Si él continúa así, Sofía ¡morirá!

- Sofía no estaba disfrutando esa conversación - continuó Guzmán - pero no podía dejar que el vecino se diera cuenta. Mostrando preocupación, dijo:

- Gracias por venir a decirme, sr. Antonio. Cuando Pedro Henrique venga a almorzar, iré con él a hablar con mi padre.

- Hazlo, Sofía. Realmente te necesita -. Ella sonrió, él se fue.

Tan pronto como montó su caballo y se alejó, ella pensó:

"No puedo traer a mi padre aquí, porque si convive con Pedro Henrique, los dos se darán cuenta que fui yo quien alienó a las familias y no sé si mi madre le contó algo y si lo hizo, aunque él no quiera, se le puede escapar y mi vida será destruida. Debo evitar que vea a mi esposo."

Entró a la casa y le pidió a Noemia que llamara a Tiago. Cómo él cuidaba del jardín y de los pequeños quehaceres de la casa, siempre estuvo alrededor. Tan pronto como llegó, ella dijo:

– Tiago, necesito que prepares el carro. Parece que mi padre no está bien, tengo que ir allí.

– ¿Él está enfermo?

– Parece que sí, tu Antonio vino a decirme.

– Bien, voy a preparar el carro ahora mismo.

– Se fue y luego regresó con el carrito. Ayudó a Sofía a subir en él y fueron a la casa de Romeo. Cuando llegó a la casa de su padre, entró. No se sentía bien allí, porque fue en esa casa donde envenenó a su hermano y a su madre. Pensó que ellos podrían estar allí, pero también sabía que tenía que hacer eso.

Tenía que asegurarse que su padre no supiera lo que había sucedido entre ella y Osmar.

Cuando vio a su padre acostado en la cama y teniendo a Tiago como testigo, le preguntó con voz llorosa:

– ¿Qué pasó, padre? ¿Porque estas así?

– No sé qué pasó, solo sé que ya no tengo ganas de vivir... Estoy cansado de esta vida, hija...

– ¡No puedes hablar así, padre! Aun eres muy joven.

– He estado pensando en mi vida y llegué a la conclusión que de nada me sirvió trabajar tan duro. Hoy, después de una vida tan dolorosa sin lograr casi nada, estoy solo. Tu madre y tu hermano murieron de una manera que todavía no entiendo y no quiero vivir más. Quiero morir para poder encontrarlos...

– Al escuchar eso, Sofía miró a Tiago, que estaba prestando atención a la conversación y, tomando las manos de su padre, dijo, casi llorando:

– ¡Papá! ¡No hables así! ¡Yo aun estoy aquí!

– Así es, sr. Romeo... Doña Sofía también es su hija y lo quiere mucho. ¿Por qué no vas a vivir con ella? Te necesitará mucho, especialmente ahora que el bebé va a nacer, ¿verdad, doña Sofía?

– Sofía, que no esperaba que Tiago se entrometiera, lo miró, sonrió y respondió:

– Así es, Tiago. Papá, tiene razón, voy a hablar con Pedro Henrique y podrás irte a vivir a casa y cuando nazca el bebé podrás ayudarme.

– Es inútil, hija, sabes que a tu marido nunca le caímos bien y nunca quiso nuestra amistad. No funcionará, no...

– ¿Qué dice, señor Romeo? El jefe es una muy buena persona. Se alegrará de saber que vivirás allí...

Sofía estaba angustiada por esa conversación. Ella no quería que su padre viviera con Pedro Henrique, pero al darse cuenta que Tiago continuaría insistiendo, dijo:

– No importa, Tiago. Mi padre es muy terco, pero hablaré con Pedro Henrique y él convencerá a mi padre. Ahora, sal y limpia el patio, todo está abandonado. Mientras haces eso; arreglaré todo aquí. Esta casa es un desastre, incluso huele mal.

– Tiago se fue. Sofía siguió ordenando todo y pensando en una forma de evitar que su padre fuera a su casa.

– Después de limpiar el patio, Tiago entró de nuevo en la casa. Sofía estaba terminando de arreglar todo.

Al verlo, ella dijo:

– Ahora todo está arreglado. Tiago, vamos a casa, le pediré a Noemia que prepare la comida y se la llevarás a mi padre. ¿Está bien?

– Por supuesto que sí, doña Sofía. Sr. Romeo, no se preocupe, estará bien, solo necesita comer bien y toda esta debilidad desaparecerá. Vivirás allí en la casa grande y serás muy feliz, ¿verdad, doña Sofía?

Sofía y Tiago volvieron a subir al carro y se fueron. Guzmán continuó hablando. Romeo se quedó acostado. En el camino, mientras regresaban, Sofía pensaba cómo evitar que su padre fuera a su casa. Tan pronto como llegaron, rápidamente fue a la cocina y le pidió a Noemia que preparara un plato para que Tiago se lo llevara a su padre. Como el almuerzo ya estaba listo, lo preparó y le avisó a Sofía, quien estaba en su habitación. Tan pronto como se lo dijeron, salió de la habitación y fue a la cocina. Tomó el plato, y salió de la casa. Tiago, sabiendo que el almuerzo debería estar listo, esperó. Desde lo alto del balcón, ella dijo:

– Tiago, aquí tienes el plato de comida para que le lleves a mi padre. Quiero que te quedes con él hasta que se coma todo. Viste lo débil que está y necesita alimentarse.

– Descuide, doña Sofía. ¡Me quedaré con él todo el tiempo y solo volveré cuando se haya comido todo!

– Sofía bajó las escaleras y le dio el plato de comida que Noemia había envuelto en un paño de cocina. Tiago lo tomó y mientras se montaba en el caballo, Sofía sonriendo dijo:

– Dile a mi padre que, por la tarde, después que Pedro Henrique regrese del trabajo, iremos allí.

– Le diré; doña Sofía ¡sé que será muy feliz! – dijo riendo y comenzó a montar.

Sofía lo siguió con la mirada, luego entró a la casa y se quedó esperándote, Pedro Henrique.

– Recuerdo ese día, Guzmán. Tan pronto como llegué, ella me contó todo lo que había sucedido, exactamente de la misma manera que tú, por supuesto, omitiendo la parte del temor que su padre viniera a vivir con nosotros. Recuerdo que después de escuchar todo, dije:

– Me preocupa esto, Sofía y, si quieres, podemos ir a buscar a tu padre ahora mismo.

– No tiene que ser ahora, Pedro Henrique. Sé que tienes mucho trabajo y que te estás encargando del nacimiento del becerro, así que le dije a Tiago que le avisara a mi padre que iremos por la tarde, cuando estés más tranquilo.

– Pensando que todo estaba bien, acepté tu deseo.

– Como no podía ser de otra manera, Pedro Henrique, tomaste la actitud correcta. Por eso, en la tarde cuando llegaste del trabajo, lo primero que dijiste fue:

– Sofía, vamos en carro para recoger a tu padre.

– Eso es lo que pasó, Guzmán. Cuando llegamos, notamos que todo estaba muy tranquilo. Cuando le comenté eso, ella dijo:

– ¿No te dije que mi padre no estaba bien? Debes estar en la cama. Ya no quiere vivir, Pedro Henrique. Dijo que quiere morir para encontrarse con mi madre y Gustavo.

– Entramos y realmente vimos al Sr. Romeo acostado en la cama. Sofía se acercó, diciendo:

– Papá, estamos aquí. ¿No te dije que Pedro Henrique vendría a hablar contigo?

– El sr. Romeo no respondió. Ella insistió:

– Papá, ¿estás durmiendo?

– Como no respondió, me acerqué, puse mi mano sobre su hombro y me di cuenta que algo no estaba bien. Quité la colcha que lo cubría y, desesperado, dije:

– ¡Parece que está muerto, Sofía!

– Ella, mostrando gran dolor, se acercó, miró a su padre y se dio cuenta que efectivamente estaba muerto. Comenzó a llorar y abrazándome, dijo:

– Esto no puede haber sucedido, Pedro Henrique. Esta mañana, Tiago y yo nos dimos cuenta que estaba muy débil, pero no pensé que fuera tanto... Yo tengo la culpa que esto sucediera...

– ¿Por qué dices eso, Sofía?

– Desde que murió mi madre, nunca vine aquí para ver cómo estaba... si hubiese venido, habría visto que él no estaba bien y lo habría llevado a nuestra casa...

Yo, creyendo en tu dolor, dije:

- ¡No tenías la culpa, Sofía! Estás embarazada y no estás en condiciones de salir de casa, y si hay un culpable, ese soy yo quien debería haber pensado en eso.

- Ella, llorando mucho, me abrazó y yo, al verla desesperada, la conduje fuera de la casa, diciendo:

- Te llevaré a casa, y luego tendré que ir a la ciudad y contarle al comisario lo que ha pasado. Él necesita venir aquí para poder liberar el cuerpo para que podamos enterrarlo.

- Ella, todavía llorando, sacudió la cabeza diciendo que sí. Después de ayudarla a subir al carrito y dejarla en casa, fui a la ciudad para contarles a mis padres y al comisario lo que había sucedido. Hasta ahora, con todo lo que nos has contado que hizo, es difícil creer que haya cometido otro crimen.

- Eso fue lo que pasó. Cuando ella llegó a casa con Tiago, pensó en qué podría hacer para evitar que vieras a tu suegro. Como había usado el veneno dos veces y no lo descubrieron, pensó: "como nadie descubrió lo que hice con Gustavo y mi madre, intentaré nuevamente con mi padre. No puedo permitir que él se encuentre con Pedro Henrique y si mi madre le dijo algo sobre Osmar, no tendrá tiempo para contarle a mi esposo. Fue genial que Tiago viniera y viera lo enfermo que estaba mi padre. Será fácil convencer a todos que murió de tristeza."

- Tenía razón, Guzmán. En ese momento, estaba preocupado por la enfermedad de mi padre, porque a pesar de todo el tratamiento que estaba recibiendo, sabíamos que iba a ser difícil de curar. Así que ni yo ni nadie jamás podría haber imaginado que ella había hecho eso. Tiago podría haber jurado que el sr. Romeo estaba muy enfermo. Sofía mostró tanta desesperación y sufrimiento que nadie lo sospechó. Quedó impune de otro crimen...

- La impunidad fue lo que la llevó a cometer un crimen tras otro, Pedro Henrique, pero su espíritu, a pesar de toda la ayuda que siempre tuvo del reino espiritual, se negó a reflexionar y volvió a cometer los mismos errores que había cometido en encarnaciones pasadas...

– ¿Ha hecho esto antes?

– Sí, y siempre contra Nadir, Romeo y Gustavo. Cada vez que regresaba al plano y tomaba consciencia de la verdad espiritual, se arrepentía y prometía que la próxima vez, si se le daba otra oportunidad, sería diferente, pero como puede ver, eso tampoco sucedió esta vez.

– Dijiste que ella siempre se puso en contra de Gustavo, Nadir y Romeo. ¿Por qué ellos continuaron renaciendo a su lado?

– Ellos, así como nosotros, han estado a su lado desde siempre. Sabemos que un día, ella encontrará su camino. Pensando así y debido al inmenso amor que sienten por ella, insistieron una vez más en renacer a su lado, para tratar de hacerla cambiar.

– ¿Crees que llegará el día en que ella realmente se arrepentirá de todo lo que hizo y encontrará su camino?

– Si, María Rita. Por eso estamos aquí. Los próximos días serán decisivos y si se nos permitió estar aquí, es porque hay esperanza.

– ¿Cómo podemos ayudarla, Guzmán? No veo un camino.

– Con nuestras oraciones y tratando de enviar luz, estamos tratando de hacer que Sofía reflexione, pero como pueden ver, esto se está volviendo cada vez más difícil. Con cada momento que pasa, ella se deja involucrar cada vez más por las fuertes energías, lo que dificulta nuestra acción, pero la luz que viene de Nadir, Romeo y Gustavo puede ayudarnos. Veamos qué sucederá y espere a que encuentre su camino, se arrepienta de todo lo que ha hecho y confiese sus errores, solo entonces encontrará la paz y el camino de regreso. Estas energías nos hicieron alejarnos de ella. Ella está rodeada de las compañías que eligió y respetando su libre albedrío, no podemos hacer nada. Es por eso que el espíritu, ya sea encarnado o no, siempre debe estar alerta y prestar atención a las compañías que atrae sobre sí mismo. Noventa por ciento de las enfermedades que existen en la Tierra se deben a espíritus errantes que, si se les da la oportunidad, llegarán y permanecerán cerca, haciendo que el espíritu sienta lo mismo que ellos sienten. Por eso, hay mucha depresión, maldad, odio, venganza y todos los males que plagan una sociedad.

- Entiendo lo que nos dices, que en última instancia lo que importa es el perdón, pero ¿cómo podemos perdonar a alguien que nos engañó, mintió y cometió tantos crímenes? Si hacemos eso, ¿no estamos de alguna manera permitiéndole permanecer impune en el reino espiritual?

- El perdón es el arma más grande que tenemos para poder encontrar el camino hacia nuestro Padre. Por lo tanto, si perdonamos a todos los que nos hacen daño, no significa que, habrá impunidad para los que hicieron el mal. Puede suceder ante las leyes y la justicia de los hombres, pero nunca ante la justicia divina. Así como existe una Ley de Amor y Perdón, también existe una Ley de Acción y Reacción.

Aquella que pone todo en su lugar. Hay compañías atraídas que se cobrarán y harán justicia y puedo garantizar que eso es peor que cualquier castigo que pueda venir de Dios.

- Hoy, viviendo en el plano espiritual, puedo entender lo que nos dices Guzmán, pero si estuviera viviendo en el plano físico y presenciara que alguien como Sofía está libre, sin pagar de ninguna manera, impune, no sé lo aceptaría de la misma manera...

- Eso es comprensible, Pedro Henrique. Cuando el espíritu está vivo en el plano físico, tiene las energías del planeta, que son pesadas, porque los sentimientos que están dispersos son conflictivos. Hay una lucha diaria, el sufrimiento, el dolor y la desesperanza, por lo que es difícil aceptar los errores cometidos por las personas y verlos quedar impunes, pero, así como existen todos estos sentimientos negativos, también hay y todos saben cuáles son, los sentimientos de amor, caridad y la confianza que hay un Dios que todo lo ve. Por eso, lo que se debe hacer es luchar contra todo lo que pueda ser malo, confiar en Dios y seguir adelante. Si lo haces, atraerás compañías de luz para ayudarte a enfrentar las malas energías que te rodean. Si cada uno trata de dejar de hacer el mal, muchos caminarán hacia la luz, siempre bien acompañados. Sofía eligió sus compañías y tendrá que responder, no solo a Dios, sino también a esas compañías.

- Estoy recordando, Guzmán, que fue en ese momento que nos mudamos a la ciudad.

- Sí, Pedro Henrique. Después de la muerte de su padre, Sofía pensó que sería un momento ideal.

Aunque no te diste cuenta, ella sabía que el nacimiento de Maurício estaba cerca. Todavía no sabía qué diría cuando el niño naciera antes del tiempo esperado. Le habías dicho que un mes antes te la llevarías a la ciudad y a tu casa, María Rita. Querías que tuviera toda la asistencia médica necesaria, pero ella quería más. Aunque la hacienda era grande y hermosa, estaba lejos de la comodidad de la ciudad. Sofía quería pertenecer a la sociedad, caminar con hermosos vestidos, usar tacones altos, ir a peluquerías y asistir a fiestas.

Pensando así, una semana después de la muerte de Romeo, ella se acercó entre lágrimas y dijo:

- Pedro Henrique, desde la muerte de Gustavo y de mi madre, estaba muy triste y no logro entender aun cómo pudieron morir de esa manera. Sufrí mucho, pero tenía a mi padre y cada vez que miraba hacia mi casa, sabía que al menos mi padre estaba allí, que todavía tenía una familia, pero ahora sé que no tengo a nadie más. Estoy sola...

- No estás sola, Sofía... Estoy aquí y toda mi familia te quiere mucho...

- Sé que tu familia me quiere, yo también los quiero, pero, aun así, no puedo sacar esta tristeza de mi corazón...

- Debe ser por el embarazo. Después que nazca el niño, será diferente. Tendrás a alguien más a quien cuidar y amar...

- Ella, dándose cuenta que no podría convencerte que te mudaras a la ciudad, te abrazó y comenzó a llorar suavemente.

- Ella tenía razón, Guzmán. Lo que menos quería era vivir en la ciudad. Me encantaba la hacienda y no podía ver mi vida futura sin estar allí. Nunca imaginé que ella fuera tan infeliz. Lo tenía todo, no tenía que preocuparse por nada. La servían las criadas y yo ya estaba buscando una mujer para que cuidara del niño que iba a nacer.

- Ella lo sabía, pero necesitaba encontrar una manera de convencerte. Sabiendo que este no era el momento, continuó abrazándote y guardó silencio. Dos días después de tener esta conversación, ella se despertó durante la noche diciendo que tenía mucho dolor en el vientre. Te asustaste y preguntaste:

- ¿Es el bebé, Sofía?

- Ella, llorando con mucho dolor, que en realidad no sentía, dijo:

- No puede ser, Pedro Henrique, todavía es muy temprano para que nazca...

- ¿Qué es entonces?

- No lo sé, solo sé que duele mucho.

- Estabas desesperado y muy asustado. Ella, viendo tu desesperación mientras caminabas de un lado a otro de la habitación, sonrió y dijo:

- No creo que pueda quedarme más aquí. Dijiste que un mes antes que el niño naciera me llevarías a la ciudad, creo que deberíamos irnos ahora.

Sabes que hay niños que nacen antes de tiempo, ¿verdad?

– Lo sé, por supuesto que lo sé... tienes razón, no hay razón para quedarnos aquí. Ya es de madrugada. Tan pronto como amanezca, iremos a la ciudad y te quedarás en la casa de mi madre hasta que nazca el niño.

¿Está bien?

– ¿Y tú?

– No puedo alejarme de la hacienda, pero todas las noches iré a la ciudad. No quiero dejarte sola. ¿Crees que puedes esperar hasta el amanecer?

– Parecía que tenía mucho dolor y con una voz débil, respondió:

– Creo que sí. Estoy mejor.

– Bien, intenta dormir un poco más y no olvides que estoy aquí a tu lado.

Ella sonrió, te besó y luego se durmió. Antes del amanecer, ya estabas preparando el jeep para el viaje. Fuiste a la casa de Noemia, que vivía en una de las casas de la hacienda. Le contaste lo que había sucedido y que iba a llevar a Sofía a la ciudad. Le pediste que se fuera a casa temprano y preparara la ropa que Sofía quería llevar. Ella, sorprendida, fue de inmediato.

– Así sucedió. Fuimos a la ciudad y nunca más volvimos. Ese día no lo sabía, pero mi sueño y deseo de seguir viviendo allí haciendo lo que me gustaba había terminado, por todo el amor que sentía por Sofía.

– Sí, tu amor era inmenso y ella lo sabía. Diez días después de estar en la ciudad, nació Maurício. Fue un apuro porque todos pensaban que el niño había nacido antes de tiempo. Solo Sofía sabía la verdad y cuando vio que estabas preocupado por su salud, dijo:

– No te preocupes, Pedro Henrique, no importa que haya nacido antes de tiempo. Parece que está bien y con cada día que pasa, crecerá y se convertirá en un bello niño.

- Ella me dijo eso y me tranquilicé. Ni yo ni nadie podríamos haber imaginado que él no era mi hijo y que, para que se ocultara la verdadera historia, Sofía había cometido tantos crímenes. Además, fue en ese momento que mi padre, a pesar de toda la ayuda que recibió, no resistió y murió. Su muerte me sacudió mucho, estuve triste por mucho tiempo.

- Lo mismo me pasó a mí, estuve casada por treinta años y siempre fui feliz a su lado.

- Eso es comprensible, María Rita. Ustedes fueron unos de esos pocos espíritus que se conocieron y que, a pesar de su larga vida juntos, continuaron viviendo con amor y armonía. Sofía se dio cuenta que ustedes dos estaban abatidos y, por lo tanto, serían fáciles de manipular. Te abrazó, Pedro Henrique, y hablando en voz baja y acompasada, dijo:

- Pedro Henrique, después de la muerte de tu padre, tu madre está muy triste. Apenas habla y se queda en su habitación la mayor parte del tiempo. Me preocupa.

- Lo noté y no sé qué hacer. Temo que ella también se enferme. No puedo quedarme lejos de la hacienda mucho tiempo. Maurício está bien y fuerte. Es hora de volver. No sé qué voy a hacer con mi madre.

Sabes que mis hermanas viven en la capital y que mi madre se niega a mudarse con ellas.

- También estaba pensando en eso y llegué a la conclusión que deberíamos seguir viviendo aquí junto a ella.

- ¡No podemos, Sofía! ¡Necesito cuidar la hacienda!

- No tienes que salir de la hacienda. Puedes contratar un administrador e ir allí dos o tres veces a la semana.

- En ese momento sentí un dolor en el pecho. Sabía que esa decisión cambiaría mi vida y yo no quería eso, pensé un poco y dije:

- Sofía, mi madre puede venir a vivir con nosotros a la hacienda. Al tener que cuidar a Maurício, sé que pronto estará bien.

- Al escuchar eso, Sofía, aunque no lo demostró, estaba desesperada. Ella no quería volver a la hacienda, mucho menos llevarse a María Rita. No supo qué hacer por un tiempo, pero no tardó mucho en encontrar una respuesta. Poco después, dijo:

- ¡No podemos hacer eso, Pedro Henrique! Tu madre, al ser la esposa de un político, siempre ha tenido muchas obligaciones, tiene sus amigas y compromisos y, si la llevamos con nosotros, sé que sufrirá alejada de la casa donde vivió toda su vida y de las personas que conoce. Sigo pensando que sería mejor quedarnos aquí.

Al principio no quería aceptar, pero sin que yo lo supiera, Sofía había estado hablando mucho con mi madre, hasta que la convenció que la mejor solución sería aquella en la que ella había pensado.

- Ahora recuerdo esa vez, tienes razón, hijo mío. Sofía era completamente diferente. Era simpática y muy humilde. Hablaba suavemente y casi nunca levantó la vista. Cualquiera que conviviese con ella hubiese pensado que era una buena persona y se dejaría convencer. Por eso, sin sospechar de sus intenciones reales, me dejé involucrar y convencer. Después de eso, yo te convencí, Pedro Henrique, que ella tenía razón y que sería bueno que vinieran a vivir conmigo.

- Es verdad, mamá. Solo hoy estoy descubriendo quién era la verdadera Sofía. Porque tú me lo pediste, permití que Sofía y Maurício vivieran contigo. Al principio, iba y venía todos los días, pero con el tiempo, me cansé y contraté a un administrador.

- Sofía, cuando vio que había conseguido lo que quería, se sintió feliz. Usando su humildad y simpatía, pronto logró convencerte, María Rita, de llevarla a fiestas y compromisos sociales. Contrató a un peluquero que venía a casa tres veces por semana a la casa.

- Así es, Guzmán. Ella fue muy inteligente...

- Ahora estaba feliz viviendo en esa casa. Cuando era niña, cada vez que pasaba por allí, se imaginaba cuán felices eran las personas que vivían allí. Ahora, no solo era residente, sino que también era la propietaria. Su vida volvió a cambiar radicalmente. Ella era la señora de todo, ya que poco a poco, sin que te dieras cuenta, fue adoptando una posición ante los empleados, tus amistades y dominaba todo y a todos. Tú, María Rita, te convertiste en una marioneta e hiciste todo lo que ella quería.

- Lo curioso de todo esto, Guzmán, es que no lo noté. Pensaba que Sofía era inteligente y sentía mucha pena por ella haber perdido a toda su familia y estaba sola. Por esa razón, Pedro Henrique y yo cumplíamos todos sus deseos.

Además, después de la muerte de José Antonio, sentía que una parte de mi vida había muerto con él.

Habíamos luchado tanto para que la ciudad evolucionara, él fue un político honesto que, todo el tiempo, solo pensaba en el bienestar de todos. Siempre lo ayudé y con su muerte, mi vida dejó de tener sentido.

- Este es un gran peligro que sufren los encarnados. Debido a que no conocen la espiritualidad cuando alguien a quien aman muere, piensan que será para siempre y sufren mucho. Este sufrimiento a menudo los lleva a la depresión, que no es más que la cercanía de los espíritus, también depresivos que empiezan a rodearlos, lo que hace que se depriman cada vez más y se conviertan en presas fáciles, como tú, María Rita.

- ¡Si! Guzmán ahora lo sé, pero en ese momento no tenía idea.

- Como tú, muchos no imaginan lo que realmente sucede. Sabemos que cuando el espíritu desencarna, continúa de la misma manera que siempre fue, con sus defectos y cualidades, ¿no es así?

– Sí, lo sé ahora, pero en ese momento no lo sabía y pensaba que alguien que moría se volvía poderoso, pudiendo así ayudar a los que se quedaron. Muchas veces en mis oraciones, le pedí ayuda a José Antonio sin saber si él podría ayudarme o no.

– El espíritu al desencarnarse necesita seguir su camino, ir en busca de comprensión y sabiduría. Por supuesto, él no olvida a aquellos que permanecen encarnados y a quienes amaba. Si está bien asistido y está en buenas condiciones, busca vibraciones y envía luz para ayudar, pero eso es todo lo que puede hacer, ya que depende de cada espíritu encargarse de su propia evolución. Sin embargo, muchas veces, cuando el espíritu desencarna, está enfermo, deprimido, una depresión que, a pesar de todos los esfuerzos de la espiritualidad, se convierte en suicidio. Este espíritu, por no aceptar su condición y ayuda, vaga sin rumbo junto a otros como él. Cuando encuentra a un encarnado que, por cualquier razón que está en depresión, se acerca y permanece a su lado, provocando así más depresión.

La mayoría de las veces la persona se siente deprimida y tiene pensamientos destructivos, esos pensamientos no son suyos sino de aquellos espíritus que tienen esos sentimientos. Al no saber y ni creer esto, los encarnados siempre están más deprimidos, lo que puede llevar a las últimas consecuencias, como la demencia o el suicidio. También hay quienes, cuando regresan al plano espiritual y al despertar, sienten su cuerpo tal como lo hicieron cuando estaban vivos, teniendo las mismas necesidades de comer, drogarse o emborracharse, salen a buscar eso. Encuentran fácilmente a los encarnados que están predispuestos a esos mismos vicios. Se acercan y sugieren en todo momento la necesidad de estas cosas. Los encarnados, sin saber y pensando que su voluntad es propia, parten en busca de lo que creen que necesitan, cuando en realidad, esa voluntad no es de ellos, sino de los espíritus que están a su lado.

– Todo lo que dices, Guzmán, es difícil de entender, mucho más cuando estás encarnado. Para eso, es necesario ser espírita y conocer todas estas cosas de la espiritualidad, porque para aquellos que no las conocen, es casi imposible liberarse.

– No es necesario ser espírita, porque los espíritus errantes no eligen por la religión, sino por la predisposición de cada uno. Además, cada religión, pase lo que pase, nos enseña a mantenernos alejados de las adicciones.

– Sí, es verdad, todos enseñan...

Guzmán sonrió y continuó:

– Ustedes estaban contentos de ver feliz a Sofía.

– Tienes razón, Guzmán, pero, aunque yo estaba feliz por ella, también estaba triste por haber dejado la hacienda y la vida que tenía allí. Extrañaba todo, los animales, ver nacer un ternero, la libertad que sentía al montar a caballo. La vida que Sofía quería llevar era completamente diferente a la que yo quería.

– Aunque todo esto le estaba pasando, no estaba del todo feliz. Quería pasar por la calle, ser reconocida y admirada y para que eso sucediera, solo había una forma: ser parte de la política de la ciudad. Conocen a la gente del campo. Piensan que cualquier autoridad, juez, abogado, médico y especialmente políticos, son personas dignas de admiración y que deben ser respetadas e incluso temidas. Muchos prefieren no buscar un abogado cuando sufren una injusticia, por miedo a hablar con uno. El miedo a estar cara a cara con un juez les impide luchar por sus derechos. Poco saben que estas personas son iguales a las demás y si ocupan algún cargo este debe servir al bienestar del pueblo que tanto les temen. Sofía lo sabía y también sabía que, para obtener el respeto y la admiración de todos, tendría que pertenecer a ese mundo.

– Solo ahora me estoy dando cuenta de cómo fui manipulado nuevamente, Guzmán. Una tarde, estábamos sentados en el porche de la casa y ella, como si no quisiera nada, como si lo que iba a decir se le hubiese ocurrido en ese momento, sonriendo dijo:

– ¡Pedro Enrique! Estoy pensando...

– ¿En qué, Sofía?

Ella sonrió y tomando mi mano, respondió:

– Desde que murió tu padre, los políticos que quedaron, además de no tener la capacidad, no están muy interesados en el pueblo, sino solo en sí mismos y en sus vanidades.

– Tienes razón, mi papá era especial y realmente se preocupaba por el bienestar de todos.

– Sí... mi padre y todas las personas que conozco siempre lo elogiaban mucho. Donde quiera que vaya y con las personas con las que hablo, escucho hablar sobre lo mucho que se le echa de menos...

– Eso es verdad, Sofía. También lo extraño...

– ¿Por qué no te postulas para alcalde? Sabes que serías elegido por casi la mayoría de la gente de esta ciudad y, por lo tanto, podrías continuar su trabajo...

Me levanté y dije nervioso:

– ¿Estás loca, Sofía? ¡Nunca pensé ser político! Siempre supiste que mi felicidad era vivir en la hacienda con todas las cosas buenas que tiene. No sabría ser político...

Ella, de la forma habitual y en voz baja, dijo:

– ¡Te ayudo, Pedro Henrique! Tengo muchas ideas que, si puedes ponerlas en práctica, serán buenas para la ciudad y para todos los que viven aquí...

– Ella, sabiendo que iba a ser difícil convencerlo, volvió a apelar a ti, María Rita.

- Es verdad, Guzmán. Una mañana, ella, con ese aire de niña abandonada, dijo en voz baja y mesurada:

- Doña María Rita, he estado pensando en lo mucho que echa de menos a su esposo no solo por usted, sino también por la ciudad.

- Tienes razón, Sofía. Además de ser un buen padre y esposo, también fue el mejor alcalde que esta ciudad tuvo.

- Su nombre siempre ha sido respetado, ¿verdad?

- Así fue...

- He estado pensando en eso. Después de todo lo que hizo por la ciudad, no es justo que su nombre desaparezca, doña María Rita...

- No entiendo a qué te refieres, Sofía.

- Estoy diciendo que su nombre debe continuar siendo recordado y respetado...

- La gente de esta ciudad nunca olvidará a José Antonio.

- Sé que no lo hará, pero como saben, el tiempo pasa, otras cosas pueden suceder y la gente se olvida. Solo hay una manera para que nunca sea olvidado...

- ¿Cuál?

- Pedro Henrique podría postularse, ser elegido alcalde y continuar el trabajo de su padre...

- ¡Eso nunca sucederá, Sofía!

- ¿Por qué no? Tiene la capacidad...

- ¡Pedro Henrique odia la política! ¡Nunca aceptará esta idea tuya!

- Sé que si hablo con él; puede que no lo acepte, pero si usted le habla, sé que podrá convencerlo, porque incluso sin haber sido candidata o elegido, él siempre ha vivido en este entorno; y debe tener sus argumentos...

- Pensé que esa idea era una locura, Guzmán, pero al mismo tiempo pensé que podría tener razón, porque si Pedro

Henrique fuera elegido, no solo podría evitar que nuestro nombre cayera en el olvido, sino que también continuaría trabajando en la ciudad. Así que dije:

– No sé, Sofía, si puedo convencer a Pedro Henrique, pero lo intentaré. Yo también creo que él tiene condiciones para ello. Como dijiste, tiene la capacidad y lo ha demostrado al administrar la hacienda, haciéndola muy rentable, al dedicarse a la cría de ganado.

– Con mucho trabajo y conversación, logré convencerte, hijo mío. Te postulaste y te convertiste, como Sofía había predicho, en un gran alcalde, tal como lo había sido tu padre.

– Aunque no quería, no pude oponerme a los argumentos de las dos. Como te dijiste, madre, me convertí en un alcalde respetado por la gente de la ciudad y traté de no menospreciar el nombre de mi padre, pero para ser justos, solo logré hacerlo, por el apoyo que tanto tú como Sofía me dieron.

– Lo sé, hijo mío. Yo tenía mucha experiencia

– Ser alcalde era tu misión, Pedro Henrique y gracias a Dios, la cumpliste con gallardía. Tomaste algunos de los proyectos de tu padre que no había podido poner en práctica y después de mucho pensar y conversar con otros políticos lograste llevar una fábrica de tejido a la ciudad. Al hacerlo, lograste no solo aumentar los ingresos sino también proporcionar empleo a quienes no se dedicaban a la agricultura. Todo esto con la ayuda de su madre, quien, como ella dijo, tenía mucha experiencia. Sofía, recordando lo que solía conversar con Osmar y sobre sus sueños, un día dijo:

– Pedro Henrique, ¿por qué no invitar a los granjeros de la ciudad y proponerles que trabajen juntos con el Ayuntamiento?

– ¿Trabajar cómo?

– El Ayuntamiento podría financiar su siembra y cosecha y distribuir todo lo que se coseche. Al final, ellos pagarían lo que habían recibido. Podrías establecer aquí en la ciudad, un centro de distribución, no solo para las ciudades vecinas sino también para la capital.

- No lo sé, Sofía. Esta es una decisión que no puedo tomar solo. Necesito pensarlo y hablar con los concejales.

Lo pensaste por un momento, hablaste con varias personas y viste que se podía hacer y que tal vez podría funcionar.

- Y funcionó, Guzmán, esa fue una gran idea. Pero nunca imaginé que esta brillante idea no fuera de Sofía, sino de Osmar.

- No importa de quién fue la idea, lo que importaba era que lo pusieras en práctica y así ayudaras mucho a tu ciudad y a los agricultores.

Se las arregló para convencer a algunos y poco a poco vinieron otros, incluida la familia de Osmar. En poco tiempo, la idea se extendió a todos los pueblos que rodeaban a su ciudad y, como ellos dependían exclusivamente de la cría de ganado, se convirtieron en compradores de las frutas, verduras y legumbres que cultivaban en la tuya. Al final, la idea de Osmar transmitida por Sofía funcionó. Todos estaban contentos con el resultado. Tú y Sofía fueron homenajeados, las fiestas fueron promovidas por granjeros agradecidos. Sofía, en cada fiesta a la que asistía y cuando era homenajeada, porque en cada discurso mencionabas que la idea había sido suya, estaba feliz y orgullosa, pero no era suficiente, quería más. Recordando la época en que era niña y lo mucho que le tardaba y lo lejos que tenía que caminar para llegar a la escuela, te convenció de construir escuelas rurales en los lugares más distantes y dijo:

- Así, Pedro Henrique, todos los niños podrán estudiar o al menos aprender a leer.

- Escuchaba todo lo que decía, porque sabía que sus ideas eran generalmente buenas.

- Con eso, aunque no era su voluntad, Sofía, que solo quería admiración, poder y reconocimiento, logró ayudar a la ciudad y a sus hijos. Ella, por ser tu esposa, fue reconocida y aclamada.

Estaba orgullosa, todo iba bien, mejor de lo que había imaginado. Hasta el día de hoy, muchos de esos niños, ahora adultos, rezan para que ella sea feliz y goce de buena salud. Quizás es por eso que estamos aquí tratando de evitar que cometa más errores de los que ya ha cometido. Como les dije, todos los espíritus tienen un lado bueno y un lado malo, todos tienen, sin excepción, errores y éxitos, por eso, aunque pueda llevar mucho tiempo, todos encontrarán el camino de la luz. Durante su tiempo en este mundo y en otros, sin saberlo, ganarán amigos y enemigos, pero como el amor de un amigo es mayor que el odio de cien enemigos, al final los amigos serán en mayor cantidad. Como pueden ver, a pesar de todo el daño que ha hecho, todavía hay quienes rezan por ella.

- Tienes razón, Guzmán... tienes razón...

- Cuando quedó embarazada de Ricardo, estaba muy nerviosa porque pensaba que no era el momento de tener un hijo, tenía muchos compromisos sociales donde siempre era homenajeada, pero ante tu felicidad, no había forma de evitar que naciera. Maurício, desde muy temprana edad, fue criado por niñeras que ella siempre escogió. No fue diferente con Ricardo, pero cuando nació y vio que era hombre, supo que, para seguir teniendo esa vida y continuar siendo reconocida y homenajeada, quería que él siguiera tus pasos, sin embargo, a medida que crecía, se dio cuenta que su interés era diferente. Le gustaba la historia antigua y moderna y le gustaba aun más para hablar de ella. Cada vez que le preguntaban qué quería ser cuando fuera grande, respondía que quería ser profesor. Cada vez que Sofía lo escuchaba decir eso, se enojaba y nerviosa y decía:

- ¡No serás profesor, serás presidente de Brasil!

- Él, cuando era pequeño, cuando la escuchaba decir eso lloraba, pero cuando creció, sonreía.

- No entendía por qué ella peleaba tanto con él, Guzmán, y, en cambio, no animaba a Maurício quien, desde muy temprana edad, mostró su tendencia hacia la política. Incluso, en la escuela, discutía con los maestros para expresar su opinión o para defender a algún estudiante que consideraba que había sido perjudicado.

- Porque con su espíritu enfermo, sabiendo que no era su hijo, pensaba que no tenía ningún derecho a seguir tus pasos. Pensaba que, por derecho, ese camino le pertenecía a Ricardo.

- Guzmán, si no hubiera vivido todo esto no podría creerlo, porque Maurício, aunque no era mi hijo, era de ella...

- Sí, pero representaba su error y el temor de que, en cualquier momento, se descubriera todo.

- Habías sido elegido y reelegido muchas veces. Cuando te postulaste para diputado federal, también fuiste elegido, porque era conocido en todas partes y tuviste que mudarte a Río de Janeiro. Allí, tus hijos estudiaron en las mejores escuelas. Sofía continuó insistiendo en que Ricardo se postulara para algún cargo político, pero él se negó, estudió historia. Tenía muchas ganas de ser maestro. Sin embargo, Sofía no aceptó esto. Cuando trajo a Anita para que la conocieran, ella inmediatamente pensó que podría involucrarla como lo hizo con ustedes y podría ayudarla a convencer a Ricardo, pero pronto se dio cuenta que no sería posible, porque Anita no tenía ambición política ni personal. Ella solo quería tener un hogar con niños y vivir en paz como lo hizo en su hogar, porque sus padres se querían mucho y ella se crio en un hogar muy tranquilo. Incentivaba a Ricardo a ser profesor, ya que pensaba que era una profesión digna.

- ¿Esa es la razón por la que no le agrada Anita?

- Quizás eso sea todo, no sé cómo responderte, María Rita, solo sé que todo iba bien. Sofía, a pesar que Ricardo se negó a hacer lo que ella quería, continuó asistiendo a fiestas, ahora más sofisticadas, pero nada es como uno planea, tuviste un ataque al corazón y moriste de repente. Eso para Sofía era desesperante, porque a pesar de su egoísmo y de haberse casado contigo por interés, con el tiempo se acostumbró a vivir a tu lado y te extrañó mucho, pero el tiempo pasó y pronto volvió a su vida de fiestas. Como eras un diputado respetado, hizo muchos amigos que la consolaron. Cuando Ricardo se casó y decidió mudarse a Portugal para aprender más de cerca sobre la historia, visitando castillos europeos, se desesperó y culpó a Anita por ello.

Durante el tiempo que estuvieron viviendo en Europa, ella estuvo ideando una forma de separarlos. Siempre que podía, culpaba a Anita por no poder tener un hijo.

– Ahora que mandó a hacer ese "trabajo" y están peleados, ¿lo logrará?

– Sabemos que no se ha realizado ningún trabajo. Entonces, si algo sucede, no fue por trabajo. Lo que logró con este gesto fue atraer energías pesadas que solo pueden dañarla a ella. Sin embargo, a pesar que el trabajo se realizó, el deseo existió. Por lo tanto, ella y *pai* Jorge tendrán que responder. Se les cobrará y generalmente en estos casos el precio es alto.

– Siento pena por ella, Guzmán.

– Sí, aunque ella no lo sabe ni lo admite, es lamentable y necesita muchos de nuestras oraciones. Su próxima encarnación deberá ser muy dolorosa para reparar todo el daño que ha causado.

– ¿Incluso si Nadir, Romeo y Gustavo no quieren cobrarse?

– El aprendizaje es inherente a todo espíritu. La ley de acción y reacción, también. El espíritu necesita aprender y esto solo sucederá si compensa sus errores. Aunque no lo cobren, el propio espíritu de Sofía lo cobrará, porque sabe que, usando su libre albedrío, Sofía ha pospuesto su evolución. Nunca podemos olvidar que, aunque Dios nos ama y quiere nuestra felicidad, debe ser justo. Por lo tanto, nos dejó sus leyes, y éstas deben cumplirse.

– ¿Cómo pudo Sofía seguir viviendo con todo lo que hizo, Guzmán?

– Ella nunca volvió a pensar en su familia, mucho menos en lo que había sucedido. Cuando lo recordaba, trataba de pensar en otra cosa, pensando en la próxima fiesta o el té de la tarde al que debía asistir.

– Dijiste que los próximos días serán decisivos. ¿Qué sucederá?

– No sé, Pedro Henrique, no me dijeron. Solo sé que debemos quedarnos aquí hasta que no se acaben los recursos para ayudarla.

– Entonces tenemos que esperar y ver qué pasa.

– Así es, María Rita. Oremos y esperemos que Dios resuelva todo de la mejor manera.

21.- LA PRESENCIA DEL AMOR

Sofía, en la cama, recordando el día en que murió su padre, abrió mucho los ojos y se dio cuenta que su cuerpo estaba mojado de sudar tanto.

Sintió que su corazón latía con fuerza y tuvo problemas para respirar. Se levantó y fue al baño, abrió el grifo del lavabo y se humedeció la cara y el cuello. Luego se miró en el espejo y pensó: "Stela tiene razón, tengo que ir al médico. No entiendo lo que está pasando. ¿Por qué estoy recordando mi pasado, desde hoy en la mañana? ¿Por qué no puedo olvidarlo? Todo sucedió hace tanto tiempo que. No tuve la culpa, me vi obligada a hacer lo que hice para defenderme. Necesito olvidarlo. Nadie descubrió lo que sucedió y nunca lo descubrirá. Lo que importa es que mi hijo está en casa y que dejó a esa mujer para siempre..."

Se humedeció la cara otra vez y cuando volvió a mirar al espejo, lanzó un grito de sorpresa y saltó hacia atrás, porque en lugar de ver su cara, vio las de Gustavo, Nadir y Romeo, quienes la amenazaban con gestos.

Pedro Henrique y los demás siguieron sus pensamientos y, sorprendidos, vieron lo que ella veía. Pedro Henrique preguntó:

- ¿Por qué se siente tan mal y por qué está viendo estas imágenes, si Gustavo, Nadir y Romeo no están aquí?

- Por supuesto que no están aquí y sabemos que incluso desde la distancia están tratando de ayudarla, pero el espíritu puede tomar la forma que quiera y en este momento, las compañías que ha atraído a lo largo del tiempo quieren que tenga miedo de las personas que ha dañado y que regrese al plano espiritual, para así poder apoderarse de su espíritu y hacer con ella lo que creen que es creen que es justo.

- ¿Quieren hacer justicia?

- Sí, la justicia se extiende a todos los eslabones de la creación.

- No entiendo, Guzmán...

- Te daré un ejemplo. ¿No han oído decir varias veces que, en las cárceles, donde los espíritus pagan sus crímenes, incluso los prisioneros tienen un código de honor y no aceptan algunos tipos de crímenes? Cuando llega un prisionero acusado de un crimen que ellos piensan que es terrible, se encargan de hacer justicia y hacen que el prisionero pague de una manera brutal y humillante.

- Sí, hemos oído hablar de eso.

- Lo mismo sucede en el plano espiritual. Cuando Sofía cometió el primer crimen, no fue influenciada por ningún espíritu, solo usó su libre albedrío y eligió hacer lo que hizo. En ese momento, después del crimen cometido y, solo en ese momento, atrajo, hacia sí, espíritus igualmente criminales que deambulan sin rumbo y sin esperanza. Estos espíritus, atraídos por su energía, llenos de odio, resentimiento y crueldad, se quedaron a su lado y hasta hoy. A estos primeros se les unieron otros que la han estado persiguiendo desde entonces. Sofía está rodeada de energías pesadas. Solo el amor de Nadir, Gustavo y Romeo la han protegido y han evitado que muera y pierda una oportunidad inmensa para regenerarse y regresar victoriosa al plano espiritual, con la misión cumplida. La Tierra es una escuela de aprendizaje sin fin. Los espíritus que la acompañan, aunque también están atados por pesadas energías, aun mantienen dentro de sí el amor por alguien que dejaron atrás, puede ser un padre, una madre, un hermano, hijos, esposas. Cuando alguien como Sofía comete un crimen contra un individuo que les recuerda a estas personas, la ayudan a cometerlo, pero están atentos para que, tan pronto como muera, puedan castigarla de una manera muy cruel y humillante.

- ¿Es así como sucede? Aunque están a su lado, ayudándola a cometer crímenes, ¿no son sus amigos?

- No son amigos de ella ni de ningún espíritu que se apegue a ellos.

- Por todo lo que dices, ¿podemos concluir que los que están al lado de Sofía están irremediablemente perdidos?

- No, María Rita. La vida en el plano espiritual es casi igual a la vida en la Tierra o en cualquier otro lugar. En la Tierra, la población está formada por núcleos llamados familia. En este plano es lo mismo. Somos parte de la misma familia desde hace mucho tiempo. Así como estamos tratando de ayudar a Sofía, muchos otros deben estar tratando de ayudar a los espíritus que la acompañan. Un día, puede llevar poco o mucho tiempo, con la ayuda de esta legión de amigos, todos sin excepción, encontrarán su camino. Para el Padre, todos somos el hijo pródigo del que habló Jesús. No hay personas malas, sino espíritus enfermos que necesitan ayuda. Sofía es uno de ellos. Su espíritu está enfermo y necesita nuestro perdón y ayuda.

- Después de todo lo que nos has contado, es muy difícil perdonar. Pensé que estaba listo para seguir adelante, ir a esferas superiores de espiritualidad, pero dado lo que siento, no creo que esté listo todavía, Guzmán. Creo que tengo mucho que aprender.

- Todos tenemos, Pedro Henrique, incluso el espíritu de mayor luz que pueda conocer. Todos, sin importar cuán espirituales seamos, siempre tendremos algo que aprender. Tú y todos los que vivieron con Sofía están listos para seguir el camino. Solo depende de su elección: ¿realmente quieren irse, dejando que se quede atrás, y que se pierda con estas compañías que, aunque ella misma eligió, sabemos que solo la lastimarán o prefieren quedarse y ayudarla?

— No lo sé, Guzmán. Tal vez estoy siendo egoísta, pero creo que Sofía nunca se arrepentirá y si eso sucede, tomará mucho tiempo. No sé si vale la pena esperar, y no visitar lugares de mayor felicidad espiritual.

— Todos tenemos derecho a elegir. Por eso, si deciden irse y dejarla atrás, nadie los condenará. Siempre hicieron el bien. Han conquistado la luz y tienen derecho a continuar. Sofía fue quien cedió al mal y se apartó de la luz. No tienen que dejar de seguir el camino que han conquistado, pero primero, intentemos un poco más. Como he dicho varias veces, si aun no nos han llamado, es porque todavía hay esperanza.

Pedro Henrique bajó la cabeza y siguió pensando. María Rita preguntó:

— ¿Por qué se siente tan mal? ¿Morirá?

— Creo que no, María Rita, si fuera a suceder, me habrían avisado. El cuerpo es un reflejo del espíritu. El espíritu de Sofía está enfermo, su cuerpo lo demuestra.

— ¿El malestar que siente es un reflejo de su propio espíritu?

— Sí, porque, aunque existe el libre albedrío, cada espíritu sabe que debe seguir el camino del bien para evolucionar y acercarse a la luz.

Cuando renace, trae esa certeza con él, pero con el paso del tiempo y el peso de su cuerpo físico, a menudo se deja llevar, olvidando todo lo que había prometido y elegido. No acepta la vida que tiene, como sucedió con Sofía y se vuelve malvado, para dañar a las personas que lo aman.

— ¿Estás diciendo que todos debemos aceptar la vida que tenemos sin reaccionar ni intentar cambiar?

— ¡No! El espíritu nació para ser feliz. El sufrimiento es causado por ansiedad, por la falta de fe. Cuando el espíritu encuentra su camino, ve que todo se resuelve por arte de magia y no comprende cómo puede ser tan fácil. Basta con solo creer que eres hijo de un creador amoroso, que siempre está dispuesto a ayudarte y recibirte con gran afecto y que nunca te dejará solo. El espíritu encarnado o no, siempre debe intentar evolucionar. En el plano, intenta trabajar y aprender más.

Reencarnado también estudia, trabaja y sabe que es libre de elegir su camino, siempre buscando lo mejor que la vida le puede ofrecer, sin tener que dañar a otra persona o cometer un delito o varios, como hizo Sofía. Finalmente, entender que todo siempre está bien y que cada espíritu eligió la vida que vive en la Tierra o en cualquier otro lugar.

— Al oír la forma en que lo dices, Guzmán, parece ser simple, pero en realidad no lo es. Cuando surgen problemas, es difícil pensar que todo siempre está bien, que somos nosotros los que elegimos pasar por todo aquello.

— Cuando no confías en un creador maravilloso, es realmente difícil, pero incluso si no lo crees ni lo aceptas, la ayuda vendrá. Todo lo que es bueno o malo no dura para siempre. Con el tiempo, los problemas se resolverán, y otros nuevos aparecerán y así es como el espíritu aprende y siempre camina hacia la luz.

— Ahora sé todo esto, pero sigo pensando que es muy difícil.

Guzmán sonrió.

Sofía, aun asustada por las imágenes que vio en el espejo, regresó a la habitación y se acostó. Se dio cuenta que su corazón, aunque todavía latía rápido, estaba mejor. Pedro Henrique y María Rita siguieron la mirada de Guzmán y, sorprendidos, vieron llegar a Nadir y Romeo. Nadir, mientras sonreía, tenía una mirada triste. Guzmán sonrió y dijo:

– Me alegra que estén aquí. Estoy feliz, porque sé que la luz que emana de ustedes puede iluminar esta habitación y, si Dios quiere, el corazón de Sofía.

– Nos enteramos de todo lo que sucedió. El esfuerzo que hicieron para evitar que cometiera otro error, pero también sabemos que fue en vano. Ella se apegó aun más al mal. Saben que el tiempo se acaba y Sofía pronto dejará el plano físico. Si no se arrepiente y confiesa todos sus crímenes, la llevarán a lugares a los que no podremos ingresar.

– También estoy feliz de verlos. Nunca imaginé que Sofía evitara nuestra amistad. Quiero que me perdonen por no haberlo notado o insistido más en conocerlos.

– No te preocupes, Pedro Henrique, hoy sabemos cómo todo ocurrió. También sabemos que somos parte del mismo grupo y que, juntos, tratamos de hacer que Sofía vuelva al camino del bien y siga su vida con nosotros. Hicimos lo mejor que pudimos en la situación en la que vivíamos. Sofía, desde el principio, tuvo protección. Nació en un hogar que, aunque era pobre, estaba lleno de amor. En la encarnación pasada era muy rica, tenía todas las oportunidades de crecer espiritualmente, pero dejó que el orgullo y el poder la desviaran.

Cuando entendió todo lo que había hecho, pidió renacer en un hogar pobre, para poder apreciar las pequeñas cosas, pero como hemos visto, no ayudó. Su orgullo, avaricia y deseo de poder la hicieron llegar a esta situación. Y nosotros, sus viejos amigos, estamos aquí a su lado para tratar de ayudarla.

– Nadir, ella ni siquiera se imagina que estamos aquí y tan preocupados...

– Tienes razón, María Rita, no puede imaginar cuánto la queremos...

Miraron a Sofía, que estaba acostada, tratando de dormir. Guzmán serio dijo:

– Tenemos que ir a la casa de Stela. Siento que ella necesita nuestra presencia.

– Pueden ir, Romeo y yo nos quedaremos aquí junto a Sofía y tan pronto como ella se duerma, trataremos de hablar con ella.

– Hagamos eso, Nadir. Sofía no podría estar en mejores manos.

Nadir y Romeo sonrieron. Guzmán, Pedro Henrique y María Rita se despidieron y fueron a la casa de Stela.

22.- LA AYUDA DE LA LUZ

Stela también llegó a casa. Al igual que Sofía, estaba cansada y sucia. Quería ducharse y descansar. Estaba pasando por la sala cuando sonó el teléfono. Respondió y habló con Sofía. Luego miró por la ventana y vio que los niños, Juninho y Dora, estaban jugando en la piscina. Siguió caminando, pasó la cocina y notó que Clarice, su criada, estaba limpiando la cocina. Escuchó el ruido de la lavadora, fue a la lavandería y María Tereza, mientras esperaba que se terminara de lavar la ropa, también estaba planchando las que estaba seca. Él sonrió y pensó:

"Todo está bien aquí en casa. Puedo, sin ningún problema, ir a bañarme y descansar."

Sin que nadie se diera cuenta, fue a su habitación. Ella no vio ni se dio cuenta que, desde que dejó a Sofía en casa, ha estado acompañada por algunas de las entidades que estuvieron con Sofía y que habían estado con ellas durante todo el día. Tan pronto como entró, se sentó en la cama y comenzó a pensar:

"Doña Sofía, cuando me llamó, estaba feliz. ¿Será que tiene razón, y fue el trabajo de ese hombre lo que separó a Ricardo de Anita? No puede ser, acabamos de salir de allí. No tuvo tiempo de hacer ningún trabajo. Pero, ¿y si lo hizo? Entonces, significaría que, incluso sin querer, participé en todo.

Lo que hicimos no está bien. No teníamos derecho a interferir de esta manera en sus vidas. Anita no es amiga mía, pero en parte, tiene razón.

Tan pronto como se casó, trató de hacerse amiga mía, pero influenciada por doña Sofía, siempre la traté con indiferencia y le demostré que quería mantenerme distante. ¿Qué más podía hacer ella? Hoy, durante ese loco viaje, tuve tiempo de pensar, analizar a doña Sofía y darme cuenta de lo egoísta que es y hasta podría decir que es mala. ¿Cómo le permití involucrarme de esta manera? No puedo decirle a Maurício lo que hicimos, porque por lo mucho que quiere a su hermano, nunca me lo perdonaría y con razón... Odio a doña Sofía, ¡quisiera que muriera!

Ella misma se asustó por esos pensamientos. Desde la primera vez que vio a Sofía, se dio cuenta de lo orgullosa y arrogante que era, pero como Stela provenía de una familia humilde y le tenía mucho cariño a Maurício, decidió que, en lugar de enfrentarse a Sofía, debía unirse a ella y por eso dejó que Sofía se ocupara de su vida, desde cómo arreglar su casa, qué muebles comprar y hasta qué fotos poner. Eso siempre la molestaba, pero pensó que lo mejor era estar de acuerdo con ella y vivió así hasta el día de hoy.

"La diferencia entre la forma que trata a Maurício y Ricardo es siempre notoria. No sé por qué, pero hace esa diferencia y no intenta disimularla. Nunca entendí por qué Maurício aceptó este trato. Una o dos veces cuando comenté, dijo:

– No te preocupes por eso, Stela. Mi madre está llena de manías. Todo el amor y el cariño ella que no me dio, lo recibí dos veces o incluso más de mi padre. Me quería mucho y tampoco intentaba disimularlo. Yo lo extraño mucho..."

Stela, pensando en eso, tomó las toallas y entró al baño y tomó una larga ducha que la hizo sentir como nueva. Cuando regresó a su habitación, se sorprendió al ver que Maurício estaba acostado en la cama. Ella se acercó a él, se inclinó y, mientras lo hacía, le preguntó:

- Ya estás en casa, Maurício. ¿Qué sucedió? ¿Estás enfermo?

- ¿Por qué preguntas eso?

- No sueles llegar temprano a casa... ¿estás bien?

- Estoy bien, pero hoy no sé por qué, tuve ganas de volver a casa. Siento que algo malo está sucediendo o está por suceder.

Ella se acostó a su lado, diciendo:

- Dios, Maurício, ni siquiera me digas algo así. Aquí en casa todo está bien y continuará así. No hay razón para que eso cambie.

- No lo sé, Stela, pero algo no está bien.

- Todo estaba bien, debes estar muy cansado. Has trabajado mucho...

- Tienes razón, desde que murió mi padre tuve que hacerme cargo de todos los asuntos. Me alegra que Ricardo haya regresado y pueda ayudarme. Es inteligente y está dispuesto a quedarse aquí para siempre. Pronto aprenderá cómo funcionan las empresas y podré tomarme unas largas vacaciones.

Viajaremos y llevaremos a los niños a ver lugares maravillosos.

- No creo que eso suceda...

- ¿Por qué estás diciendo eso?

- Tan pronto como dejé a tu madre en casa y llegué aquí, ella me llamó y me dijo que Ricardo volvió a casa.

- ¿Cómo que volvió a casa?

- No estoy segura de lo que pasó, ella me dijo que cuando llegó él estaba allí y que había venido con una maleta de ropa.

- ¿Se separó de Anita?

- No estoy seguro, pero me temo que sí...

- ¡Estoy seguro que tiene el dedo de mi madre! Desde que conoció a Anita y su familia, quiso e intentó de muchas maneras que el matrimonio no se llevara a cabo. Como no tuvo éxito, siempre hizo todo lo posible para separarlos. ¿Sabes algo, Stela?

Stela pensó por unos segundos. Ese era el momento de contar todo lo que estaba sucediendo y adónde habían ido, pero se detuvo. Temía que Maurício no la entendiera.

- No sé nada, Maurício. Como tú, también veo cómo tu madre trata a Anita, pero no sé nada más.

- Ella debe haber hecho algo muy serio para que se separaran, Stela. Lo sé, debe haber sido por la cena.

- ¿De la cena?

- Sí, yo, tú y todas las personas que estaban allí, nos dimos cuenta de lo enojada que estaba Anita. La cena fue perfecta y ella debió esforzarse mucho trabajo para que saliera bien y mi madre con su grosería habitual logró estropearla.

- Sé que lo que hizo tu madre fue desagradable, pero no tan grave como para que haya una separación. Hemos visto escenas mucho más fuertes que esa.

- Tienes razón, fue una suma de todas las cosas. La cena fue la gota que colmó el vaso, Stela. Vamos a la casa de mi madre.

- ¿Para qué, Maurício?

- Necesito hablar con mi hermano y averiguar qué sucedió exactamente y si mi madre tuvo algo que ver. Trataré de hacer que Ricardo piense y vuelva a casa.

- ¿Crees que deberías hacer eso?

- No solo lo creo, ¡sino que lo haré!

Maurício estaba muy nervioso y enojado. Se sentó en la cama para levantarse, pero se sintió mareado y se vio obligado a acostarse nuevamente. Estaba tan blanco como la cera. Stela se sobresaltó y, casi gritando, preguntó:

– ¿Qué pasa, Maurício? ¿Qué sientes? – Casi sin fuerzas para responder, él dijo en voz baja:

– No sé, de repente me sentí muy mareado –. Ella, muy asustada y nerviosa, dijo:

– ¡Lo ves! Estás nervioso y lo provocas. Acuéstate, voy a la cocina a buscar un vaso de agua y azúcar.

Salió corriendo de la habitación. Guzmán miró a Pedro Henrique y a María Rita y, con los ojos, hizo una señal hacia Maurício, extendió las manos en su dirección y arrojó chorros de luz sobre él, un gesto que también hicieron los demás. Poco a poco, vieron como el color volvía a su rostro y comenzó a sentirse mejor. Cuando Stela regresó con el vaso de agua, Maurício ya se había recuperado. Ella admiraba, preguntaba:

– ¿Estás bien, Maurício?

Sí, así como me puse mal, también desapareció.

– ¿Todavía quieres ir a la casa de tu madre?

– Claro que sí. ¡Necesito hablar con Ricardo antes que todo se salga de control y esta separación sea irreversible!

– ¿Tiene que ser hoy? Acabas de ponerte mal, creo que deberíamos ir al médico. Necesitas hacerte algunas pruebas y ver por qué te pusiste tan mal.

– Lo haremos mañana. ¡Hoy necesito hablar con mi hermano! Me voy a duchar, cambiar de ropa y si no quieres ir, ¡no tienes que ir! ¡Iré solo!

– Incluso si quisiera, no puedo ir. Los niños están jugando en la piscina y pronto tendrán mucha hambre. Necesito quedarme aquí para cuidarlos.

Stela mintió, porque si los niños necesitaban atención, tanto Clarice como María Tereza estaban allí para eso. En realidad, no quería estar presente cuando Maurício hablara con su hermano y al lado de Sofía.

Se levantó y le entregó toallas y ropa a Maurício. Él fue al baño, ella se acostó y esperó. Antes de entrar al baño, Maurício dijo:

– No te obligaré a hacer algo que no quieres, pero me gustaría que vinieras conmigo.

Tan pronto como Maurício entró al baño, Pedro Henrique y María Rita miraron a Guzmán y Pedro Henrique preguntó.

– ¿Qué pasó aquí, Guzmán?

– ¿No viste cómo las entidades se arrojaron sobre Maurício, cuando dijo que iba a hablar con su hermano?

– Sí, los vimos. Se arrojaron con tanta fuerza que casi lo matan.

– Eso es exactamente lo que pasó. Ellos, al darse cuenta que Maurício podría impedir que la separación de Ricardo y Anita ocurriera realmente, trataron de evitarlo.

– ¿Por qué? – Están al lado de Sofía y quieren que ella se involucre cada vez más en la oscuridad.

Hoy, tuvo la intención y pagó para que haya una separación, si eso no sucede, ellos tendrán más dificultades para involucrarla aun más. Por eso trataron de detenerlo.

– Si no estuviéramos aquí, ¿lo habrían logrado?

– No, porque si no estuviéramos aquí, otros en nuestro grupo lo estarían. Maurício, como Ricardo, Anita y Stela, es parte de nuestro grupo original e incluso sin saberlo, está tratando de ayudar a Sofía y evitar la separación contribuirá a que esta ayuda sea efectiva.

– No entiendo cómo, después de todo lo que hizo, todavía hay espíritus que quieren ayudarla...

Guzmán sonrió y dijo:

- Estamos aquí, ¿no?

Los dos también sonrieron. Maurício salió del baño. Stela permaneció en la cama, temerosa que él descubriera lo que había hecho junto a Sofía.

Guzmán lo miró con cariño. Maurício no podía imaginar lo bien acompañado que estaba.

Guzmán dijo:

- Ahora podemos volver con Sofía. La llegada de Nadir y Romeo significa que también intentarán hasta el último recurso para ayudar a Sofía.

23.- TOMA DE DECISIONES

Anita en casa, después de llorar mucho, esperó hasta la hora del almuerzo para ver si Ricardo regresaba. Como no regresó, tomó una decisión: "no volverá. Él eligió a su madre. Para mí, solo hay una alternativa."

Mientras pensaba, levantó el teléfono, marcó un número. En el otro extremo de la línea, la voz de una mujer respondió.

– ¡Aló!

Anita, llorando, solo pudo decir:

– ¡Mamá!

– ¿Anita? ¿Qué pasó? ¿Por qué lloras?

– Ricardo me abandonó...

– ¿Te abandonó? ¿Cómo? ¿A dónde se fue?

– Anoche discutimos por culpa de su madre. Hoy, cuando desperté, él no estaba en casa. Miré el armario y vi que faltaban algunas prendas y una maleta. Debe haber ido a la casa de su madre para pedir su bendición...

– ¿Discutiste de nuevo con tu esposo por esa mujer, hija mía? ¡Te he dicho tantas veces que no hagas caso a nada de lo que hace!

– Me lo has dicho, mamá, muchas veces, pero no pude soportarlo. Te diré lo que pasó. Sabes que preparé una cena para nuestros amigos y familiares para celebrar nuestro regreso, ¿no?

- Por supuesto que lo sé, nos invitaste, pero tu padre, por negocios y en esta época del año, no podía salir de aquí y por eso acordamos que harías otra cena en otra ocasión, solo para la familia. Pero hasta ahora, no entiendo lo que pasó.

Anita le contó todo lo que había sucedido. La discusión que tuvo con Ricardo y su decisión de abandonarlo todo. También habló de su reacción, lo que la enfureció aun más. Terminó diciendo:

- Como puedes ver, mamá, él eligió a su madre. ¡No me quiere y no me respeta!

- Lo que hizo es realmente serio, ¡pero debes entender que esta es su madre!

- Puede ser su madre, pero ella también es una zorra y no sé cuál es la razón, ¡pero me odia!

- ¿Qué quieres que hagamos por ti?

- Quisiera ir a casa solo por un tiempo, hasta que pueda rehacer mi vida...

- ¡Por supuesto que puedes volver! Eres nuestra única hija y esta casa es tuya, aunque creo que no deberías hacer eso. Deberías esperar a que vuelva tu esposo, porque estoy seguro que esto sucederá.

Necesitan hablar y tratar de hacer las cosas bien. Ricardo es un buen hombre. Él nunca te engañó y siempre te trató con mucho cariño. Esta discusión no fue causada porque no se quieren, sino por alguien más, así que creo que todavía hay esperanza.

- No hay esperanza, mamá. El escogió. Ya no puedo vivir aquí... Necesito irme a casa...

- Bien, ¿quieres que hable con tu padre y le pida a Olavo que vaya a buscarte?

– No es necesario, mamá. Olavo es el conductor de la casa, debe tener mucho que hacer. Yo misma iré conduciendo, sabes cuánto me gusta el camino.

– Sé que conduces muy bien y que te gusta, pero en las condiciones en que estás y llorando así, ¿crees que podrás?

– Lo haré, no te preocupes, aunque esté llorando, estoy bien. Todavía es temprano, así que llegaré en dos horas.

– Bien, te estaré esperando.

Anita colgó el teléfono, miró el armario, fue hacia él, sacó algunas prendas que colgaban, otras que estaban dobladas en el cajón, las metió en dos maletas, llamando a Celeste, su criada, quien la ayudó a llevarlas al auto.

Antes de subir al auto, dijo:

– Celeste, si el doctor Ricardo regresa y te pregunta por mí, dile que no sabes a dónde fui.

– No entiendo, señora. ¿Se está yendo de casa?

– Sí, pero no te preocupes, todo está bien –. Celeste no sabía qué hacer. Fue su sirvienta por poco tiempo, desde que llegaron de Portugal. Sonrió, ayudó a Anita a poner sus maletas en el maletero. Luego, Anita se subió al auto, con un pañuelo se limpió las lágrimas, encendió el motor, aceleró y salió, despidiéndose de Celeste quien, preocupada, la siguió con la mirada.

Dos horas después, estaba estacionando su auto en el garaje de sus padres. Su madre se acercó a ella y le dijo:

– ¡Me alegra que hayas llegado, hija mía! Me estaba muriendo de preocupación.

Tan pronto como Anita vio a su madre, ya no pudo contenerse más y comenzó a llorar desesperada. La madre la abrazó y dijo:

– Mantén la calma, ahora estás en casa. Entremos, hablemos y veremos qué podemos hacer.

- No va a pasar nada, mamá, ya está hecho... Desafortunadamente, mi matrimonio terminó...

- ¡Eso no puede pasar, Anita! ¡No puedes dejarte vencer por esa mujer! Tú y tu esposo se quieren y cuando el amor es verdadero, nada puede separarlos...

- Eso es hermoso para leer en los libros de romance, pero la realidad es diferente, mamá. Ricardo realmente no me quiere. Es débil y su madre siempre lo ha dominado, que lo trata como si aun fuera un niño. ¡Ella no entiende que Ricardo creció convirtiéndose en un hombre y que necesita tener una familia!

¡Tener su propia vida...!

- Vamos, entremos, Anita. Estas muy nervioso Llamé a tu padre, le dije lo que estaba pasando, ya debe estar llegando pronto. Cuando llegue, veremos qué se puede hacer.

Ellas entraron Olavo sacó maletas del auto y entró detrás de ellas. Anita se sentó en uno de los sofás de la sala y siguió llorando.

Su madre, sin saber qué hacer o decir para calmarla, se sentó en otro y la miró. Unos minutos más tarde llegó el padre de Anita y, al ver a su hija en ese estado, preguntó nerviosamente:

- ¿Qué pasó, Anita? Tu madre no pudo explicármelo correctamente:

Cuando vio a su padre, se levantó y comenzó a llorar más fuerte. Trató de calmarse, pero no pudo evitar los sollozos que provenían del fondo de su corazón y abandonaron su garganta. Él la abrazó y dijo:

- No te pongas así, hija mía. Sabes que estamos a tu lado. Simplemente no entiendo qué sucedió de tan malo que te hizo salir de casa. Tú y tu esposo se quieren mucho. Cualquiera pueda verlo. Sentémonos y me contarás todo.

Se sentaron y Anita, todavía llorando, contó todo lo que había sucedido. Los padres escucharon atentamente lo que ella dijo. Ella terminó diciendo:

– Eso es lo que pasó, papá. Quiero mucho a Ricardo y sé que él también me quiere, pero doña Sofía me odia y nunca aceptará nuestro matrimonio.

El padre se levantó y pensó, caminaba de un lado a otro. Después de pensar mucho, dijo:

– En vista de todo lo que me dijiste, solo tengo una alternativa. Iré allí y hablaré con tu esposo y, si es necesario, con esa mujer también.

Anita se levantó y dijo desesperadamente:

– No quiero que hagas eso. ¡Ya no sirve de nada! ¡Él eligió y se quedará con su mamá! ¡Estoy bien, solo necesito algo de tiempo para organizar mi vida! ¡Nada más, papá!

– Está bien, si es así como lo quieres, ¡así se hará! Simplemente no creo que sea correcto que esta separación se deba a alguien más que no tiene nada que ver con la vida que ustedes comparten. Si hubiese habido una traición, si se hubieran cansado el uno del otro, incluso lo entendería, pero si fue por esa mujer, ¡no puedo aceptarlo! Todavía creo que lo mejor que puedo hacer es ir allí y hablar con Ricardo.

Es un hombre educado, bien preparado profesionalmente y debe saber cómo tomar sus decisiones, sin la interferencia de nadie, incluida la tuya, Anita. Todo lo que sucedió no está bien y necesitamos encontrar una manera de remediarlo. Esa mujer necesita pensar en la felicidad de su hijo y dejarlos vivir en paz.

– Yo también creo que debería ser así, pero desafortunadamente esa no es la realidad. Ella domina totalmente a Ricardo. Esa mujer, aun no me perdona por habernos ido a Portugal, aunque fue idea de él. Ella no lo cree y me culpa por los años que hemos estado separados.

– ¡Parece imposible que haya pasado todo lo que me estás diciendo!

– Pero está sucediendo, papá. ¡Ella me odia! ¿Cómo puede pasar eso, si nunca le hice nada malo a ella ni a Ricardo?

El padre pensó por un momento antes de responder. Entonces dijo:

– Debe haber una razón y necesitamos descubrir de qué se trata. Por eso, todavía creo que deberíamos ir a su casa para hablar con Ricardo y su madre.

– ¡No, papá, no quiero! Después de la pelea que tuvimos, se fue de casa, lo que demuestra que ya no quiere vivir a mi lado. No quiero obligarlo a nada...

El padre se volteó hacia la madre y le preguntó:

– ¿Qué crees que deberíamos hacer? – Ella, forzando una sonrisa, respondió:

– También creo que deberíamos ir allí y hablar, pero al mismo tiempo creo que Anita tiene razón. Él hizo su elección. Del mismo modo que culpamos a su madre por interferir, no podemos ni debemos hacer lo mismo. Son adultos y solo ellos pueden decidir qué quieren para sus vidas.

Anita y su padre miraron a su madre y guardaron silencio. Sabían que ella tenía razón en lo que decía.

Luego, Anita dijo:

– Creo que así debe ser, mamá. Él debe haber regresado a la casa de su madre y yo, aquí. Para mí, todo terminó, ¡ya no quiero ser humillada por esa perra!

– Sabes, hija mía, desde que conocí a Ricardo y a su madre, presentí que este matrimonio no funcionaría.

– ¿Por qué pensaste eso, papá?

– No sé, esa mujer parecía ser muy peligrosa...

Madre e hija se rieron por la expresión que hizo. Anita dijo:

- Tenías razón, papá. Ella es realmente peligrosa...

- Está bien, hija mía. Lo que tu madre y yo queremos es tu felicidad y si no eres feliz en tu matrimonio, si no hay otra manera, nos parece bien. Quédate aquí todo el tiempo que necesites. Esta casa es tuya...

Anita, que había dejado de llorar, abrazó a su padre y comenzó a llorar nuevamente. También la abrazó, diciendo:

- Ahora, ¡veamos si hay algo para comer en esta casa! Hoy no almorcé. Me estoy muriendo de hambre.

Madre e hija lo miraron con cariño y abrazados, fueron hacia el comedor.

24.- LA CONVERSACIÓN EN SUEÑOS

Mientras esto sucedía en la casa de Anita, Maurício salió del baño y terminó de vestirse y antes de irse, preguntó:

– ¿Realmente no quieres ir conmigo?

Stela, que había estado pensado mucho mientras él se vestía, decidió que sería mejor ir con él para estar junto a Sofía y ayudarla en cualquier situación. De esta manera, podría evitar que descubriera lo que habían hecho. Respondió:

– Mientras te bañabas, pensé mucho y decidí que debía ir contigo, aunque sigo pensando que no deberíamos entrometernos en la vida de tu hermano. Es un adulto y debe saber lo que quiere en la vida.

– Está bien si piensas eso, pero ¿podemos irnos?

Stela, que todavía estaba acostada, lo miró y le preguntó:

– ¿Estás seguro que esto es lo que debemos hacer?

– ¡Por supuesto que sí, Stela! Sé que, en esta pelea entre Ricardo y Anita, está el dedo de mi madre y no puedo permitir que eso suceda.

– No lo sé, Maurício, pero vuelvo a decir que la pelea no es asunto nuestro...

- Entiendo tu preocupación, pero eso es porque no conoces a mi madre. ¡No sabes cómo es ella en realidad! ¡A ella, no sé por qué, no le agrada Anita! Lo noté desde el principio.

- Estás exagerando, no tengo nada en contra de tu madre y ella siempre me trató muy bien.

- Lo sé e incluso lo encuentro extraño, porque entre Ricardo y yo siempre hizo una gran diferencia. Él siempre fue su favorito y ella nunca ocultó su preferencia.

Stela sonrió y dijo burlonamente:

- Tienes celos...

- No se trata de celos, superé esa diferencia hace mucho tiempo. Eso es exactamente por qué estoy preocupado por Ricardo. Mi madre creyó que él sería suyo para siempre y que nunca la abandonaría. Cuando él conoció a Anita y quiso casarse, creo que mi madre no aceptó que la separaran de él y, por lo tanto, siente este odio mortal hacia Anita.

- ¿Tú crees?

- Lo creo, porque no hay razón para que no le agrade Anita. Ella es una muchacha culta, educada de una familia con mucho dinero y posesiones. Si ella fuera pobre, podríamos decir que estuvo con Ricardo por el dinero, pero ese no es el caso. Su familia tiene mucho más dinero que la nuestra. Realmente se aman, así que haré todo lo que esté a mi alcance para evitar esta separación.

- De acuerdo, no quiero discutir contigo, aunque no tengo ninguna queja contra de ella.

- Por supuesto que no, no soy su favorito... No tenía miedo de perderme, incluso deseaba eso...

Lo dije besándola en la frente. Guiñando un ojo la ayudó a levantarse.

Stela sonrió y cuando estaba de pie, se puso de puntillas, lo besó cariñosamente y dijo:

– Ya que has decidido tomar esta ruta y crees que lo que estás haciendo es correcto, me quedaré a tu lado.

Se fueron justo cuando Guzmán, Pedro Henrique y María Rita llegaron a la casa de Sofía, quien estaba durmiendo. Romeo y Nadir, cuando los vieron, sonrieron. Ella dijo:

– Con nuestra ayuda, se durmió. Hicimos esto porque necesitamos hablar con ella y sabes que esto solo es posible cuando el encarnado está durmiendo. Su espíritu se separa de su cuerpo y su visión se expande.

Sofía, aunque dormía profundamente, abrió los ojos y los vio ante ella. El primero al que vio fue a Pedro Henrique. Ella sonrió y felizmente dijo:

– ¿Tú aquí? ¡Te extrañaba mucho! – Ella trató de abrazarlo, pero él lo evitó. Sabía que sus energías eran diferentes y que el contacto físico podía lastimarlo. Sonriendo y mirando a los demás, respondió:

– Sí, Sofía, soy yo. Yo también te extraño. Estamos aquí porque necesitamos hablar contigo.

– ¿Hablar de qué, Pedro Henrique? Salvo por lo que te extrañe, todo está bien.

– No lo está, Sofía. Descubrí todo lo que hiciste.

– No hice nada más que proteger a mi hijo y separarlo de esa mujer. Ella no sirve, Pedro Henrique.

– No estamos aquí para hablar de Anita o Ricardo. Estamos aquí para hablar sobre ti y tu vida espiritual.

– ¿De qué se trata todo esto, Pedro Henrique? ¿Qué vida espiritual? Nunca te importaron estas cosas.

– En eso tienes razón, nunca me importó, pero ahora tomé conocimiento de la verdad

– ¿Que verdad? – Preguntó, temerosa de haber sido descubierta.

– Que hay vida después de la muerte y que el espíritu es eterno.

- ¿Es eso realmente cierto?

- Sí, es verdad, Sofía. Como es cierto, como también los errores cometidos tendrán que pagarse.

- No entiendo lo que quieres decir...

- Sé que entiendes muy bien y para que lo entiendas mejor, estoy acompañado.

Ella apartó la vista de él y, mirando a su alrededor, vio a los demás sonriendo. Cuando vio a sus padres, se sentó y gritó:

- Padre, madre, ¿qué hacen aquí? Ustedes están muertos.

- No estamos muertos, Sofía y vinimos a ayudarte, hija mía...

- No están muertos, ¿cómo que no? Si yo misma los vi muertos y vi cuando los enterraron.

- Lo que enterraron fue nuestro cuerpo físico, pero nuestro espíritu es eterno, por lo que no puede morir.

- No entiendo lo que dices. Dijiste que vinieron a ayudarme. ¿Ayudarme con qué, mamá?

- Ayudarte a regresar al camino de la luz...

- No sé lo que estás diciendo, ¡solo sé que no tuve nada que ver con su muerte y así que pueden irse!

- Sabemos todo lo que has hecho, Sofía, pero no estamos aquí para juzgarte, sino para ayudarte.

- Madre, ¿por qué estás hablando así?

- ¿Cómo así?

- Estás hablando correctamente, ni siquiera pareces la misma...

- Soy la misma, solo que ahora ya no estoy apegada al cuerpo, así que puedo hablar bien, como aprendí durante una larga caminata

—No estoy entendiendo. ¿Quieres ayudarme, por qué? ¿Qué hice?

—Tú sabes lo que hiciste. Tu tiempo en la Tierra se está terminando, debes confesar lo que has hecho, porque solo así podrás seguirnos.

—Como que mi tiempo se está acabando, ¿qué quieres decir con eso?

—Estoy diciendo que dejarás tu cuerpo aquí y pasarás a la espiritualidad y que solo depende de ti elegir con qué compañía.

—¿Estás diciendo que voy a morir? ¡Esto no puede suceder, soy muy joven!

—No hay un tiempo predeterminado para volver. El espíritu renace para aprender en la escuela de la vida. Cuando termina su tiempo de aprendizaje, regresa, al igual que en una escuela, cuando se acaba su tiempo, recibe un diploma y elige si desea continuar estudiando o no. Esto también sucede en la espiritualidad. Cuando regresamos y nos damos cuenta de nuestra situación, tenemos el derecho de elegir lo que queremos hacer para nuestro aprendizaje y evolución. Podemos seguir estudiando, trabajando en equipo, preparándonos para continuar en una escala de evolución y para trabajos más grandes o simplemente no hacer nada, solo esperando una nueva oportunidad para reencarnar, pero esto solo sucede si esta nueva encarnación sirve de aprendizaje.

Así, como cuando estamos encarnados pertenecemos a una familia, cuando estamos desencarnados, somos parte de un grupo original. De nuestro grupo, todos hemos evolucionado y estamos preparados para trabajar en una escala superior, solo faltas tú, Sofía, y es por eso que estamos aquí. Sabemos que, dados los crímenes que has cometido, tendrás que continuar reencarnado por mucho tiempo. Aun así, aunque ninguno de nosotros necesita renacer, tal vez algunos de nosotros, ante su arrepentimiento, decidamos seguir renaciendo a tu lado para ayudarte. Depende de lo que quieras y decidas. Ninguno de nosotros puede tomar esa decisión. Ella es solo tuya.

– ¡No sé lo que estás diciendo! Todo lo que hice fue protegerme, porque sabía que, dependía de una palabra tuya, de mi padre o de Gustavo, y ¡mi vida se perdería! No tengo la culpa, Gustavo tuvo la culpa de tener una lengua larga, si hubiera hecho lo que le pedí y no hubiera comentado contigo que me había visto con Osmar, ¡nada de eso habría sucedido!

– No tiene sentido seguir acusando a otros para defenderse. Sabes que lo que hiciste no estuvo bien. Además, culpar a alguien o tratar de defenderte no sirve de nada. Lo que hiciste ya está hecho y nada puede cambiarlo. Ahora, lo que necesitas es confesarte ante tus hijos y esperar su juicio, porque seguramente el de Dios vendrá. Estamos aquí para ayudarte a tomar esa decisión.

– ¡Mamá estás loca! ¡No puedo hacer eso! ¡No lo entenderán!

Se volvió hacia Pedro Henrique y le preguntó:

– Si yo, en ese momento, te lo hubiese dicho, ¿me hubieras perdonado, Pedro Henrique?

Él, tomado por sorpresa y sin esperar esa pregunta, no sabía qué responder, pero cuando se dio cuenta que todos lo miraban para saber qué respondería, miró a Sofía y respondió:

– No lo sé, Sofía. Hoy, aquí en el plano espiritual, es más fácil entender lo que sucede cuando estamos en el plano físico, pero creo que por la forma en que te amaba, podría haberlo entendido y perdonado. Solo sé que, nunca deberías haber llegado al extremo que has llegado, aunque no soy nadie para juzgarte. También tengo mis errores y aciertos. Tal vez mi error fue no prestar atención y no darme cuenta lo infeliz que eras.

Guzmán y los demás sonrieron. Nadir dijo:

– De todo lo que dijiste tienes razón sobre una cosa, no podemos ni debemos juzgar a otro espíritu hermano. Durante nuestra caminata, todos cometimos errores y aciertos. Por lo tanto, hay varias oportunidades para que nuestros aciertos se multipliquen y nuestros errores se corrijan. La reencarnación es una de esas oportunidades, porque a través de ella, tenemos la oportunidad de reparar el daño causado a nosotros y a otros que han pasado por nuestro camino y que hemos dañado. Tu redención está en tus manos, Sofía –. Maurício se acercó.

– ¿Maurício? ¿Qué estás haciendo aquí?

– Viene a ayudar a su hermano, para que vuelva a casa y sea feliz con Anita.

– Él no puede hacer eso mamá, ¡no tiene ese derecho! ¡Odio a esa mujer y quiero verla fuera de mi vista y de mi familia!

– Sabes que este odio es infundado y si es parte de tu familia, es porque así debe ser y, en ese sentido, no puedes hacer nada.

– ¿Cómo no puedo hacer nada? ¡Por supuesto que puedo hacerlo, si tengo que hacerlo, iré en busca del mismo veneno que usé contra ustedes que querían destruir mi vida!

– A pesar de todo lo que dijimos, ¿tendrías el coraje de volver a hacerlo?

– ¡Claro que sí! Porque si esa vez funcionó, ¡funcionará nuevamente! No permitiré que ella destruya la vida de mi hijo, ¡él no se lo merece!

– Sabes muy bien que esta no es la verdadera razón. Sabes que, una vez más, estás siendo dominada por el egoísmo y el miedo.

– ¡No sé lo que estás diciendo! No soy egoísta ni tengo miedo. Solo quiero la felicidad de mi hijo. ¡Y ya no quiero seguir hablando con ustedes! Mandé a hacer un "trabajo" y ya ha funcionado. Ricardo está aquí en casa, ¡volvió a mí!

– No hubo tal "trabajo" y Maurício ya viene.

- ¿Qué puede hacer él? No hay evidencia que yo haya hecho algo para separar a esos dos.

- Él puede hacer mucho. Debido a que fue rechazado por ti toda su vida, no estuvo involucrado en tus artimañas y te conoce muy bien. Sabrá cómo hablar con su hermano y para ellos, todo estará bien, Sofía.

- No sirve de nada, ¡él no lo logrará! Ya no quiero hablar con ustedes ni recordar lo que pasó, ya ha pasado mucho tiempo. Si nada me pasó entonces, ¡no pasará nada ahora! Estoy cansada, necesito dormir...

- Ésta es tu última oportunidad, Sofía. Maurício está llegando, así que te despertarás y podrás decirle toda la verdad. No recordarás que estuvimos aquí, solo te quedará un pequeño recuerdo y sabrás que soñaste con nosotros. Aunque no creo que sea necesario, continuaremos aquí a tu lado. Te amamos, Sofía...

Sofía, muy nerviosa y asustada, guardó silencio. Minutos después, abrió los ojos y vio que estaba en su cama. Su ropa estaba húmeda por el sudor y su corazón latía con fuerza. Se levantó y fue al baño, pensando: "qué sueño tan extraño... parece que vi a mi padre, mi madre y Pedro Henrique, simplemente no recuerdo lo que hicimos o dijimos. Pedro Henrique estaba muy guapo... de hecho, siempre lo fue, incluso después de viejo..."

Volvió a su habitación, se cambió de ropa y bajó las escaleras. Estaba bien...

25.- LA CONFRONTACIÓN

Cuando estaba terminando de bajar las escaleras que conducían a la sala de estar, se encontró con Maurício y Stela, que estaban acompañados por la criada. Al verlos, sonrió y dijo:

- ¡Maurício, Stela! ¿Qué están haciendo aquí? - Stela sonrió, Maurício respondió:

- Vinimos a hablar con Ricardo, mamá. Ella se sobresaltó y preguntó:

- ¿Hablar de qué?

- ¡Tenemos que evitar que esta separación sea permanente, mamá!

- ¿Cómo que tenemos, Maurício? ¡El problema es suyo, no nuestro!

- ¡Sé que estás feliz de haber logrado lo que siempre quisiste y sé todo lo que has hecho para que esta separación ocurra!

Al escuchar eso, Sofía, llena de odio, miró a Stela con ojos brillantes y preguntó, gritando:

- Stela, ¿le dijiste a dónde fuimos hoy y qué hicimos?

Stela palideció e intentó decir que no con los ojos. No pudo hacer ningún gesto, porque Maurício, tan pronto como escuchó lo que dijo su madre, la miró fijamente, esperando una respuesta. Ella sentía tanto miedo que no pudo responder. Ella se quedó en silencio, con los ojos muy abiertos y temblando mucho.

Sofía no se dio cuenta de su desesperación y continuó mirándola muy enojada. Maurício, viendo cómo estaba Stela, preguntó:

– ¿Qué hicieron hoy, Stela?

Ella comenzó a llorar por miedo a que él descubriera lo que ella, junto a Sofía, había hecho. Maurício, que ya estaba nervioso, se enojó y volvió a preguntar, solo que ahora, gritando y sosteniendo su brazo:

– ¿Qué hiciste y a dónde fuiste hoy?

Ricardo, que estuvo en su habitación todo el día, solo pensando en su vida y en lo que iba a hacer, salió. Estaba bajando las escaleras cuando escuchó a Maurício y su madre gritar. Al escuchar lo que Maurício, enojado, preguntó, se detuvo y escuchó. Sofía se dio cuenta por la situación que Stela no había dicho nada y trató de arreglarlo:

– Fuimos de compras, ¿verdad, Stela?

Stela, nerviosa, comenzó a llorar y no respondió. En ese momento, toda la felicidad que vivía con Maurício y con sus hijos cruzó por su mente. Siempre había sido un padre y esposo dedicado, pero siempre exigió no solo a sí mismo, sino también a ella y a los niños, sinceridad y, sobre todo, que siempre se contara la verdad. Desde muy pequeños, aprendieron que, pase lo que pase, siempre tenían que decir la verdad.

Por eso, Stela pensó mucho en la respuesta que daría. Si decía la verdad, Maurício, además de estar muy enojado, podía abandonarla y no podía hacer nada para detenerlo, porque se sentía culpable por haber ayudado a Sofía en sus fechorías, además, sabía que la tendría como enemiga y no quería eso. Sin embargo, si no le contaba, él podría averiguarlo y ahí sí, no habría perdón. Debido a ello, permaneció en silencio. Maurício, frente al silencio de Stela, se volvió hacia su madre y más enojado aun dijo:

— La actitud de Stela muestra que algo sucedió. ¿Qué pasó, mamá? ¿Qué hiciste para destruir el matrimonio de Ricardo? ¿Qué hiciste mamá?

— ¡No hice nada, Maurício! Estás nervioso y no estás pensando con claridad. Siempre has sido así desde que eras un niño, cuando querías algo te esforzabas mucho hasta conseguirlo. Siempre estabas del lado de aquellos que creías que habían sido perjudicados. Por eso, te convertiste en abogado y en uno bueno — dijo eso, tratando de sonreír. Al escuchar eso, Maurício gritó más fuerte:

— ¡No intentes cambiar de tema, mamá! Sí, soy un gran abogado, ¡y es por eso que sé que mientes! ¡Sé que le hiciste algo a Anita!

¡Sé que la odias y no la quieres en nuestra familia! ¡Sé que quieres que Ricardo se quede contigo para siempre! ¡Sé que quieres convertirlo en político para que, como su madre, puedas ser honrada e invitada a fiestas! Sé todo esto, ¡lo que no sé es qué hiciste hoy para terminar con el matrimonio de mi hermano y eso es lo que quiero saber!

Ricardo, que estaba escuchando la conversación, cuando escuchó eso, terminó de bajar las escaleras y también nervioso, preguntó:

— ¿Qué dices, Maurício? ¿Qué hizo mamá para separarme de Anita?

Todos se volvieron hacia él. Maurício respondió:

— No sé qué hizo Ricardo, ¡pero estoy seguro que hizo algo y Stela la ayudó! — dijo nervioso y casi gritando.

Sofía, al ver a Ricardo, se puso más nerviosa de lo que estaba y al acercarse a él, lo abrazó y le dijo:

— ¡No hice nada, hijo! ¡Maurício no sabe lo que está diciendo! ¡Sabes cómo siempre fue conmigo! ¡Parece que no me quiere, no me trata como a una madre!

– ¡Realmente eres una hipócrita, mamá! Lo que estás diciendo es una forma de huir del tema, por supuesto, siempre te he enfrentado, porque desde muy temprana edad, ¡me di cuenta de cómo manipulabas a todos! Dices que no te quiero, pero eso no es cierto. Te quiero mucho, eres mi madre, ¡pero no soporto tu maldad! Sospeché que habías hecho algo para separar a Ricardo de Anita y me lo confirmaste con tu actitud y la de Stela. ¿Qué hicieron hoy? - Preguntó gritando.

– ¡Te dije que fuimos de compras!

– ¡Estás mintiendo, mamá! ¡Le hicieron algo a Anita!

– ¡Estás loco! ¡Sé que me odias y es por eso que estás inventando estas cosas!

– No te odio, pero no soporto tu forma de ser. ¿Qué hiciste contra Anita?

– No voy a responder una pregunta que no tiene sentido y si viniste aquí para ponerme en contra de Ricardo, ¡puedes irte y no volver nunca!

– Mamá, para que Maurício esté así, debe saber algo, de lo contrario no actuaría así. Conozco a mi hermano y sé lo justo y honesto que es. ¿Qué hiciste? ¿A dónde fuiste hoy?

– ¡Él está loco, Ricardo! ¡No hice nada! Stela puede confirmar que fuimos de compras, eso es todo.

Ricardo se volvió hacia Stela y le preguntó:

– ¿Estás diciendo la verdad, Stela?

Stela, que lloraba mucho, no podía y no quería responder. Maurício, al ver su actitud, dijo:

– ¿Ves, Ricardo? Stela no quiere responder porque sabe que, si descubriera que está mintiendo, ¡nunca la perdonaría! Hicieron algo, ¡así que por eso se quedaron fuera de la casa casi todo el día!

– Estás loco, Ricardo. Estuvimos fuera todo el día porque la llanta del auto se pinchó y luego el auto se atascó y

¡nos tomó mucho tiempo que alguien nos ayudara! ¿No es así, Stela?

Stela, incapaz de responder, solo asintió diciendo que sí.

– ¿En qué camino se encontraban, para que se tomara demasiado tiempo para que alguien apareciera? Hasta donde sé, las carreteras que conducen a cualquier parte de los alrededores de la ciudad están pavimentadas y son muy frecuentadas. Entonces, si una llanta se les pinchó, un automóvil pasaría pronto y los ayudaría. ¿Cómo se atascó el automóvil si las carreteras están pavimentadas? ¿A dónde fuiste mamá?

Sofía pensó rápidamente y respondió:

– Alguien nos dijo que en una pequeña aldea había una fábrica de ropa que vendía todo muy barata, solo para llegar había que usar una pequeña carretera sin asfalto. Decidimos arriesgarnos, pero luego nos arrepentimos. Además de ser muy difícil para llegar, estaba desierta. Así que nos tomó mucho tiempo obtener ayuda. Eso fue todo lo que sucedió, ¿no es así, Stela?

Stela, aun llorando, asintió.

– Está bien mamá, si lo que dices es verdad, iremos a esa fábrica temprano por la mañana.

Sofía, al ver que la iban a desenmascarar, dijo gritando:

– ¡No voy a ninguna parte! ¡No tengo nada que ocultar y mucho menos que defenderme! ¡Tú eres mi hijo y tienes que respetarme! ¡Quiere hacer de esta casa un infierno y ponerme en contra de tu hermano y no permitiré eso, Maurício! Sal de esta casa y no vuelvas nunca más. ¡Puedes llevarte a esa mujercita contigo!

Al oír eso, Maurício miró a Stela y dijo:

– ¿Ves cómo es ella, Stela? Cuando ya no eres de utilidad para sus intereses, te descartará, ahora eres simplemente una mujercita. ¡De ahora en adelante te has convertido en una amenaza, una enemiga! Piensa en lo que estás haciendo. Te conozco muy bien, así que sé que estás escondiendo algo. También me conoces muy bien y sabes que averiguaré a dónde fueron y qué hicieron. Piensa bien en lo que hiciste y en lo que debes contarnos. Te preguntaré por última vez, ¿a dónde fuiste y qué hiciste?

Stela, que había pasado todo el día al lado de Sofía había cambiado de opinión sobre ella, al darse cuenta lo mala que era y cuando vio la posibilidad de ver que su matrimonio podría terminar, respondió aun llorando:

– Fuimos a un hombre que hace "trabajos" para separar parejas... Ricardo y Maurício preguntaron juntos:

– ¿Qué?

Ricardo, desesperado, preguntó:

– ¿Qué hombre, qué tipo de "trabajo"?

Stela no respondió. Maurício, nervioso, dijo:

– Responde Stela. ¿Qué hombre? ¿Qué tipo de "trabajo"?

– Doña Sofía se enteró que había un hombre y que hacía macumba para separar parejas. Fuimos allí para que él pudiera hacer un trabajo y separarte de Anita, Ricardo...

– ¿Macumba, mamá? ¿Cómo pudiste?

Sofía, llena de odio, se arrojó sobre ella gritando:

– ¡Estás mintiendo, Stela! ¿Por qué estás haciendo eso?

– Ya no puedo mentir y hacer todo lo que quieras, doña Sofía. Todo el día te dije y te pedí que no hicieras eso. Te dije que Ricardo y Anita se amaban y que no tenía derecho a separarlos, pero que no quisiste escucharme.

– ¡Estás mintiendo! ¡Quieres crear peleas entre mis hijos y yo!

– Sabes que lo que digo es cierto y lo feliz que estabas cuando llegaste a casa y viste que Ricardo estaba aquí.

- ¡Estás mintiendo, Stela! ¡Eres una persona envidiosa que siempre quiso tener mi vida y ser como yo, pero no lo eres! ¡Eres débil!

Stela, todavía llorando, miró a Maurício que la abrazaba y dijo:

- Está bien, Stela. Sabía que estaba ocultando algo, pero afortunadamente y para nuestra felicidad, dijiste la verdad.

- ¡Es mentira, Ricardo! ¡Es una mentira! ¡Ella lo está inventando! ¡Ella quiere destruirme! ¡Lo que más quiero en este momento es que mueras, Stela!

- Ella no está mintiendo, mamá, te conozco lo suficiente como para saber cómo manipulas a las personas.

- ¡Solo podía esperar algo así de una persona que no tenía nada! Que no tiene una familia respetable. ¡Quién siempre fue pobre y se casó contigo por nuestro dinero y posición!

- Ella puede haber salido de la nada. Su familia puede ser pobre, pero eso no quiere decir que no merezca respeto, pero sabes muy bien de lo que estás hablando, ya que tú también viniste de una familia pobre y debes haberte casado con mi padre para cambiar tu vida y tener un nombre respetable. Pero mamá, esto no se trata de Stela o de su familia, ¡estamos hablando del matrimonio y la felicidad de Ricardo!

- ¡No tengo nada de qué hablar, Maurício! Ricardo, sabes que siempre quise solo tu felicidad, ¿no?

Ricardo, asombrado por todo lo que estaba escuchando, tardó un momento en responder, y luego dijo:

- Siempre supe que eras posesiva y celosa, así que cuando descubrí que no aceptarías mi matrimonio con Anita o con cualquier otra, decidí irme porque ¡sabía que solo entonces podría ser feliz! ¡Estoy decepcionado de ti, mamá!

- ¡Eso no es verdad, hijo mío! ¡No soy posesiva, siempre quise solo tu felicidad!

Ahora todo está bien, estás de vuelta, estás aquí en casa, ¡no te preocupes por nada más!

- ¡Nada está bien, mamá! Durante el día estuve pensando en todo lo que había sucedido y en mi vida con Anita. Somos felices, nos amamos y nos respetamos. ¡Después de pensar mucho, llegué a la conclusión que ella tiene mucha razón! ¡Realmente siempre has interferido en nuestra vida! ¡Siempre quisiste separarnos, pero nunca imaginé que llegarías al punto de ir a un brujo para separarnos! Estaba bajando a buscarte para comunicarte mi decisión, cuando escuché la discusión entre ustedes y supe que todo lo que siempre quisiste fue separarme de Anita por un simple capricho. ¡Ahora se acabó mamá, me voy!

- ¡Es mentira, Ricardo! ¡No hice nada de eso! ¡Stela está tratando de hacerme daño!

- De cualquier manera, mamá, creo que deberíamos detener esta discusión. Como dije, estuve pensando mucho y decidí irme a casa y, después de todo, si Anita me acepta, me iré con ella a la capital, conseguiré un trabajo y viviré feliz junto a la mujer que elegí como esposa y lo principal, ¡viviré muy lejos de ti!

- ¡No puedes hacer eso, Ricardo! ¡Sabes que siempre quise que fueras el alcalde de nuestra ciudad! ¡Tienes que serlo, hijo mío, te he dedicado toda mi vida!

- ¿Cuándo entenderás que no nací para ser político? ¿Cuándo entenderás que este sueño es tuyo y no mío? ¿Por qué no haces realidad tu sueño a través de Maurício? ¡A él le gusta, tiene la capacidad para ser un buen político, está en su sangre! ¡Sé que, si es elegido, será igual o mejor que papá y el abuelo!

- El no puede ser el alcalde ni ser mejor que tu padre o tu abuelo, ¡tienes que ser tú Ricardo!

- Ya te dije que solo él tiene las condiciones para eso, mamá. ¡Está en su sangre! Es igual que papá y abuelo, ¡nació para eso!

– No puede ser alcalde o igual a tu abuelo o padre, ¡porque no tiene su sangre! ¡Tú la tienes, hijo mío!

Cuando escuchó lo que dijo para sí misma, se quedó en silencio, asustada. No entendió cómo dijo eso, pero no tuve tiempo de reaccionar. Maurício, que estaba abrazando a Stela, la soltó y fue hacia Sofía. Tomándolo con fuerza en sus brazos, preguntó:

– ¿Qué estás diciendo? ¿No tengo su sangre? ¿De quién es mi sangre entonces?

Sofía, sabiendo que había hablado de más, dijo casi llorando:

– No le des importancia a lo que dije, Maurício. Estoy nerviosa y ni siquiera sé lo que estoy diciendo. ¡Por supuesto que tienes la sangre de la familia! Lo inventé para que Ricardo no se fuera. ¡No puede abandonarnos! Le dediqué mi vida para verlo entrar en el ambiente político, siendo aplaudido y honrado.

Mauricio, molesto, comenzó a sacudirla y dijo:

– ¡No, mamá, no empieces a cambiar de tema! Lo dijiste con todas sus palabras, que no tengo la sangre de mi padre o la sangre de mi abuelo, ¿quiero saber de quién es la sangre que tengo?

– Dije tonterías, Maurício, ¡por supuesto que tienes su sangre!

– Al estar nerviosa y fuera de control, ¡dijiste algo real! Quiero saber toda la verdad, mamá, ¿de quién es mi sangre?

– ¡Estoy nerviosa, no quiero decir nada más! ¡Ricardo, no quiero que vuelvas con esa mujer! ¡Debes quedarte aquí!

Ricardo, también asombrado por lo que acababa de escuchar, dijo:

– Me iré, mamá, pero antes, al igual que Maurício, quiero saber toda la verdad.

– No hay ninguna verdad! ¿No entiendes que no sabía lo que estaba diciendo?

– No sirve de nada querer escapar, ¡debes hacerlo y tendrás que decirlo, mamá!

Sofía, al ver que no podía escapar de esa conversación que no quería tener, llorando desesperadamente, salió corriendo, subió las escaleras y fue a su habitación. Entró, cerró la puerta y se arrojó sobre su cama. Se preguntó: "¿cómo pude hacer algo así? ¿Qué voy a hacer ahora? No puedo decir la verdad, ¡estaría desmoralizada para siempre! Necesito encontrar una manera de convencerlos sin tener que decir lo que realmente sucedió. ¿Cómo voy a hacer esto? Pedro Henrique, tienes que ayudarme..."

Al escuchar eso, Pedro Henrique sonrió y sacudió la cabeza de un lado a otro, incapaz de creer lo que ella estaba pensando. Miró a Guzmán, quien, sonriendo, dijo con tristeza:

– Sé lo que estás pensando, Pedro Henrique. La mayoría de los encarnados creen que, después de la muerte, adquirimos poderes para ayudarlos, cuando en realidad eso no sucede, especialmente en el caso de Sofía, que quiere tu ayuda para ocultar sus crímenes. Sí, podemos ayudar intuyendo buenos pensamientos, nada más. La decisión depende de cada uno.

– Lo sé, Guzmán, por eso sonrío. Ahora sé quién es Sofía y sé de lo que es capaz, estoy preocupado por Maurício. No Stela entiende lo que está pasando. Sofía fue imprudente, nunca debió saber la verdad de esa manera...

– No te preocupes por Maurício, él es un espíritu iluminado y también renació para ayudar a Sofía.

Maurício y Ricardo fueron tras Sofía. Stela se quedó de pie sin saber qué hacer, ya que nunca podría haber imaginado que Maurício no era el hijo de Pedro Henrique. Tan pronto como llegaron a la puerta de Sofía, Maurício comenzó a golpear fuerte y gritar:

– Mamá, abre esa puerta, es inútil, tarde o temprano tendrás que decirme toda la verdad. Sofía escuchó el grito desesperado de Maurício y supo que tenía razón, porque no importaba cuánto tiempo tomara, sabía que tendría que contarlo todo. Por eso, aunque él continuó tocando, ella no respondió.

Ricardo, entendía la gravedad del asunto y recibía mucha luz de todos los amigos espirituales que estaban allí en ese momento, tomó el brazo de su hermano, diciendo:

– No tiene sentido insistir, Maurício, la conoces y sabes que no abrirás la puerta. Bajemos y conversemos un poco más.

– ¡No puedo irme, Ricardo! ¡Debo saber la verdad! ¿Escuchaste lo que dijo? ¡No tengo la misma sangre que papá!

– Escuché lo que dijo, pero no sirve de nada quedarse aquí. Ella no abrirá esa puerta. Vamos a mi cuarto. Debo recoger la maleta que traje. Luego me iré a casa y si Dios quiere, Anita estará allí y para darme la bienvenida. Vamos, hermano.

Sostuvo el brazo de su hermano con tanto cariño que él, dándose cuenta que Sofía no iba a abrir la puerta, lo acompañó. Tan pronto como entraron a la habitación, Ricardo comenzó a recoger algunas prendas que estaban dispersas. Maurício yacía en la cama y llorando, dijo:

– Desde que era niño, siempre sentí que mamá no me quería. Muchas veces llegué a pensar que no era su hijo, pero papá era tan amable conmigo y pronto lo olvidaba. Cuando era adolescente e incluso de adulto, seguí teniendo este sentimiento, pero pronto desvié mis pensamientos. Siempre noté la diferencia en el trato que existía entre nosotros. Hoy lo entiendo. No soy el hijo de papá, pero ¿acaso lo soy de ella?

– ¡Claro que sí, Maurício! Te pareces a ella, mucho más que yo.

– Fue esta similitud la que me hizo rechazar los malos pensamientos. Por ella, estaba seguro que era su hijo. Entonces, si no soy el hijo de papá, ¿qué pasó y cuándo? Siempre supimos que cuando se casaron, ella era muy joven. ¿Sabía papá que no era su hijo? ¿Quién es mi verdadero padre?

– Nada de eso importa, Maurício.

– ¿Cómo es que no Ricardo? ¡Por supuesto que importa!

– No sabemos la historia real, pero tú mismo dijiste que papá fue muy amoroso contigo.

Debo confesar que muchas veces noté esta diferencia y me sentí celoso.

– Si él hubiese sabido que yo no era su hijo, ¿me habría tratado de la misma manera?

– Por supuesto que sí, era un buen hombre, honesto y muy justo. A pesar de todo, quiero decirte que esta conversación que tuvimos con mamá no cambió en absoluto mis sentimientos por ti y solo puedo agradecerte por todo el tiempo que estuviste conmigo, defendiéndome y ayudándome. Te quiero mucho, hermano. Gracias a ti, pude ver quién es realmente mamá. Regresa a tu casa. Otro día volveremos aquí y la obligaremos a contar toda esta historia. Estás nervioso y sabes que el nerviosismo no ayuda en una discusión.

Pedro Henrique sonrió y les envió un beso a los dos, que parecían sentirlo, sonrieron. Ricardo continuó hablando:

– Puede parecer egoísta, pero debo irme a casa e intentar convencer a Anita que me perdone. Ella siempre tuvo razón, yo soy el que nunca quiso creer que mi propia madre quería mi infelicidad.

Maurício, recibiendo mucha luz, sonrió y dijo:

– Tienes razón, hermano. Necesitas ir a casa rápidamente. Yo iré a la mía, pero la conversación con mamá no ha terminado.

– Por supuesto que no, Maurício. Quiero estar presente en la próxima conversación, también quiero saber toda la historia. Después de lo que sucedió hoy, no tendrá escapatoria, necesita contarnos todo lo que sucedió.

Ricardo cerró la maleta y salieron. Bajaron las escaleras. Stela estaba allí, esperando a su esposo. Se dio cuenta que el ambiente entre los dos era bueno. Ella sonrió y abrazó en silencio a Maurício, quien la besó en la frente.

Los tres se fueron. Sofía, que estaba en la ventana del dormitorio, vio cuando ellos entraron en sus autos. Tan pronto como los autos desaparecieron en la alameda, ella volvió a la cama, siguió llorando, tratando de encontrar una manera de evitar esa situación que ella misma había provocado.

Ya estaba oscuro cuando Ricardo estacionó su auto y corrió hacia su casa. Necesitaba ver a Anita, besarla y pedirle que lo perdonara por haberse ido. Tan pronto como entró en la habitación, llamó:

– ¡Anita! ¡Anita!

Quien apareció en una de las puertas del salón fue Celeste, quien dijo:

– La ama no está en casa, señor.

– ¿Cómo que no está en casa? ¿A dónde fue?

– No lo sé, ella no dijo. Solo sé que se fue con dos maletas.

– ¿Dos maletas? ¿Entonces se fue de la casa?

– Me temo que sí, señor. Ricardo estaba desesperado, fue a su habitación en busca de una nota, porque cada vez que salían, dejaban una nota que decía dónde estarían. Pero esa noche fue diferente, no encontró ninguna nota. Se sentó en la cama y, sin contenerse, comenzó a llorar. Sabía que, si Anita había dado ese paso, debía ser porque lo había pensado mucho, así que también sabía que sería muy difícil convencerla que volviera. Desesperado, lloró y pensó: "¿cómo dejé que esto sucediera? ¿Cómo es que nunca lo creí cuando dijo que mi madre la odiaba? No podía creerlo, porque no había razón para que eso pasara."

Sin saber qué hacer, entró y salió de la habitación varias veces. Fue al jardín, caminó y regresó. Pensó en la conversación que tuvo con su madre y con Maurício, también en lo que ella había dicho.

Se sentó en uno de las bancas del jardín: "todo lo que dijo mi madre es una locura.

Después de resolver mi situación con Anita, visitaré a mi madre, pero sin Maurício. Quizás así ella me diga toda la verdad. Ahora, tengo que preocuparme por Anita. Ella debe haber ido a la capital, a la casa de sus padres. Ya es tarde, no me gusta conducir de noche, peor aun si estoy nervioso como ahora, pero iré allí mañana por la mañana."

Se levantó, fue a su dormitorio. Se acostó y empezó a recordar su vida con Anita y lo feliz que había sido feliz: "ella es una mujer maravillosa, no puedo perderla..."

Maurício y Stela también llegaron a casa. Todo el camino de regreso estuvo en silencio. Stela sabía lo que él estaba pensando, ciertamente lo mismo que ella: "Nunca imaginé que él no era el hijo del señor Pedro Henrique. ¿Qué pasó? Doña Sofía siempre ha demostrado ser una mujer honesta y austera. Ella siempre criticaba cualquier tipo de traición por parte de sus amigos.

A menos que... que Maurício haya sido adoptado... No, no puede ser... Él es su reflejo. ¿Qué será lo que pasó?"

Aparcaron y entraron a la casa. Los niños estaban en la sala de televisión. Maurício se acercó y los abrazó con cariño. Y sin querer, comenzó a llorar. Estaba confundido con todo lo que había sucedido. Abrazando a su hijo, pensó. "Si no pertenezco a esa familia, ¿de dónde vengo? ¿Dónde están mis padres? No, como dijo Ricardo, soy el hijo de mi madre, porque desafortunadamente me parezco mucho a ella, pero... entonces... ¿qué ocurrió?

¿Quién es y dónde está mi padre?"

– Me estás haciendo daño, papá...

Solo entonces Maurício se dio cuenta que estaba apretando a su hijo. Se alejó y dijo, riendo:

– Sabes que ni siquiera me di cuenta. Te quiero mucho, por eso te presioné tanto.

– ¿Estás llorando? ¿Estás adolorido?

– En serio, papi, ¿estás llorando? ¿Qué sucedió?

Maurício se dio cuenta que estaba asustando a sus hijos. Se alejó diciendo:

– Sí, tengo mucho dolor de cabeza, pero voy a tomar una pastilla y me pasará. Ahora, sigan viendo la televisión.

Salió de la sala, fue a su habitación y se acostó. Stela lo siguió, se acercó y se acostó a su lado. Él la abrazó, diciendo:

– ¿Qué está pasando en nuestra vida, Stela?

– Sé que soy culpable de muchas cosas, Maurício, no debería haberme dejado llevar por tu madre. Es solo que, desde la boda de Ricardo, vi cómo trataba a Anita y no quería que ella me hiciera lo mismo. Por eso, siempre hacía todo lo que ella me pedía, sin discutir.

– No hace falta que me digas sobre el poder que tiene mi madre sobre todos. Ella es peor de lo que pensaba. Nunca imaginé que podría ir a un brujo con la intención de destruir la vida de mi hermano, pero lo peor de todo fue que ella me dijo que no soy hijo de mi padre. No puedo entender ni aceptar esto.

Mi padre fue un hombre maravilloso. Siempre dedicó mucho amor, no solo a ella, sino también a mí y a Ricardo. Es por eso que siempre quise ser como él, tratar a mi esposa e hijos de la misma manera. Ahora, me doy cuenta que mi vida estaba hecha de mentiras.

¿Mi padre sabía toda la historia? ¿Sabía que yo no era su hijo? Porque, si lo supo, nunca mostró ninguna diferencia entre Ricardo y yo.

– Tampoco creí que ella llegaría tan lejos. Hoy, durante el viaje cuando todo salió mal, tuve tiempo de pensar y ver cuán egoísta y malvada es. Había decidido que nunca volvería a hacer lo que ella me pidiera. Había decidido evitar, lo más posible, encontrarme con ella. Nunca me imaginé que toda esta historia existiera y pudiera salir a luz. En cuanto a tu padre, no hay de qué preocuparse, te quería mucho y, especialmente a ti, Maurício y eso es lo que importa. Estamos felices, nuestros hijos son niños buenos y saludables. Sigamos con nuestras vidas y pretendamos que nada de esto sucedió. Ricardo y Anita se aman, sé que se reconciliarán. Tu madre, desafortunadamente, tendrá que continuar su vida sola.

- ¡No puedo hacer eso, Stela! ¡Tengo que saber toda la verdad! Quiero saber, si no soy el hijo de mi padre, entonces ¿de quién soy hijo?

- No importa, Maurício. Tuviste un padre maravilloso que te crio con todo el cariño que puede existir en este mundo...

- Sí, importa, Stela. Trataré de dormir y mañana temprano, iré a la casa de mi madre y a solas, ella tendrá que decirme toda la verdad.

- De acuerdo, si así lo quieres, debes hacerlo. Ahora, como dijiste, tratemos de dormir.

Stela fue a la sala donde los niños veían televisión, los llevó a sus habitaciones, le dio un beso a cada uno y volvió a la habitación. Maurício tenía los ojos cerrados. Ella sabía que él no estaba durmiendo, pero también sabía que él no quería hablar, así que se acostó, cerró los ojos e intentó dormir.

Sofía, también en su habitación, estaba llorando y pensando: "no puedo encontrar una explicación plausible que pueda convencer a Maurício y Ricardo.

No puedo decir que es adoptado, no lo creerían, porque se parece mucho a mí. No puedo decir que traicioné a Pedro Henrique, no me perdonarían, como yo nunca me perdoné. ¿Qué voy a hacer? Hice tanto para ocultar este secreto y ahora sale a la luz por mi propia culpa. ¿Qué voy a hacer?"

Nadir y Romeo permanecieron a su lado. Pedro Henrique y María Rita, junto a Maurício, y Guzmán y Matilde, que habían regresado, junto a Ricardo.

Después que Maurício se calmó y Ricardo decidió ir en busca de Anita, todos se reunieron nuevamente. Guzmán dijo:

- Esta será una larga noche. Lo mejor que podemos hacer es ayudarlos a dormir. Así podemos hablar con todos al mismo tiempo.

Eso hicieron. Durante el sueño, todos se reunieron y hablaron. Incluso mientras dormía, Sofía seguía negando todo lo que había hecho. En su opinión, ella no había cometido ningún delito, solo se había defendido. Decía:

- Hice todo eso solo para protegerme, para salvarme...

- Cometiste tres asesinatos, Sofía. ¿No te arrepientes de eso?

Miró a Nadir que preguntaba y respondió:

- No mamá, lo siento, pero necesitaba guardar mi secreto. Gustavo ya te lo había dicho y tú podrías, incluso sin querer, comentarle a mi padre que podría, sin querer, comentarlo con alguien y mi vida sería destruida y que no podía permitir eso...

Guzmán sonrió y dijo:

- Siempre hay otro camino, Sofía, pero elegiste el más fácil.

Sofía se encogió de hombros y dijo:

- Fue el único camino que encontré y lo volvería a hacer.

- De acuerdo, Sofía. Lo hiciste conscientemente, sabiendo que estaba mal, ahora tendrás que asumir las consecuencias de tu acciones. Ahora duerme.

Ella se durmió.

26.- EL REENCUENTRO

Al día siguiente, antes de las ocho en punto, Maurício se despertó. Stela, quien estaba preparando a los niños para ir a la escuela, cuando lo vio dijo asombrada:

- ¿Ya estás despierto? Es muy temprano.

- Sabes que no pude dormir bien, Stela. Tengo que ir a la casa de mi madre. Ella tendrá que decirme todo lo que pasó. Hasta que eso suceda, no podré volver a mi vida normal.

- Así es, creo que necesitas hacer eso, pero aun es muy temprano. Seguramente aun no se ha levantado, especialmente hoy, porque ella, como tú, de seguro no debe haber dormido bien.

- Sé que tal vez, cuando llegue allí, ella esté durmiendo, pero no importa, esperaré. Mientras tanto, voy a hablar con María José, ella ha estado trabajando en casa durante mucho tiempo y puede saber algo.

- ¿Crees que sea prudente hablar con ella? ¿Será que ella sabe algo?

- No lo sé, pero no está de más intentarlo. Desde que tengo uso de razón, ella siempre ha estado allí.

- ¿Crees que deberías hacer eso?

- Sí, no hay otra manera. Necesito saberlo todo.

– Entonces solo puedo estar de acuerdo, pero ¿no vas a ir a la empresa?

– Después de hablar con mi mamá. Antes de eso, no puedo tomar ninguna decisión.

Se giró para irse. Ella preguntó:

– ¿No vas a tomar un café? La mesa ya está puesta.

– No estoy con ganas. Tomaré café en la casa de mi madre.

La besó en la mejilla y se fue.

Stela pensó en todo lo que estaba sucediendo, pero no por mucho tiempo, ya que necesitaba atender a los niños. Volvió a sus deberes.

Como había imaginado, cuando Maurício llegó a la casa de Sofía, abrió la puerta y se dio cuenta que todo estaba en silencio. Fue a la cocina, donde sabía que María José estaba. De hecho, ella estaba allí, preparando café. Cuando lo vio, se sorprendió:

– Maurício, ¿qué haces aquí tan temprano?

– Vine a hablar con mi madre.

– Ella todavía está durmiendo.

– Lo sé, pero también vine a hablar contigo.

– ¿Conmigo? ¿De qué quiere hablar?

– Has estado trabajando para mi madre durante mucho tiempo, necesito saber si cuando viniste a trabajar para ella, yo ya había nacido.

– Sí, tú y Ricardo también. Todavía eran muy pequeños. ¿Porque quieres saber?

– No puedes negar que escuchaste nuestra conversación ayer por la tarde.

Ella bajó la cabeza. Él continuó:

– No hay de qué preocuparse. Dada la distancia entre la sala de estar y la cocina, lo escucharías incluso si no quisiera.

- Lo siento, Maurício, pero no pude evitarlo.

- ¿Qué te pareció todo lo que escuchaste?

- No puedo opinar, solo soy el ama de llaves.

Maurício se echó a reír. Sabía que ella no podía interferir, y mucho menos expresar una opinión sobre un tema como ese. Ella no tenía familia y ya era vieja, si se iba de allí no tendría a dónde ir o trabajar. Él la respetaba.

- Está bien, no tienes que estar nerviosa. Si yo ya había nacido cuando viniste aquí, no debes saber nada.

- Realmente no sé nada al respecto, pero sé que tu padre era un hombre muy bueno y que te quería mucho. Siempre estaba jugando con ustedes dos y nunca noté ninguna diferencia.

Doña Sofía estaba muy nerviosa, Maurício, no debes prestar atención a lo que dijo.

Maurício sonrió y dijo:

- De acuerdo, María José. Tengo hambre, ¿puedo tomar un café?

- Claro que sí. Puedes ir a la sala y te lo llevaré.

- No, prefiero beber aquí mismo en la cocina. Entonces, mientras mi madre no se levanta, podemos seguir hablando. ¿Recuerdas cuántas veces hicimos esto antes de casarme?

Ella, con una mirada anhelante y una sonrisa, respondió:

- Por supuesto que lo recuerdo. Realmente extraño esos tiempos. Siempre te despertabas tarde y necesitabas salir corriendo a la universidad, no tenías tiempo para esperar a que yo pusiera la mesa y tomabas el café aquí mismo.

- También extraño esos momentos, aunque hoy estoy feliz con Stela y los niños.

María José sonrió y dijo:

- Siéntate allí, recordemos los viejos tiempos.

Él obedeció, ella le preparó y le sirvió el café con el mismo cariño de siempre. Después de terminar el desayuno, conversaron.

Sofía se despertó, miró su reloj y se sobresaltó: "¿casi las nueve en punto? ¿Cómo dormí tanto? Después de esta noche pensé que no podría dormir..."

Se levantó, se vistió y bajó. Estaba hambrienta. Salió de la habitación y se dirigió al comedor. Estaba pasando por la sala cuando escuchó el timbre.

Sabía que María José estaba en la cocina y que se demoraría en llegar. Decidió abrir la puerta. Tan pronto como abrió, palideció y su corazón comenzó a latir más rápido.

– Buenos días, Sofía. Ella, casi incapaz de hablar, dijo:

– Buenos días... Osmar...

– ¿Puedo entrar?

Ella, torpemente, se hizo a un lado para que él entrara. Él, dando un paso firme y con el ceño fruncido, entró. Ella señaló un sofá para que él se sentara.

Entonces ella dijo:

– ¿Puedo saber a qué se debe tu visita, Osmar?

– Podría decírtelo, pero sabes la razón.

– ¿Cómo puedo saberlo?

– Mi hija abandonó a tu hijo y regresó a casa. No pudo soportar tu hostigamiento. ¿Por qué hiciste eso, Sofía?

Ella, fingiendo no entender, preguntó:

– ¿Qué hice, Osmar?

– Cuando conociste a Anita, la trataste muy bien e incluso pareció que te gustó la elección de tu hijo, hasta el día en que nos invitaron a un almuerzo social, para que nuestras familias pudieran conocerse. A partir de ese día, todo fue diferente e hiciste lo posible y lo imposible para que la boda no se llevara a cabo y al no conseguirlo, continuaste haciendo todo lo que estaba a tu alcance para separarlos. Estoy aquí para felicitarte, lo lograste. Están separados, ¿qué ganaste con eso? Al igual que mi hija, sé que Ricardo también está sufriendo. ¿Es eso lo que querías, Sofía? Ella, todavía sorprendida por su visita, respondió:

- No sé de qué estás hablando. Dijiste que están separados, no lo sabía.

- Por supuesto que sí, Sofía. ¡No entiendo por qué me odias tanto! Nunca te hice daño, solo te di todo mi amor.

- No entiendo lo que dices. Tú te casaste...

- ¿Cómo que no entiendes? ¡Casi destruyes mi vida! ¡Casi me volviste loco! Mi suerte fue que conocí a Beatriz que, con su amor, me apoyó y ayudó. Cuando me casé con ella, desde el principio me di cuenta que era lo mejor que podía haber hecho. Somos felices, Sofía. Mi hija es una chica maravillosa, quiere a tu hijo y podrían ser más felices si no fuese por tu culpa.

Sofía, que desde el día anterior estaba fuera de control, comenzó a gritar:

- ¿Por mi culpa? ¿Por mi culpa? ¿Todo lo malo en esta familia es por mi culpa? ¿Acaso tú no tienes la culpa también? ¡Casi destruyes mi matrimonio!

- ¿Cómo que casi destruyo tu matrimonio?

- ¡Tú lo hiciste, al decirles a todos que te ibas a casar, sabías que no podría soportar perderte y lo hiciste solo para molestarme!

- ¿Estás loca, Sofía? Nunca pensé molestarte. Después que me abandonaste y te casaste, ¿qué querías que hiciera? Gracias a Dios, Beatriz apareció en mi vida y me enseñó que el amor no es una locura, como lo que sentí por ti, sino lo que tengo con ella, tranquilidad y paz.

- Para ti, hablar de tranquilidad y paz es fácil, pero para mí, ¡no! Durante todos estos años, llevé el fruto de esa estupidez que cometí. ¡Nunca pude olvidarte o lo que hice!

- ¿Qué fruto? ¿De qué estás hablando, Sofía?

- ¡Un hijo, Osmar! ¡Un hijo que me recuerda a ti todos los días!

- ¿Un hijo? ¿Cómo puede ser?

- Cuando nos encontrábamos, sabías que mi esposo estaba en la capital atendiendo a su padre que estaba enfermo, ¿no?

- Por supuesto que lo sabía. Dijiste que tan pronto como regresara, le pedirías la separación y estaríamos juntos. Yo, como siempre, creí en ti y casi terminé mi matrimonio que ya estaba programado.

- No quería que te casaras, solo cuando mi madre me habló de tu matrimonio descubrí que te quería y que no podría soportar verte casado con otra persona.

- Sí, y casi me convenciste de cancelar la boda y quedarme contigo, pero eso no sucedió. Tan pronto como tu esposo regresó, no quisiste verme más y te quedaste con él.

- ¡No pude abandonarlo! Me daba seguridad y supe que a su lado podría tener todo lo que había soñado.

- Sí, me tomó mucho tiempo entenderlo, Sofía. Siempre fuiste mala, egoísta. Casi me muero de tristeza y simplemente no morí porque tenía a mi lado a una mujer de verdad que realmente me amaba. No cambies de tema, ¿qué es esto del hijo?

- Cuando mi esposo regresó, me di cuenta que estaba embarazada y haciendo los cálculos, descubrí que no podía ser el hijo de Pedro Henrique, él era tu hijo, Osmar.

- ¿Por qué no me dijiste?

- No podía, Pedro Henrique ni nadie sospechaba. El niño nació y tuve que pasar el resto de mi vida guardando ese secreto. No te puedes imaginar lo que tuve que hacer para que esto fuera así...

- ¡No puedo creer que hayas hecho eso, Sofía, escondiéndome que tuve un hijo!

- ¿Qué querías que hiciera para gritarle al resto del mundo que había traicionado a mi esposo?

¿Querías verme en la calle de la amargura?

- No, Sofía, solo desearía haber tenido el derecho de saberlo.

- Ahora ya sabes, ¿qué vas a hacer?

- Vine aquí para pedirte que te mantengas alejada de la vida de nuestros hijos. Ellos se quieren y no pueden separarse, pero ahora, dado lo que me dijiste, necesito hablar con Maurício. Él necesita saber que yo soy su padre y que recién ahora lo supe.

Sofía, prediciendo lo que iba a suceder, gritó desesperada:

- ¡Tú no puedes hacer eso! Mi vida ya es un desastre y no empeorarás las cosas. Prometo que, si no le dices nada a Maurício, nunca más volveré a entrometerme en la vida de tu hija y ella podrá ser feliz con Ricardo.

- No has cambiado, Sofía. ¡Estás tratando de chantajearme, pero no lo lograrás! Ahora que me has dicho todas estas tonterías que hiciste, ocultándome que tenía un hijo, no puedo quedarme sin hacer nada al respecto. Tan pronto como salga de aquí, buscaré a Maurício y le diré toda la verdad.

- ¡Me destruirás, Osmar!

- No, arreglaré una situación. Tú misma, Sofía, durante toda tu vida, plantaste lo que estás cosechando.

- ¡No puedes hacer eso, no puedes! ¡Te advierto que, si haces eso, que, en lo que a mí respecta, mantendré alejada a tu hija de mi familia! ¡No quiero que tu sangre se mezcle con la nuestra!

– Tienes un pensamiento muy pobre, Sofía. La sangre no tiene nada que ver con los sentimientos. Lo siento por ti y le agradezco a Dios todos los días por haberme alejado de ti y de tu vida.

– ¡No puedes hablar con Maurício, Osmar! ¡No lo entenderá!

– Puedo y lo haré. Solo necesito averiguar su dirección o dónde trabaja. Ya que, por tu culpa, a pesar de ser cuñado de mi hija, nunca tuve contacto con él.

– ¡Nunca te daré su dirección! ¡Aléjate de mi familia!

– No puedo, Sofía, aun en contra de tu voluntad, tu vida esta mezclada con la mía, comenzó con Anita casándose con Ricardo y ahora con Maurício como mi hijo. No tiene que darme su dirección, la buscaré y sé que la encontraré.

– No hay necesidad de buscar a nadie, aquí estoy.

Sofía y Osmar se voltearon y vieron a Maurício, quien, con los ojos húmedos, dijo eso. Al verlo, Sofía gritó:

– Maurício, ¿qué haces aquí?

– Llegué temprano, mamá. Necesitaba hablar contigo para descubrir toda la verdad, pero ahora ya no es necesario, escuché todo.

Osmar, quien solo había visto a Maurício dos veces, la primera vez en el almuerzo socializado entre las familias y luego, el día de la boda de Ricardo y Anita, se le acercó y le dijo:

– Maurício, lo siento, no lo sabía...

– Lo sé. Escuché todo de lo que hablaron. Como dije, llegué temprano y estaba en la cocina tomando café cuando sonó el timbre. Al ver que María José estaba ocupada, vine a abrir la puerta, pero mamá, llegó primero. Cuando me di cuenta que estaba sorprendida con quién había llegado, decidí esperar y me quedé en la otra habitación, escuché todo.

– ¡No escuchaste bien, hijo mío! Osmar es un viejo amigo, prácticamente crecimos juntos.

– ¡No tienes que seguir mintiendo, mamá! ¡Escuché todo! ¡Solo no entiendo por qué me odias tanto, por un error que ni siquiera lo cometí yo! ¡Eres una mentirosa y una falsa!

No puedo entender cómo puede haber alguien así, tan egoísta y malo. ¡Me voy y nunca más volveré a esta casa!

Él, nervioso, se volteó hacia la puerta cuando Sofía, desesperada por ser descubierta, gritó:

– ¡No puedes hacer eso, Maurício, te equivocas! No te odio, solo quería protegerlo. Por eso, nunca dije la verdad...

– ¡No tienes que seguir mintiendo, mamá! ¡Siempre quisiste protegerte! ¡Adiós!

Se iba cuando Osmar dijo:

– Espera, Maurício, tenemos que hablar.

– Sé que debemos tener una conversación, sr. Osmar, pero no puede ser ahora, no estoy en condiciones para eso.

Uno de estos días, después que logre asimilar todo lo que sucedió, lo buscaré yo mismo y podremos conversar. Sé que, como yo y mi padre, también fuiste víctima de esta mujer malvada y desalmada.

Sofía estaba desesperada, sin saber qué hacer. Osmar, entendiendo lo que estaba sucediendo en la cabeza de Maurício, dijo:

– Estaré esperando tu decisión. Desafortunadamente, no pude estar a tu lado mientras crecías o en los momentos difíciles que, como todos los adolescentes, debes haber pasado, pero aun hay tiempo, podemos conocernos mejor y tratar de recuperar el tiempo perdido. Estoy feliz de tener un hijo como tú.

– No te preocupes por eso, aunque no estuviste presente, mi padre nunca dejó que me faltara el cariño. Era un hombre muy bueno y me dio todo el apoyo que necesitaba.

Necesitamos hablar, pero como dije, no puede ser ahora. Estaremos en contacto. Solo ahora me doy cuenta de por qué me agradó Anita tan pronto como la vi. ¡Ella es mi hermana!

– A ella también le agradas, Maurício. Siempre lo ha dicho, pero como quieras, dejemos esta conversación para otro día.

Pedro Henrique y los demás también estaban allí, al igual que las figuras con fuertes energías que rodeaban a Sofía, ellas saltaban de un lado a otro.

Tan pronto como Maurício caminó hacia la puerta, Sofía gritó. Se llevó la mano al corazón y dijo:

– Me duelen el brazo y el corazón, creo que me voy a desmayar.

Maurício, con odio y sin detenerse, se volteó y dijo:

– ¡Ojalá te mueras!

Y se fue. Sofía, que no estaba mintiendo, gritó de dolor y cayó. Osmar desesperado y sin saber qué hacer gritó:

– ¡Maurício, se desmayó!

Maurício, aunque ya se había ido, estaba a una distancia que podía oír a Osmar, pero no se detuvo. Subió al auto y se fue. María José, que estaba en el mismo lugar donde Maurício había escuchado toda la conversación, entró corriendo a la habitación y gritó, preguntando:

– ¿Qué le pasó, señor?

– No sé, dijo que le dolía el brazo y el corazón y luego se desmayó, simplemente no se cayó porque la abracé. ¡Llama a una ambulancia, ella necesita ayuda!

Desesperada, María José fue a la pequeña mesa donde estaba el teléfono, buscó en la agenda un número de teléfono y marcó. Luego regresó con Osmar, quien había puesto a Sofía en un sofá y le dijo:

– ¡Ya vienen, señor! Dios mío, ¿qué será lo que tiene?

– No lo sé, pero creo que está teniendo un ataque al corazón.

Ellos no podían verlo, pero Pedro Henrique y los demás sí. Esas figuras que acompañaron a Sofía durante mucho tiempo, cuando la vieron desesperada y sin control sobre sí misma, se lanzaron hacia ella y comenzaron a golpearla. Algunos la golpeaban en la cabeza, otros por todo el cuerpo. Uno de ellos, perforó su cuerpo, apretó con fuerza su corazón y lo estrujó sin parar. En pocos minutos ella tomó su último aliento. Su espíritu fue violentamente tomado de su cuerpo y retirado. Pedro Henrique intentó evitarlo, pero debido a las fuertes energías que la involucraban, no pudo. Guzmán, al ver su desesperación, dijo:

– De nada sirve Pedro Henrique, ella está bajo el control de las energías que atrajo hacia sí misma y no podemos hacer nada.

– ¿Nada?

– Al menos no por ahora. Estuvimos a su lado todo el tiempo, intuyéndole que confesara todos sus crímenes, pero ella se negó. Podría haber tomado otra decisión, porque para eso tenía su libre albedrío, así que, por ahora, no se puede hacer nada.

Pedro Henrique, muy nervioso, miró a Osmar quien, tocando el cuello de Sofía, dijo:

– Está muerta, cuando llegue la ambulancia no se podrá hacer nada más.

María José se acercó, se arrodilló junto a Sofía y comenzó a llorar.

Guzmán, sabiendo que no se podía hacer nada más allí, dijo:

– No tenemos nada más que hacer aquí. Debemos irnos con los demás.

Todos estuvieron de acuerdo y desaparecieron.

27.- RECONCILIACIÓN

Anita, aunque lo intentó desesperadamente, solo logró dormir cuando ya era de madrugada. En la mañana cuando se despertó, recordó todo lo que había sucedido y la actitud que había tomado. En ese momento, sintió que tal vez había exagerado. Pensó: "debería tener un poco más de paciencia y comprender que doña Sofía es su madre y que debe ser difícil para él elegir. Me levantaré e iré a casa. Le propondré que nos mudemos aquí. Aquí podrá enseñar en una universidad, que es lo que siempre quiso. Una o dos veces al mes, podemos ir a visitar a doña Sofía, pero solo visitar. Al hacer esto, evitaremos que se entrometa en nuestra vida. Eso es lo que voy a hacer. Él debe estar en su casa y si es necesario, iré allí."

Se levantó, se vistió y bajó al comedor. Mientras caminaba, pensó: "Sé que mamá y papá tal vez no entiendan mi actitud, pero amo mucho a Ricardo y si no fuera por su madre, sé que viviríamos muy bien."

Entró a la sala que estaba vacía. La mesa estaba puesta en un lugar, lo que significaba que sus padres ya habían desayunado. Fue a la cocina, donde Dora estaba junto a la estufa. Preguntó:

– Dora, ¿ya desayunaron mis padres?

– Tu madre sí, pero tu padre no.

– ¿Por qué no?

— Cuando me levanté, me sorprendió que en el horario habitual no estuviera listo para trabajar, luego su madre me dijo que se había ido de viaje.

— ¿De viaje? ¿A dónde?

— No sé, no me lo dijo.

— ¿Dónde está mi madre?

— Debe estar en su habitación.

— Gracias, iré para allá.

— ¿No vas a tomar tu café?

— Dentro de poco, ahora necesito hablar con mi madre.

Fue a la habitación de su madre, que estaba acostada. Entró, preguntando:

— ¿A dónde fue papá, mamá?

— Se fue a hablar con la madre de Ricardo.

— ¿Por qué mamá? ¡Le dije que no quería!

— También se lo dije, pero él insistió y no pude evitarlo.

— No podrá hacerla cambiar de opinión. Ella, en relación a mí, es intransigente, ¡me odia!

— Quizás él pueda lograr mucho más de lo que piensas, Anita.

— ¿Cómo así? No entiendo. Doña Sofía es una mujer con la que es difícil llevarse bien, se siente muy poderosa y no permite que extraños se entrometan en sus asuntos.

— No son extraños, Anita, se conocen desde hace mucho tiempo.

— ¿Qué estás diciendo? ¿Cómo que se conocen? ¡No puede ser!

— No solo ellos, sino que yo también conozco a Sofía. Siempre supe que era una soñadora, que quería mucho de la vida, pero nunca pensé que se convertiría en una persona tan arrogante y poderosa. El poder, hija mía, corrompe a cualquier persona.

— ¿Cómo la conoces, mamá?

— De niños vivíamos en la misma ciudad. Yo vivía en la ciudad, ella en el campo, en una granja junto a su padre. Fuimos a la misma escuela. Aunque era pobre, Sofía nunca aceptó esta situación. A mí me gustaba tu padre, pero él solo tenía ojos para ella. Cuando crecimos, se comprometieron, su padre incluso les construyó una casa, pero con poco antes de la boda, Sofía conoció a Pedro Henrique, el hijo del alcalde, quien se enamoró de ella. Sin pensarlo demasiado, ya que él representaba todo lo que ella había soñado, ella rompió su compromiso con tu padre y se casó con el hijo del alcalde.

Tu padre estaba devastado, era desgarrador. Por el contrario, cuando me enteré, me alegró saber que no se había casado. Después de un tiempo, me acerqué a él y comenzamos a salir. Tu padre, aunque nunca ocultó el gran amor que sentía por ella, pero hizo todo lo posible para hacerme feliz. Organizamos nuestra boda y después de unos días, cambió. Apenas venía a verme y cuando venía, estaba distante, siempre parecía estar pensando en otra cosa. Me di cuenta, pero lo amaba y tenía mucho miedo de perderlo. Cada vez que venía a mi casa, pensaba que era para romper el compromiso. Esto continuó por más de un mes. Ya me había resignado a que no habría boda, cuando un día llegó con los ojos rojos por el llanto. Estaba despeinado, sin afeitar.

— ¿Qué pasó mamá?

— Me dijo que mientras el esposo de Sofía viajaba, ella lo había buscado y lo había convencido que solo lo quería a él y que tan pronto como su esposo regresara del viaje que él estaba haciendo, ella le pediría la separación. Su padre creyó en ella y se dejó involucrar, pero tan pronto como regresó Pedro Henrique, ella nunca quiso volver a verlo y él se quedó en ese estado. Me pidió perdón.

– ¿Qué hiciste mamá?

– Puedes imaginarte, Anita. Lo perdoné, nos casamos y vinimos a vivir aquí a la capital. Tu padre tuvo la idea de convertirse en un distribuidor de alimentos. Con la ayuda de mi padre, logró lo que pretendía y hoy tiene mucho éxito. Nuestra vida continuó, nunca más volvimos a saber de Sofía. Había mucho trabajo por hacer. Algún tiempo después naciste y nos dedicamos por completo a tu crianza y educación. No sé por qué no volvimos a tener otro hijo, pero no nos importó, llenaste nuestras vidas y no sentíamos que necesitábamos otro hijo.

Anita abrazó a su madre y la besó tiernamente. Beatriz continuó:

– Nunca volvimos a saber de Sofía. Creciste, te convertiste en esa hermosa chica que eres, solo nos has dado alegría. Todo iba bien, hasta el día en que llegaste feliz a casa, diciendo:

– ¡Mamá! Conocí a un chico maravilloso. Me pidió que fuera su novia y quiere conocerte a ti y a papá.

– Al principio estábamos aterrados, porque para nosotros, aunque tenía veinte años, todavía eras una niña, pero ante su felicidad solo pudimos decir:

– Qué bueno, hija mía. ¿Quién es él?

– Estudiamos juntos, lo único que sé es que vive en una ciudad del campo cuyo nombre no sé, pero no importa, lo que importa es que estoy muy feliz con él.

– Al ver tu felicidad, dije:

– Tienes razón, hija mía, nada de esto importa, solo tu felicidad.

– Recuerdo ese día, mamá. Estaba muy feliz. Ricardo era cariñoso, cumplía todos mis deseos.

– Le conté a tu padre quien no pudo evitar estar aterrado, porque también pensó que era demasiado pronto para que te casaras, pero lo convencí que eras feliz y eso era lo que importaba. Trajiste a Ricardo para conocerlo y frente a un chico que no solo era guapo, inteligente y educado, no tuvimos otra opción, lo aceptamos de todo corazón y comenzó a frecuentar nuestra casa. Nunca hablamos de nuestros nombres o apellidos. Para nosotros nada importaba, solo la forma en que te trataba. Después de un tiempo de citas, nos pidió permiso para llevarte a la ciudad donde vivía su familia. Sin discutir, aceptamos. Dijo que saldrían muy temprano, almorzarían y luego regresarían a casa ese mismo domingo. Fuiste y cuando volviste, estabas emocionada:

- Mamá, ¡el viaje fue maravilloso! ¡La familia de Ricardo me recibió muy bien! Su madre, tan pronto como me vio, dijo que yo era la chica con la que habían soñado para su hijo. ¡Estoy tan feliz!

- También me alegró ver tu felicidad. Le dije a tu padre y nervioso, me dijo:

- No me gusta esta historia, Anita todavía es muy joven para casarse...

- Yo, sonriendo, lo abracé diciendo:

- Ella tiene la misma edad que yo cuando me casé contigo...

- Me miró y no sabía qué decir. Yo continué:

- Lo que importa es que ella es feliz, Ricardo es un buen chico y pertenece a una familia que parece ser buena también.

- ¿Qué sabes de su familia? ¡Ni siquiera sabemos tu apellido!

- Los nombres no importan, Osmar. Lo que importa es la felicidad de nuestra hija, nada más.

- Me abrazó, diciendo:

- Tienes razón y aunque no quisiera, parece que ella está feliz.

- Sí, lo está.

- Continuaron estudiando y saliendo. Cuando terminaron la universidad, Ricardo nos dijo:

- Ahora que hemos terminado la universidad, creo que ha llegado el momento de casarnos.

- Tu padre y yo teníamos miedo, pero viendo tus ojos que irradiaban tanta felicidad, solo pudimos estar de acuerdo. Tan pronto como tu padre aceptó, Ricardo dijo:

- Ya hablé con mi familia y quieren conocerlos, mi madre preparará un almuerzo en quince días. Ella pensó que sería mejor que fuera un sábado, para que puedan tener tiempo de conocer la ciudad.

- Teníamos tanto miedo de la idea de tu boda, de verte salir de casa, que no nos molestamos en preguntar qué ciudad era. Solo asentimos con la cabeza, estuvimos de acuerdo. Ricardo quería que fuéramos en su automóvil, pero su padre no estuvo de acuerdo. Pensó que era mejor que fuéramos en el nuestro, porque si había algún desperfecto, podríamos volver en cualquier momento. Después de mucha discusión, Ricardo estuvo de acuerdo y fuimos en dos autos. El día señalado, Ricardo llegó muy temprano, con el auto estacionado frente a la casa. Ante su ansiedad y la nuestra, ya estábamos listos. Bajamos, cada uno con una pequeña maleta. Solo estaríamos allí por una noche, por lo que no necesitaríamos mucha ropa.

Fuimos hasta donde estaba Ricardo y antes de subir al auto, su padre dijo:

- Ricardo, hasta ahora no sabemos el nombre de la ciudad donde vive tu familia.

- Él nos dijo el nombre de la ciudad. Su padre y yo nos miramos, íbamos a decir que conocíamos la ciudad, que habíamos nacido y crecido allí, pero ante la sorpresa nos quedamos en silencio y emprendimos nuestro viaje.

Cuando entramos a la ciudad surgieron muchos recuerdos. Es una ciudad agradable, que continúa como siempre, con gente tranquila y feliz.

Algunas cosas cambiaron, pero casi todo estaba igual que cuando nos fuimos. Seguimos el auto de Ricardo. Entró a la calle principal y rodeó la plaza que conocíamos muy bien.

Cuando entró por el portón y la alameda que conducía a la casa de Sofía, su padre y yo nos detuvimos. Tu padre dijo:

– No puede ser, Beatriz, no puede ser el hijo de Sofía – sonreí, toqué su mano, diciendo:

– Parece que sí, Osmar. El destino nos está jugando una broma.

– ¡No podemos aceptar este matrimonio, Beatriz!

– ¿De qué tienes miedo, Osmar? ¿Que tu amor por Sofía pueda volver?

– No es nada de eso, Beatriz, la conozco y sé lo mala y egoísta que es, tan pronto como sepa que Anita es nuestra hija, ¡convertirá su vida en un infierno!

– Estás exagerando, Osmar. Ha pasado mucho tiempo. Nada de lo que sucedió debería importar, éramos jóvenes y cada uno siguió su propio destino. Además, Anita tiene a Ricardo, él la protegerá. Entremos, saludemos a Sofía con toda amabilidad y recordemos los buenos momentos.

– De acuerdo, espero que sea como dices.

Ricardo estacionó el auto frente a la puerta de la casa. Pronto se abrió y aparecieron Sofía, Maurício, Stela y los niños. Tan pronto como nos vio, sonrió y se acercó. Fingiendo no conocernos, dijo:

– Estoy muy feliz que hayas aceptado mi invitación. Por favor entren.

– Ella fingió no reconocerlos, ¿por qué haría eso mamá, y si de verdad no los reconoció?

– Eso era imposible, Anita. Nadie cambia tanto. A pesar de ser mayores, tenemos los mismos rasgos.

– También nos presentamos y ella, extendiendo su brazo hacia la sala y alejándose para que entramos, dijo:

– Bienvenidos a mi casa. Por favor entren. Este es Maurício, mi otro hijo, su esposa Stela y sus hijos.

– ¿Qué pasó después?

– Ella fue amable y trató de hacernos sentir cómodos. Tú y Ricardo ni siquiera se dieron cuenta cuando, después del almuerzo, tu padre dijo:

– Lo siento, pero tenemos que irnos.

– Tan temprano, ¿no vinieron para quedarse?

– Sí, Ricardo, pero recordé que había dejado algo pendiente en la empresa, tengo que volver para resolverlo.

– ¿Por qué papá hizo eso?

– El ambiente era insoportable. Aunque Sofía intentó hacernos sentir a gusto, eso no fue posible. Así que la mejor solución que encontró tu padre fue esa. Salimos de allí tan rápido como pudimos. Ricardo preguntó si podrías quedarte otro día, nosotros aceptamos. En el auto, mientras tu padre conducía, me di cuenta que estaba preocupado, pero guardé silencio. En un momento, dijo:

– Este matrimonio no funcionará, Beatriz...

– ¿Por qué estás diciendo eso?

– Sofía demostró con su mirada que hará lo que hará lo posible y lo imposible para evitar que suceda, y si sucede, no durará.

– Todavía creo que estás exagerando, Osmar. A pesar que Sofía quiera dañar a Anita, lo que no creo, Ricardo ama mucho a nuestra hija y la protegerá.

– Espero que tengas razón, pero estoy preocupado.

Continuamos el viaje en silencio.

– No sospeché ni por un minuto que esto era lo que estaba sucediendo. ¿Por qué no me dijiste?

– No creímos que fuera necesario. Estabas muy feliz y no queríamos que te preocuparas.

– Los meses que siguieron se dedicaron a la preparación de la boda. Tu padre y yo estábamos preocupados, nos sentimos tranquilos cuando Ricardo nos comunicó su intención de ir a Portugal. Sabíamos que la distancia sería grande y la nostalgia también, pero ese viaje sería la única posibilidad que ustedes fueran felices en su matrimonio, porque la misma distancia que habría entre nosotros sería la misma entre Sofía y ustedes.

– Ahora entiendo el cambio que hubo en relación a mí, mamá. Solo ahora me doy cuenta que el cambio sucedió después de ese almuerzo. No entendía por qué me odiaba tanto, ahora lo hago. Al final consiguió lo que quería, estoy separada de Ricardo. Estoy sufriendo y sé que él también está sufriendo.

– No, Anita, tu matrimonio no terminará. Tú y Ricardo estaban destinados el uno para el otro. Están pasando por un momento difícil, no podemos negarlo, pero estoy segura que no será definitivo.

– ¿Crees eso, mamá?

– Claro que sí. Se aman, cualquiera puede verlo. Estoy segura que tu padre, tan decidido como salió de aquí, se las arreglará para sacar a Sofía de sus vidas para siempre.

– No lo conseguirá, mamá. Doña Sofía es la madre de Ricardo y ¡él no querrá mantenerse alejado de ella para siempre!

– No dije que ella estaría lejos de ustedes, sino de sus vidas. Ella ya no interferirá.

– Espero que tengas razón, pero no estoy tan segura. Doña Sofía es astuta, lo sabes muy bien.

– Sí, lo sé, pero también conozco a tu padre. Lo logrará.

Estaban conversando cuando Dora llamó a la puerta y entró, diciendo:

– Anita, Ricardo está ahí.

Anita comenzó a temblar y preguntó:

– ¿Aquí?

– Sí y me pidió que viniera a avisarle. Parece que está muy nervioso.

– ¿Qué hago mamá?

– Ve con tu esposo, si vino hasta aquí es una señal que tu matrimonio no ha terminado.

Anita sonrió, besó a su madre y bajó corriendo las escaleras. Ricardo, que estaba sentado en un sofá en la sala de estar, cuando la vio venir, se levantó y, antes de decir nada, la besó apasionadamente.

Beatriz, que bajó tras Anita, sonrió y, con una seña, le dijo a Dora la siguiera a la cocina.

Cuando terminaron de besarse, Ricardo aun abrazando a Anita, dijo:

– ¿Por qué te fuiste?

– Saliste de la casa. No sabía qué hacer. No podía seguir sola en esa casa. Vine aquí para poder pensar.

– Sé que cometí un error, me dejé llevar por el impulso, pero al final fue algo bueno.

– Bueno, ¿por qué?

– Mi viaje a la casa de mi madre me dio tiempo para pensar en todo el tiempo que estamos juntos y lo felices que somos.

Estando allí solo, me di cuenta que te amo y que no quiero estar separado de ti ni por un minuto. ¿Todavía me quieres a tu lado?

Anita, después de todo lo que su madre había dicho, ya no dudaba de la malicia de Sofía. Sabía que Ricardo la amaba, como ella lo amaba a él. Ella, con lágrimas en los ojos, dijo:

– Por supuesto que te perdono y te quiero de vuelta. Yo también me di cuenta que no quiero separarme de ti.

– Solo quería pedirte algo.

– ¿Qué?

— Quisiera venir a vivir aquí a la capital. Mi padre tiene muchos contactos y puede encontrar fácilmente una universidad donde puedas enseñar. No necesitamos vivir aquí, podemos alquilar una casa, pero quiero estar cerca de mis padres.

— No puedo hacer eso, Anita. Sabes que solo volvimos de Portugal porque Maurício quiere entrar en política y necesita mi ayuda para manejar las empresas.

En nuestra ciudad podré hacer esto y también seguir enseñando en la universidad. Además, sé que no es para estar cerca de tu familia que quieres venir a vivir aquí, sino que es por mi madre, ¿verdad?

Anita miró hacia abajo sin saber qué decir. Ricardo continuó:

— Ya no tienes que preocuparte por mi madre. Ayer, Maurício estuvo en casa y discutimos mucho con mamá. No lo creerás, pero ella hizo un trabajo con un macumbeiro para separarnos.

Ricardo contó todo lo que había sucedido. Terminó diciendo:

— Maurício está decidido a descubrir quién es su padre.

— No puedo creer que todo esto haya sucedido, mucho menos que Maurício no sea el hijo de tu padre. Debe haber sido una confusión y lo malinterpretaron...

— Es verdad, Anita. Cuando mi madre habló, se puso muy nerviosa por ser descubierta y perdió el control.

Todavía estaban hablando cuando sonó el teléfono. Como Anita estaba cerca de la mesita, ella respondió. Por otro lado, Osmar dijo:

— Anita, ¿está todo bien en casa?

— Sí, papi, todo está bien. Ricardo acaba de llegar.

— ¿Él está ahí?

— Sí.

- Necesito hablar con él.

Anita sin entender le pasó el teléfono a Ricardo, quien respondió:

- Sr. Osmar, sé que quiere hablar conmigo, pero primero necesito decirle que estoy aquí para hablar con Anita y llevarla de regreso a nuestra casa.

- Estoy feliz de oír eso, pero quiero hablar sobre otro tema.

- Sí, ¿de qué se trata?

- Estoy aquí en casa de tu madre y tenemos que hablar.

- ¿En la casa de mi madre? ¿Qué está haciendo ahí?

- Vine a hablar con ella sobre ustedes. Ella me recibió, después de nuestra larga conversación, se sintió mal y tuvo un ataque al corazón.

Creo que sería bueno que vengas pronto.

- ¿Ataque de corazón? ¿Cómo pasó esto?

- Estaba muy nerviosa, Maurício estaba aquí.

- ¿Maurício estaba allí? No entiendo, ¿cómo está ella?

- No está bien, así que es mejor que vengas pronto.

- Ahora mismo voy para allá.

- Sí, ven. Por favor, pásame con Beatriz, necesito hablar con ella.

- Está bien.

Anita, al ver la gravedad de la conversación, fue a la cocina y llamó a su madre. Ella se acercó a Ricardo quien, temblando mucho, le entregó el teléfono. Ella respondió. Osmar dijo:

- No le digas nada a Ricardo, pero Sofía falleció.

Ella se sorprendió y tuvo que sentarse.

- ¿Cómo sucedió eso, Osmar?

– Estuve aquí y Maurício, el hermano de Ricardo, también. Escuchó toda la conversación, pero es una larga historia, cuando llegues aquí te la contaré. Ahora, no dejes que Ricardo sospeche lo que realmente pasó y ven con ellos aquí.

Se prepararon y partieron rápidamente.

28.- LA REACCIÓN DE MAURÍCIO

Maurício salió de la casa de Sofía fuera de control. Estaba totalmente fuera de sí con el descubrimiento que había hecho. Escuchó que Osmar lo llamó, pero no le prestó atención. No quería hablar con el hombre al que apenas conocía, con quien se había encontrado en dos ocasiones, en el almuerzo familiar y en la boda de Ricardo, y que ahora le presentaban como su padre. Se subió al auto y comenzó a conducir sin rumbo. Necesitaba pensar, ordenar su mente y sus sentimientos. Aparcó el auto junto al río que atravesaba la ciudad. Bajó, se sentó en la hierba que siguió todo el largo del banco y miró el agua que fluía tranquilamente. Su corazón latía salvajemente. Mientras miraba el agua, pensó: "¿cómo podría mi madre hacer algo así? ¿Cómo logró esconder durante tanto tiempo que no era el hijo de mi padre, a quien amaba y aun amo con todo mi corazón?

¿Cómo puedo hablar con un extraño y llamarlo padre? No. ¡Todo esto está mal!"

Pedro Henrique y María Rita estaban a su lado, sentados uno a cada lado, sobre la misma hierba.

Pedro Henrique, sintiendo todo el dolor de Maurício, dijo:

– No tienes que ponerte así, Maurício, eres mi hijo amado. No importa qué sangre tengas, en el momento en que te presentaron como mi hijo te acepté y ahora, después de todo lo que hemos descubierto, nada ha cambiado. Aunque no lo sepas, nuestra amistad ha durado mucho tiempo. No importa la sangre que corra por tus venas, porque un día se unirá con la tierra, lo que importa son los lazos de amor adquiridos durante todo este tiempo.

Ve a casa, no te quejes más. Aun no lo sabes, pero tienes un largo día por delante. Tu madre ahora está en compañía de los que ha elegido y no podemos hacer nada por ella. Vete a casa, hijo mío. Todavía tienes un largo viaje por delante y siempre que sea posible, estaré a tu lado.

Mientras hablaba, él y María Rita arrojaron luz blanca sobre Maurício, quien gradualmente se calmó y pensó: "después de todo, solo quedó algo bueno. Anita es mi hermana y estoy muy feliz por eso. Ahora, tengo que irme a casa. Stela debe estar preocupada. Pasaré por allí un momento, le contaré todo lo que sucedió y luego iré a la empresa. Me alegra que Ricardo haya vuelto para ayudarme."

Se levantó, subió al auto, arrancó y aceleró.

Mientras tanto, en casa de Sofía, llegó la ambulancia, pero pronto se descubrió que no se podía hacer nada más por ella. La ambulancia se la llevó para obtener el certificado de defunción. Después que se llevaron a Sofía, Osmar le dijo a María José:

– Necesitamos comunicarles a Ricardo y Maurício. Por favor llame a la casa de Maurício y luego a Ricardo. Necesito que mi esposa y Anita sepan lo que pasó.

María José estaba molesta y triste, ya que había vivido junto a Sofía durante mucho tiempo y se había acostumbrado a su forma de ser. Sabía que ella era terca y arrogante, pero aun así la quería a ella y los niños, como los llamaban Maurício y Ricardo. Ella era cariñosa con ellos y también recibió mucho cariño de su parte, porque debido a las tareas y compromisos sociales de Sofía, ella era prácticamente la que los había criado. Llamó a la casa de Maurício y Stela fue quien respondió. Sollozando, preguntó:

– Stela, ¿está Maurício allí?

– No, María José, se fue temprano para ir a hablar con doña Sofía. ¿Él no está allí?

– Estaba aquí, pero ya se fue.

– ¿Qué pasó, María José? ¿Estás llorando?

– Sí, hubo una desgracia, Stela...

– ¿Qué pasó, María José?

– Doña Sofía murió...

– Dios mío, ¿Maurício mató a su madre?

María José, aunque conmocionada, no pudo contener una sonrisa y respondió:

– No, Stela, no fue él. Cuando él se fue, ella empezó a sentirse mal. El doctor estaba aquí y dijo que tuvo un ataque al corazón...

– No puede ser, todavía es muy joven, aunque ayer, cuando estábamos en el auto, se sintió mal, pero no pensé que fuera tan grave.

– A veces se sentía mal aquí en casa y siempre le decía que debía ir al médico, pero se reía y lo dejaba para el día siguiente. Creo que ella tenía un problema cardíaco hace mucho tiempo.

– No sé dónde está Maurício y me preocupas. ¿Discutieron?

– Fue mucho más que una discusión, Stela.

– ¿Ella le dijo la verdad?

– No, pero se enteró.

– Escuchaste la conversación, no sirve de nada decir que no, sé que escuchas todo lo que se dice en esa casa.

– Sí, la escuché y te puedo asegurar que él estaba confundido y sacudido.

– ¿Qué escuchaste María José?

– Lo que escuché es muy serio y por esta razón, solo Maurício puede decírtelo. No quiero entrometerme en esta historia.

– De acuerdo, María José, no insistiré. Ahora, ahora necesito encontrar a Maurício. ¿Dónde habrá ido?

– No lo sé. Antes de llamarte, llamé a la compañía, pero él no estaba allí.

– Creo que es mejor que me quede aquí en casa y esperar a que regrese. Luego iremos para allá.

– De acuerdo, pero ven pronto.

Colgaron el teléfono. Stela estaba sorprendida y nerviosa. Nunca imaginó que algún día pasaría por una situación como esa. María José colgó el teléfono, miró a Osmar y dijo:

– Maurício no está en casa.

– ¿A dónde fue?

– No lo sé. Stela también está preocupada. Se fue de aquí muy nervioso. ¿Y si hace alguna locura?

– No señor, él no lo hará. Es un muchacho que tiene la cabeza en su lugar. Debe estar caminando, pensando en la vida. Esperemos, sé que aparecerá en cualquier momento.

– Eso espero, también me angustia no tener noticias sobre su paradero. Ahora voy a llamar a casa. Entonces puedes llamar a Ricardo.

– Está bien.

Osmar levantó el teléfono y habló con Beatriz y le contó todo lo que había sucedido. Luego, colgando el teléfono, dijo:

– No necesitas llamar a Ricardo, él está en casa y ellos están viniendo.

– Gracias a Dios...

– Estás muy nervioso y conmocionado, te prepararé un café.

– Hazlo por favor. De verdad estoy muy nervioso y conmocionado. Hoy fue un día de muchas sorpresas y revelaciones.

– Yo también lo siento, señor, he estado en esta casa por mucho tiempo. Ayudé a criar a ambos chicos, así que los considero como mis hijos. Aunque era difícil vivir con doña Sofía, la quise mucho.

Osmar, con ojos distantes, dijo:

– Yo también... También la quise mucho. Ella era una mujer especial...

– Solo tenía un defecto.

– ¿Cuál?

– Debido a que se sentía poderosa, pensó que era dueña de la verdad y eso no existe. Nadie es dueño de la verdad y todopoderoso, solo Dios y, aun así, Él, de vez en cuando, se deja engañar por el diablo y pierde muchas almas...

Al oír eso, Osmar no pudo evitar sonreír y asintió, estuvo de acuerdo con María José. Ella salió y fue a la cocina a preparar un café.

También necesitaba preparar el almuerzo, ya que sabía que pronto todos estarían allí y, por muy tristes que estuvieran, tenían que comer.

Osmar se levantó del sofá en el que estaba sentado y miró a su alrededor. La habitación era enorme, con muebles de buena calidad, cortinas y cuadros de pintores famosos. Mientras miraba todo, pensó: "recuerdo cuando Sofía cuando era niña y las conversaciones que teníamos. Ella soñaba con este mundo donde había dinero, fama y poder. No puedo imaginar lo que hizo para conseguirlo, pero logró mucho más de lo que había soñado; en fin, de qué le sirvió haber vivido bajo una mentira y temeroso de que, en cualquier momento, sería descubierta, si el final de todos nosotros es solo uno, la muerte. ¿Por qué tanta ambición, tanto deseo de poder?"

Se sentó nuevamente en el sofá y continuó pensando: "cuando vi a Maurício por primera vez, ese sábado por la mañana, nunca podría haber imaginado que era mi hijo. Aunque no lo conozco, me pareció un hombre de buen carácter y le tenía mucho cariño a su padre. Es muy extraño... Tengo un hijo cuya existencia nunca conocí, ¿cómo tuvo Sofía el coraje de ocultarlo? Necesito decírselo a Beatriz y espero que lo entienda. En ese momento, le dije que Sofía había venido a mí y que casi caigo en la tentación. Ahora, ¿comprenderá que no pude resistirme y la traicioné? ¿Cuál será su reacción? Mi vida es una locura..."

Mientras tanto, Maurício, acompañado de Pedro Henrique y María Rita, volvieron a casa. Tan pronto como Stela lo vio entrar, aliviada, corrió hacia él y lo abrazó, llorando.

Él se sorprendió y después del abrazo, apartándose de ella, le preguntó:

– ¿Por qué lloras así, Stela?

– María José llamó y dijo que saliste de allí muy alterado. ¿Dónde estabas, Maurício?

– Estaba caminando sin rumbo y luego fui a la orilla del río. Me senté en la hierba mirando pasar el agua y pensando. Después de lo que descubrí, es todo lo que tenía que hacer, pensar...

– ¿Qué descubriste? – ¡Que mi madre era una mentirosa y una traidora!

– ¿Cómo así?

– Ella engañó a mi papá con el papá de Anita. ¡Soy su hijo, Stela!

– ¿Qué?

- Así es, soy el hijo del padre de Anita, ¡ella es mi hermana!

- No puede ser, ¿se conocían y tu madre nunca nos lo dijo?

- Ella no nos dijo, ¡probablemente porque temía ser descubierta! ¡Ella es mala, Stela y yo la odio!

- No hables así, Maurício, ella es tu madre...

- ¡Contra su voluntad! ¡Aunque es mi madre, no puedo olvidar todas las cosas malas que hizo!

- Necesitas perdonarla...

- ¡Nunca, Stela, nunca! ¡Quiero que muera y se vaya al infierno!

- No hables así, Maurício, puedes arrepentirte...

- No sé si alguna vez me arrepentiré, pero en este momento, eso es lo que siento.

- Siéntate, necesito decirte algo serio que sucedió después que saliste de la casa de tu madre...

- ¡¿Qué pasó, Stela?! ¡Habla pronto!

- Después que te fuiste, tu madre se sintió mal y no resistió. No conozco muy bien la historia, pero parece que sufrió un ataque al corazón y falleció.

- ¿Qué estás diciendo, Stela? ¿Mi madre murió?

- Sí, por eso llamó María José buscándote.

Maurício, cuando escuchó eso, se echó a reír sin poder controlarse. Stela estaba aterrorizada por esa actitud y nerviosamente dijo:

- ¡Basta, Maurício, la situación no es para reír!

Él, aunque quería, no podía parar de reír. Stela, al darse cuenta que estaba fuera de mí, lo tomó del brazo y lo sacudió violentamente.

Maurício dejó de reír y dijo muy nervioso.

— ¡Incluso pudo elegir el momento de su muerte! Sabía que tenía mucho que contar, ¡así que decidió morir! ¡Realmente hasta en la muerte es muy astuta!

— ¡No hables así, Maurício! ¡Nadie elige el momento de su muerte!

— ¡No conocías a doña Sofía! Ella eligió, ¡puedes estar seguro de eso!

— Estás loco y no sabes de qué está hablando. Necesitamos ir allá.

— ¡Yo no iré! ¡Ve tú si quieres!

— ¡No puedes excusarte! ¡Ella es tu madre!

— ¡No quiero ir, no puedo ir allí y mostrar un dolor que no siento! ¡La odio y no es porque haya muerto que olvidaré todo lo que ella me hizo! ¡Quiero que arda en el fuego del infierno!

— ¿Qué le voy a decir a la gente y, principalmente, a Ricardo?

— Di lo que quieras, no me importa, o, mejor dicho, di la verdad, ¡ella no vale la pena!

— Estás fuera de control y no puedo dejarte entonces así, mejor me quedaré...

— Haz lo que quieras, Stela. Voy a mi habitación, ¡ahora mismo solo quiero dormir!

Stela, sabiendo que él no iba a cambiar de opinión, dijo:

— Bien, haz eso y si consigues dormir me iré a la casa de Doña Sofía.

Maurício, silencioso, caminó hacia la habitación. Entró, se acostó y trató de dormir. Stela lo acompañó y después de verlo acostado, salió de allí.

Después de un rato, ella regresó a su habitación y se dio cuenta que él realmente se había quedado dormido. Sonrió y se fue.

29.- CONOCIENDO LA HISTORIA

Ricardo, Anita y Beatriz llegaron y fueron recibidos por Osmar que todavía estaba allí:

- Me alegro que hayas llegado, estaba ansioso y no sabía qué hacer.

- ¿Qué pasó, señor Osmar? ¿Cómo está mi mamá?

- Lo siento, Ricardo, pero ella no pudo resistirse -. Ricardo palideció y preguntó desesperado:

- ¿Estás diciendo que murió?

- Desafortunadamente, sí...

- No puede ser, ¿cuál fue el motivo?

- Según María José, ella tenía algunos problemas, pero no quería ir al médico. Tuvo un ataque al corazón y no pudo resistir.

- ¿Dónde está ella?

- Se la llevaron para que puedan hacer la autopsia y podamos obtener el certificado de defunción.

- Quiero ir a donde está, ¡necesito verla!

-Estaba esperando que tú o Maurício llegaran para proporcionar toda la documentación necesaria. ¿Podemos irnos?

- ¿Maurício aun no ha venido?

- No, él estaba aquí y tan pronto como se fue, ella comenzó a sentirse mal, tratamos de encontrarlo, pero no pudimos.

- ¿Dónde está?

- No sabemos, debe estar caminando.

- ¿Por qué haría eso? ¿Sabes cuál es la razón?

- Creo que sí, pero ahora no es el momento para hablar de eso. Vamos donde está tu madre, luego tendremos mucho tiempo para conversar, tú, yo y Maurício.

- ¿De qué tenemos que hablar que solo puede ser entre nosotros?

- No tiene que ser solo entre nosotros. Anita, Stela y Beatriz pueden y también deben participar, porque el tema nos interesa a todos.

- Todavía no entiendo.

- Lo sé, pero ahora no tenemos tiempo. Hablaremos más tarde.

Salieron y cuando regresaron, ya habían preparado todos los documentos. El cuerpo de Sofía llegaría pronto.

Como no podía ser de otra manera, la noticia se esparció y, en una pequeña ciudad como esa, todos se enteraron y se apresuraron a asistir. La mayoría de la gente nunca había entrado a esa casa y, por curiosidad, querían ver cómo era por dentro. Además, cuando fue esposa del alcalde, había hecho cosas buenas por la ciudad y también por la gente.

El cuerpo llegó y fue velado. Hubo muchos discursos y homenajes a quien fue la benefactora de tantas personas. Todos quedaron sorprendidos por la falta de Maurício y cuando preguntaban por él, Stela respondía:

- Está muy conmocionado y el médico le dio medicamentos para dormir.

Todos los que la escucharon estaban convencidos que estaba diciendo la verdad, excepto Osmar y María José, ambos sabían de sus sentimientos hacia Sofía. Al día siguiente, justo después del funeral, la gente se despidió. Como Maurício no quiso asistir, Stela tomó a los niños de las manos y fue a su casa. Osmar, Beatriz, Anita y Ricardo fueron a la casa de Sofía, que era más grande que la de todos y podía alojar a todos. Tan pronto como llegaron, Osmar dijo:

– Ahora que todo terminó y tu madre descansa en paz Ricardo, tenemos que hablar y aclarar algunos puntos.

– Creo que de lo que tenemos que hablar tiene algo que ver con Maurício y esa es la razón por la que él no asistió al funeral.

– Sí, Ricardo, por eso tenemos que hablar juntos.

– Parece que no quiere hablar con nadie...

– Lo sé, pero es importante. Como necesito volver a la capital, así que debe ser hoy. Después del almuerzo, iremos a su casa y así quiera o no, tiene que hablar con nosotros.

Beatriz, adivinando y temiendo lo que iba a escuchar, preguntó:

– ¿Tiene que ser hoy, Osmar? ¿No podemos dejarlo para otro día?

– No, Beatriz, tiene que ser hoy. Todo ha sido muy confuso y Maurício debe estar sufriendo mucho.

– De acuerdo, haremos lo que quieras.

Así lo hicieron y después del almuerzo fueron a la casa de Maurício. Quien los recibió fue Stela quien, al verlos, dijo:

– Me alegra que hayan venido. Maurício no está bien. Desde ayer, cuando llegó de la casa de doña Sofía, entró a la habitación y no ha salido. Estoy preocupada, no comió, solo bebió agua. Ricardo, tal vez puedas sacarlo de la habitación.

– Lo intentaré, Stela. Tenemos que hablar, por eso Anita y sus padres están aquí.

Ella sonrió y no quería decir que sabía de qué se trataba. Acompañó a Ricardo a la habitación de Maurício y entró, diciendo:

- Maurício, Ricardo está aquí y quiere hablar contigo. Maurício abrió los ojos y, mirando a su hermano, comenzó a llorar.

- ¡Ella murió, Ricardo! ¡Ella murió!

- Sí, Maurício, desafortunadamente sucedió. Todos estamos devastados porque fue tan inesperado. Sé que tu dolor, como el mío, es profundo, pero tenemos que reaccionar. Tenemos toda nuestra vida por delante. Tienes que levantarte de esta cama, hermano mío...

- ¿Mi dolor? ¿Crees que estoy así porque tengo dolor? ¡No, Ricardo, estoy así porque no puedo sacar de mi pecho el odio infinito que siento por ella, por todas sus mentiras y su traición!

¡La odio, quiero que se queme para siempre en los fuegos del infierno!

- ¿De qué estás hablando, Maurício?

- ¡Ella era una mentirosa, Ricardo, traicionó a nuestro padre y no te imaginas con quién!

- Maurício, no estás bien. Necesitas ir al doctor...

- Estoy bien, Ricardo. ¡Ayer descubrí que ella había engañado a papá con el padre de Anita!

- ¿Qué?

- Así es, y de esta traición nací yo. ¡Soy su hijo, el hermano de Anita!

– No puede ser verdad, Maurício, ¡debes estar equivocado!

– No lo estoy, Ricardo, ¡los escuché hablar! ¡No sabían que estaba allí!

Ricardo se puso las manos en la cabeza, luego en la rodilla y siguió diciendo:

– No puede ser... no puede ser...

– ¡No debería ser así, pero lo es, Ricardo!

Ricardo levantó la cabeza y, mirando a su hermano, dijo nervioso:

– No sabemos cómo sucedió todo. Necesitamos saber toda la historia, ahora entiendo por qué el padre de Anita propuso venir aquí para que todos pudiésemos conversar. Quiere contarnos toda la historia. Además, mamá está muerta y debe estar en el cielo...

Maurício, cuando escuchó eso, se levantó y preguntó, gritando:

– ¿En el cielo? ¿En el cielo, Ricardo? ¡No, ella no puede estar en el cielo, porque si eso fuese verdad significaría que no hay justicia! ¡Ella debe estar y permanecerá en el infierno por toda la eternidad! ¿En el cielo?

Pedro Henrique y María Rita, que permanecieron con Maurício todo el tiempo, iluminaron a los dos. Pedro Henrique dijo:

– Cálmense, hijos míos. Todo este odio solo puede atraer energías pesadas sobre ustedes.

Actualmente, Sofía está cosechando lo que plantó, está al lado de las compañías que ha elegido. Además, entre los espíritus que viven aquí en la Tierra o alrededor de ella, no hay ninguno lo suficientemente bueno para vivir en el paraíso celestial o lo suficientemente malo como para arder para siempre en los fuegos del infierno. Todos nos estamos moviendo hacia la perfección. Algunos más adelante, otros más atrás, pero todos avanzando. Cálmense... Cálmense...

Poco a poco, se calmaron. Maurício fue al baño, se lavó la cara y volvió diciendo:

– De acuerdo, Ricardo. Creo que tienes razón, si el padre de Anita vino aquí es porque quiere contarnos lo que realmente sucedió. Bajaré y oigámoslo.

– Así se habla, hermano. Sabes que esta noticia que me acabas de dar no cambiará en nada lo que siento por ti. Eres mi querido hermano quien siempre me defendió cada vez que necesité. Bajemos.

– He estado en esa cama por mucho tiempo. Necesito ducharme, cambiarme de ropa para presentarme a las personas que me están esperando. Adelántate, bajaré después.

Ricardo sonrió y salió de la habitación. Cuando llegó al salón donde estaban todos, dijo:

– Está bien, bajará después.

Stela sonrió y los demás dieron un suspiro de alivio. Quince minutos después, apareció Maurício. Tenía el pelo mojado, con una camisa rosa y pantalones negros. Al mirarlo con ojos diferentes, Osmar se dio cuenta de cómo lo mucho que se parecía a Sofía. Era su vivo retrato. Tan pronto como llegó, dijo:

– Perdón por la demora, pero como todos saben, no estaba bien –. Osmar se levantó, extendió la mano y dijo:

– Entiendo todo lo que sientes. Sé que estás confundido y de seguro te preguntas cómo sucedió todo y por eso estoy aquí. Les contaré a todos la historia.

– Tienes razón, estoy realmente confundido...

– Siéntate. Comenzaré desde el principio. Maurício se sentó y Osmar comenzó a hablar.

Lo contó todo desde el principio, cuando era niño, sobre los sueños de Sofía y el amor que sentía por ella. Contó sobre el comienzo del cortejo, la casa que construyó para ellos, cuando Sofía que quería casarse con Pedro Henrique, rompió el compromiso, cómo quedó devastado y cómo conoció a Beatriz. También contó sobre los encuentros que tuvo con Sofía, cómo no pudo resistirse y se entregó hasta el punto de querer deshacer su compromiso que ya estaba programado. Finalmente, les contó todo en detalle y terminó, diciendo:

– Después de casarme, me fui a la capital y nunca más pensé en Sofía. Las pocas veces que la recordaba, la alejaba de mi pensamiento. Estaba feliz con Beatriz, ella me había enseñado lo que era el verdadero amor, sin pasión ni ilusión. Anita nació y completó mi felicidad. Esta tranquilidad continuó hasta el día en que, por un juego del destino, Ricardo y Anita se conocieron, se enamoraron y quisieron casarse.

Vinimos a almorzar a tu casa y me encontré con Sofía. Yo ya no sentía nada por ella, pero cuando vi que ella fingía que no nos conocía, tuve miedo de lo que podría hacer contra mi hija. Pensé que podría hacerle daño a Anita, porque la conocía y sabía que era vengativa y que nunca había aceptado mi matrimonio. Nunca imaginé que su odio era por otra razón, el miedo que yo descubriese que tú, Maurício, eras mi hijo. Fruto de esas veces que nos vimos, cuando su esposo tuvo que viajar y ella no quería que me casara. Anita, al oír eso, se levantó gritando:

- ¿Qué estás diciendo, Maurício es tu hijo? ¿Mi hermano?

- Sí, Anita. No lo sabía, pero no puedo negar que estoy feliz de saber que tengo un hijo que, a pesar de Sofía, es un buen hombre.

Anita miró a Maurício que la estaba mirando y dijo:

- Por eso siempre me agradaste...

Él también se levantó y la abrazó, diciendo:

- Tú también siempre me agradaste mucho. No imaginé que eras mi hermana. Pero sabía cuánto querías a Ricardo y eso fue suficiente para defenderte de todos los males que mi madre quería hacer e hizo contra ti.

- Olvidémonos de todo esto, Maurício. Ella murió y ahora debe estar pagando por todo lo que hizo. Ricardo me contó todo lo que hizo para tratar de separarnos. Sé que fue a un brujo, pero fue en vano, porque nuestro amor es más grande que todo. También me dijo que descubriste que no eras el hijo de tu padre, pero no me dijiste que eras hijo de mi...

- ¡Yo no lo sabía! Lo escuché hace unos minutos, cuando fui a su habitación.

Stela, al ver a Anita y Maurício abrazados y felices, pensó:

"Y yo que ayudé a doña Sofía a casi destruir esta felicidad..."

Osmar miró a Beatriz y dijo:

– ¿Podrás perdonarme, Beatriz? En el pasado, te dije que me había resistido a Sofía, pero estaba mintiendo. No pude resistirme y cedí a ese amor loco que creí sentir por ella.

Beatriz, que todavía estaba sentada mirando a Maurício y Anita abrazados, dijo emocionada:

– Siempre supe tus sentimientos hacia Sofía. Cuando me dijiste que te habías encontrado con ella, deduje que algo más serio podría haber sucedido, pero te amé y te perdoné, por lo que no necesitas pedir perdón, sucedió en el pasado y no me arrepiento porque fuiste un esposo y padre perfecto, solo me trajiste felicidad.

Sin que nadie esperara, cada uno se levantó y se abrazó con el otro. Pronto, todos se unieron en un abrazo feliz y fraternal. Stela, emocionada y sintiéndose culpable por haber arruinado casi toda esa felicidad, dijo:

– Es hora de la merienda. Si me disculpan, iré a la cocina para prepararla.

Salió y nadie notó su incomodidad. Estaban tan felices que, en ese momento, nada más importaba.

Guzmán y los demás también estaban allí y sonrieron felices. Guzmán dijo:

– Al menos encontraron su camino.

30.- AMIGOS ETERNOS

Tan pronto como Sofía murió, Guzmán convocó una reunión con todos los que formaban parte del grupo de Sofía y dijo:

— Sofía no consiguió su rehabilitación. Desafortunadamente, en esta encarnación, perdió una oportunidad maravillosa, pero aun permanece siendo nuestra compañera. Sin embargo, no sería justo retrasar nuestro viaje por su culpa. Entonces les pedí a todos que vinieran aquí para que todos puedan decidir lo que quieran. Cada uno de nosotros, con mucha dedicación y trabajo, ha conseguido alcanzar su luz y puede continuar a esferas más altas, donde tendrá la oportunidad de aprender más y servir mejor. Todos saben que el espíritu es libre de decidir y que nada ni nadie puede aprisionarlo, por lo que depende de cada uno elegir lo que mejor le parezca. Mientras decía esto, Guzmán sabía que algunos, durante varias encarnaciones y reencarnaciones, habían convivido con espíritus de otros grupos y que deseaban permanecer al lado de estos nuevos amigos. Entonces, no se sorprendió cuando algunos le dijeron que deseaban continuar el viaje, pero que estarían allí para ayudar a Sofía cuando fuera necesario.

Después de decidir quiénes continuarían el viaje, Nadir dijo:

- Yo, como madre de Sofía, sé que no tuve la fuerza para guiarla y ayudarla como se esperaría de una madre. Por eso, quiero quedarme a su lado y esperar el tiempo que sea necesario para renacer como su madre nuevamente e intentarlo de nuevo.

Guzmán sonrió y dijo:

- Sabes que no tienes que hacer eso, Nadir. Lo criaste como sabías y cómo pudiste. Tu único deseo siempre ha sido que ella sea feliz y si Sofía fracasó, fue por la codicia y el deseo de poder. Sabemos que tendrá que renacer y luchar contra estos sentimientos. Puedes ayudarla, pero ella, solo ella, puede elegir el camino a seguir.

- Lo sé, Guzmán, pero, aun así, quiero intentarlo.

- Está bien, pero necesito recordarte que ya no estarás a su lado como su madre.

- ¿Por qué no?

- Sofía tenía una familia que la amaba, pero ante sus sentimientos, los alejó de una manera violenta. Por eso, probablemente en la próxima encarnación, no tendrá familia y le harán mucha falta y esa falta le causará mucho dolor y sufrimiento.

- Lo sé, Guzmán, pero, aun así, si no puedo venir como madre, sé que puedo estar muy cerca de ella y así ayudarla de alguna manera.

Guzmán sonrió y dijo:

- De acuerdo, Nadir. La elección es solo tuya.

- Yo también, Guzmán, deseo quedarme con ella.

- ¿Estás seguro de eso, Pedro Henrique? Al igual que Nadir, no tienes que hacerlo, puedes continuar tu viaje.

- No, Guzmán, necesito quedarme a su lado, porque si no hago eso, aunque esté en una esfera superior, no podría ser feliz. Eso solo sucederá cuando ella esté a mi lado.

Lo mismo dijeron Romeo y Gustavo.

Pasaron dos meses desde la muerte de Sofía. Una mañana, Anita se sintió enferma y fue al médico quien le pidió un análisis de sangre. Después de unos días, acompañada por Ricardo, ella regresó al médico y él les dijo:

– Doña Anita, tengo buenas noticias para darte.

– ¿Qué doctor?

– Después de tanto tiempo y te dije que no había ninguna razón para no quedases embarazada, ¡finalmente sucedió!

– ¿Qué pasó, doctor?

– ¡Estás embarazada!

Anita miró a Ricardo. Sonriendo, abrió los brazos y juntos lloraron de felicidad. Estaban contentos, pero Nadir lo estabas mucho más por volver a ayudar a Sofía a encontrar nuevamente el camino de la luz.

Anita, llorando y riendo al mismo tiempo, miró a Ricardo y habló, se movió emocionada:

– ¡Será una niña, Ricardo!

– No importa si es un niño o una niña, Anita, ¡lo que importa es que viene!

– Tienes razón, pero sé que será una niña y se llamará Paula.

– De acuerdo, Anita, ¡lo que importa es que estoy muy feliz!

– Yo también, Ricardo... yo también.

Sofía, desde el día de su muerte, sus amigos ya no pudieron encontrarla. Sus compañías no lo permitieron. Fue perseguida por el remordimiento y vio delante de ella a Gustavo, Nadir y Romeo, quienes, como monstruos, la perseguían. Sintió hambre, frío y terror constante. Ella trató de esconderse en cuevas oscuras, pero fue inútil, los monstruos creados por ella y sus compañías la persiguieron sin descanso.

Al principio intentó justificarse, como lo hizo cuando estaba viva y corriendo de un lado a otro, gritaba:

– ¡No fue mi culpa! ¡Tenía que hacer todo eso! ¡Querían destruirme!

Sin embargo, con el tiempo, reconoció que había cometido varios crímenes, que había eliminado a su hermano y a sus padres de su vida. Esos pensamientos y el arrepentimiento eran insoportables.

Han pasado casi veinte años desde el día de la muerte de Sofía. Guzmán y todos los que siempre estuvieron a su lado se negaron a ir a esferas más altas, lo que les impediría participar en equipos de ayuda, donde podrían aprender mucho más. Querían, como había sucedido en otras ocasiones, continuar a su lado, dándole una oportunidad más.

Continuaron con el mismo trabajo que hacían hasta entonces y esperaron hasta el día en que fuese rescatada y preparada para una nueva encarnación. Nadir fue la primera en renacer, incluso antes que Sofía fuera rescatada. Necesitaba renacer antes, para que cuando Sofía renaciera, ella fuera una adulta y pudiera cuidarla con gran afecto. Pedro Henrique iba a visitar a sus hijos cada vez que podía. Ricardo y Anita tuvieron tres hijos más. En total, cuatro. Tres niños y una sola niña, a quien llamaron Paula. Maurício y Stela continuaron viviendo. Él se convirtió en un político respetado en la ciudad, continuando así con el apellido de la familia. Nunca llamó a Osmar su padre, pero desde ese día, cuando se reveló toda la verdad, se hicieron grandes amigos y comenzaron a convivir y conocerse.

De todos modos, todos continuaron su viaje, con éxitos y errores, pero siempre avanzando.

Una tarde, Guzmán llamó a Pedro Henrique y tan pronto como él llegó, dijo:

– Llegó una luz para indicar la ubicación de Sofía. Estoy formando un equipo para rescatarla. ¿Quieres venir con nosotros?

– Por supuesto, Guzmán. Sabes que esto es lo que más he deseado por mucho tiempo.

Guzmán sonrió y dijo:

– Sabía que tu respuesta sería esa. Mañana iremos a buscarla.

Pedro Henrique sonrió alegremente y, mirando hacia arriba, agradeció a Dios.

Según lo acordado, al día siguiente, Guzmán y más espíritus amigos, entre ellos Pedro Henrique, se dirigieron hacia el valle, donde estaba Sofía. Fueron recibidos por uno de los muchos espíritus que trabajaban allí y los encaminaron hacia ella. Mientras caminaban, Pedro Henrique, quien, a diferencia de los demás, nunca había estado allí, estaba asustado y al mismo tiempo sentía lástima por los que vivían allí. El lugar estaba oscuro, húmedo y maloliente. Los espíritus que estaban allí tenían signos de demencia, gritaban y lloraban mucho. El ruido era ensordecedor. Después de caminar durante casi cinco minutos, encontraron a Sofía. Ella era completamente diferente a la Sofía que habían conocido.

Descarnada, con ropa sucia y maloliente. Llamaba y pedía perdón a sus padres, Gustavo y Pedro Henrique. Lloraba desesperadamente, solo repitiendo:

– Perdón... perdón... perdón...

Pedro Henrique, cuando la vio, se acercó y se arrodilló frente a ella, dijo emocionado:

– Sofía, soy yo, Pedro Henrique, estoy aquí para sacarte de este lugar.

Ella lo miró, escuchó su voz, pero no lo reconoció e intentó escapar, pero él y los demás que lo acompañaron la detuvieron y, después de recibir mucha luz blanca, se desmayó.

Pedro Henrique la tomó en sus brazos e iniciaron el camino de regreso.

Aunque descubrió todo lo que ella había hecho, no le guardaba rencor y, mientras caminaba con ella en sus brazos, pensó: "era solo un aprendizaje, Sofía, la próxima vez será mejor."

Sofía fue tratada por un tiempo.

Prácticamente sin consciencia de lo que pasaba, tenía dificultades para entender lo que estaba sucediendo. Tenía miedo y quería huir todo el tiempo, pero Pedro Henrique y sus otros amigos estaban allí para ayudarla.

Poco a poco, entendió lo que estaba sucediendo y se sintió culpable, aunque no había sido juzgada ni condenada por los asesinatos de sus padres y hermano, sabía que necesitaba redimir sus crímenes. Después de un tiempo, con todas sus facultades restauradas, fue llamada por Guzmán. Después de recordar todos los éxitos y errores cometidos, Guzmán le dijo:

– Ahora Sofía, está en tus manos escoger la forma en que quieres renacer y vivir. Estamos aquí y haremos lo que desees para que puedas mejorar.

– No lo sé, Guzmán. Entiendo que mi nueva encarnación no será fácil, haré lo que quieras.

– Sabes que tenías todas las condiciones para tener una encarnación perfecta. Tuviste una familia que te amaba e hizo de todo para verte feliz, pero no la apreciaste, así como a tu esposo e hijos que siempre estuvieron a tu lado, pero te dejaste llevar por la codicia y el deseo de poder y reconocimiento. En la próxima encarnación, si estás de acuerdo, no tendrás madre, padre, hermanos, ni esposo ni hijos.

Sofía, al escuchar eso, bajó la cabeza y siguió recordando su vida, pero permaneció en silencio.

Guzmán continuó:

– Sabes que aquí programamos una línea de conducta, pero según el curso de los acontecimientos, se puede cambiar.

– No estoy entendiendo.

– Volverás a nacer y te darán en adopción.

Serás criada por extraños y cuando crezcas, no tendrás marido ni hijos. Debes saber que esto será muy triste para ti y a veces puedes rebelarte. Todo esto está planeado, pero dependiendo de tu comportamiento y tu disposición a ayudar y trabajar no solo por su propio bien, sino por el bien de los demás, algo puede cambiar. Al escuchar eso, Sofía preguntó, sorprendida:

– ¿Lo que se programa aquí se puede cambiar?

– Sí, Dios es un Padre maravilloso que solo quiere nuestro bien. Incluso puede enviarnos algún tipo de castigo, haciéndonos perder lo que despreciamos en el pasado, pero nunca nos abandona y está dispuesto a recibirnos, en sus brazos, en cualquier momento. Entonces, si vives una vida correcta, tratando de evitar cometer los mismos errores que antes, todo lo que está programado aquí puede cambiarse.

– ¿Quiere decir que podré tener una familia, padres, hermanos, esposo e hijos nuevamente?

– Sí, todo dependerá de tu comportamiento. Sofía sonrió:

– Sería más fácil si recordara lo que hice, para poder evitarlo.

– Sé que lo sería, pero no tendría ningún mérito. Olvidar es necesario para que el espíritu pueda merecer su luz.

– Espero que esta vez pueda...

– También lo esperamos, Sofía, y recuerda que, aunque nos olvides, siempre estaremos a tu lado.

EPÍLOGO

María Clara, siguiendo el consejo de Solange, fue al orfanato para hablar con la hermana María Paula.

Tan pronto como llegó y luego de abrazarse, María Paula preguntó:

– ¿Qué pasó, María Clara?

– ¿Por qué preguntas eso, hermana?

– Solo vienes a buscarme cuando tienes un problema...

– No hables así, sabes que siempre vuelvo a verte, pero tienes razón, tengo un problema.

– ¿Qué pasa esta vez? No me digas que es lo habitual.

– Sí, es lo mismo de siempre. Claudinei, como todos los demás, me abandonó...

– ¿Otra vez?

– Sí, de nuevo... creo que definitivamente no podré tener una familia. ¿Por qué me pasa esto a mí, hermana?

– No sé. Tampoco me casé, no tuve hijos y no soy infeliz por eso.

– Lo sé, pero al menos tenía padres que ya fallecieron, pero todavía tiene hermanos y sobrinos a quienes puede visitar y quienes la visitan. No tengo a nadie, hermana...

– Tienes razón, mi familia es maravillosa.

– Estaba hablando con unas amigas y uno de ellos dijo que podía ser una cuestión de reencarnación. Debo haber tenido una familia a la que no apreciaba. ¿Crees en eso?

María Paula estuvo pensándolo por un momento y luego respondió:

– No lo sé, María Clara. Sabes que siempre fui católica; y que dediqué mi vida al apostolado de Cristo, pero ante todo lo que he visto aquí en este orfanato, llego a pensar, a veces, que realmente debe existir la reencarnación, porque no puedo encontrar respuestas a tantas cosas que veo. Tantos niños abandonados, sin el cariño de una madre... Hace que te preguntes...

– También he estado pensando mucho en eso.

– Hay algo más, María Clara, hasta el día de hoy no puedo entender la felicidad que sentí cuando la recogí frente a la puerta del orfanato. Muchos niños han pasado por aquí. Los quise a todos y los cuidé con cariño, pero contigo fue diferente.

¿Será que tiene que ver con la reencarnación? ¿Nos hemos visto antes?

– No sé si creo en estas cosas, Hermana, pero si es verdad, debes haber sido mi madre.

– Definitivamente, debo haberlo sido.

Se rieron y se abrazaron.

Pasó el tiempo, María Clara trató de aprender todo sobre la reencarnación y, poco a poco, se fue conformando con estar sola. Comenzó a dedicar aun más su tiempo libre a ayudar a la Hermana María Paula en el orfanato. Estaba, cada vez que podía, al lado de los niños, dándoles amor y afecto.

Una tarde, mientras trabajaba, le empezó a doler mucho la muela. Tan pronto como terminó de trabajar, fue al dentista. Cuando llegó, varias personas estaban esperando. Se sentó y esperó su turno. Poco después de su llegada, un joven entró y se sentó a su lado. Ella lo miró y sonrió.

Después de un tiempo, él dijo:

– No entiendo lo que pasó. Hoy, de la nada, me empezó a doler la muela.

– La mía también. Me pareció extraño porque nunca he dejado de cuidarme los dientes.

– Yo tampoco... es realmente extraño. De todos modos, me alegro que hayas venido.

– ¿Por qué?

– Porque pude conocerte. Me llamo Pedro Henrique. ¿Cuál es el suyo?

Ella sonrió y tomó la mano que él le ofreció, respondió:

– María Clara.

– Parece una locura, María Clara, pero tan pronto como la vi me pareció que la conocía desde hace mucho tiempo, ¿cómo es eso posible?

Ella, recordando todo lo que había estudiado sobre la reencarnación, sonrió y respondió:

– Tal vez haya sido en otra vida, ¿verdad?

– Sí, tienes razón, tal vez fue en otra vida...

Guzmán y Matilde que estaban allí sonrieron. Guzmán dijo:

– Sofía está teniendo otra oportunidad, Matilde.

– Sí, Guzmán, Dios es realmente un Padre amoroso y justo.

Espero que esta vez ella pueda...

FIN

Libros de Elisa Masselli

Siempre existe una razón
Nada queda sin respuesta
La vida está hecha de decisiones
La Misión de cada uno
Es necesario algo más
El Pasado no importa
El Destino en sus manos
Dios estaba con él
Cuando el pasado no pasa
Apenas comenzando

Grandes Éxitos de Zibia Gasparetto

Con más de 20 millones de títulos vendidos, la autora ha contribuido para el fortalecimiento de la literatura espiritualista en el mercado editorial y para la popularización de la espiritualidad. Conozca más éxitos de la escritora.

Romances Dictados por el Espíritu Lucius

La Fuerza de la Vida

La Verdad de cada uno

La vida sabe lo que hace

Ella confió en la vida

Entre el Amor y la Guerra

Esmeralda

Espinas del Tiempo

Lazos Eternos

Nada es por Casualidad

Nadie es de Nadie

El Abogado de Dios

El Mañana a Dios pertenece

El Amor Venció

Encuentro Inesperado

Al borde del destino

El Astuto

El Morro de las Ilusiones

¿Dónde está Teresa?

Por las puertas del Corazón

Cuando la Vida escoge

Cuando llega la Hora

Cuando es necesario volver

Abriéndose para la Vida
Sin miedo de vivir
Solo el amor lo consigue
Todos Somos Inocentes
Todo tiene su precio
Todo valió la pena
Un amor de verdad
Venciendo el pasado

Libros de Vera Lúcia Marinzeck de Carvalho y Patricia

Violetas en la Ventana
Viviendo en el Mundo de los Espíritus
La Casa del Escritor
El Vuelo de la Gaviota

Vera Lúcia Marinzeck de Carvalho y Antônio Carlos

Amad a los Enemigos
Esclavo Bernardino
la Roca de los Amantes
Rosa, la tercera víctima fatal
Cautivos y Libertos

Libros de Eliana Machado Coelho y Schellida

Corazones sin Destino

El Brillo de la Verdad

El Derecho de Ser Feliz

El Retorno

En el Silencio de las Pasiones

Fuerza para Recomenzar

La Certeza de la Victoria

La Conquista de la Paz

Lecciones que la Vida Ofrece

Más Fuerte que Nunca

Sin Reglas para Amar

Un Diario en el Tiempo

Un Motivo para Vivir

¡Eliana Machado Coelho y Schellida, Romances que cautivan, enseñan, conmueven y pueden cambiar tu vida!

Libros de Mónica de Castro y Leonel

A Pesar de Todo

Con el Amor no se Juega

De Frente con la Verdad

De Todo mi Ser

Deseo

El Precio de Ser Diferente

Gemelas

Giselle, La Amante del Inquisidor

Greta

Hasta que la Vida los Separe

Impulsos del Corazón

Jurema de la Selva

La Actriz

La Fuerza del Destino

Recuerdos que el Viento Trae

Secretos del Alma

Sintiendo en la Propia Piel

Libros de Vera Kryzhanovskaia y JW Rochester

La Venganza del Judío
La Monja de los Casamientos
La Hija del Hechicero
La Flor del Pantano
La Ira Divina
La Leyenda del Castillo de Montignoso
La Muerte del Planeta
La Noche de San Bartolomé
Bienaventurados los pobres de espíritu
Cobra Capela
Dolores
Trilogía del Reino de las Sombras
De los Cielos a la Tierra

Episodios de la Vida de Tiberius
Hechizo Infernal
Herculanum
En la Frontera
Naema, la Bruja
En el Castillo de Escocia (Trilogia 2)
Nueva Era
El Elixir de la larga vida
El Faraón Mernephtah
Los Legisladores
Los Magos
El Terrible Fantasma
El Paraíso sin Adan
Romance de una Reina
Ustedes son Dioses

World Spiritist Institute
https://iplogger.org/2R3gV6

www.ingramcontent.com/pod-product-compliance
Lightning Source LLC
LaVergne TN
LVHW041618060526
838200LV00040B/1328